基于性能的保障理论与方法

赵元立　丛红日　胡小兵　编著

电子工业出版社
Publishing House of Electronics Industry
北京 • BEIJING

内 容 简 介

本书根据现代复杂装备研制建造与使用保障的一体化管理需求，系统阐述了基于战备完好性目标引入合同商保障的组织体制、运行模式、实施步骤等理论方法，详细介绍了合同签订、合同管理、合同支付等流程要求，并进行了典型案例应用分析。本书旨在向读者推介依据装备保障规律、运用商业合同、融合军地资源、实现装备全寿命保障的基本理论方法，为破解我国装备保障面临的体制性问题、结构性矛盾、政策性缺陷，以及推进军民一体化保障模式的探索实践提供参考。

本书可供部队机关、军工企业和从事军事装备保障管理的相关人员阅读使用，并可作为具体从事装备保障规划管理人员的培训教材和业务指导书。

图书在版编目（CIP）数据

基于性能的保障理论与方法 / 赵元立等编著．—北京：电子工业出版社，2019.4
ISBN 978-7-121-35353-6

Ⅰ．①基…　Ⅱ．①赵…　Ⅲ．①海军—航空装备—装备保障—中国　Ⅳ．①E246

中国版本图书馆 CIP 数据核字（2018）第 245086 号

策划编辑：张正梅
责任编辑：张正梅　　　特约编辑：曲岩 等
印　　刷：北京七彩京通数码快印有限公司
装　　订：北京七彩京通数码快印有限公司
出版发行：电子工业出版社
　　　　　北京市海淀区万寿路 173 信箱　邮编 100036
开　　本：720×1 000　1/16　印张：18　字数：350 千字　彩插：2
版　　次：2019 年 4 月第 1 版
印　　次：2023 年 1 月第 2 次印刷
定　　价：128.00 元

凡所购买电子工业出版社图书有缺损问题，请向购买书店调换。若书店售缺，请与本社发行部联系，联系及邮购电话：（010）88254888，88258888。

质量投诉请发邮件至 zlts@phei.com.cn，盗版侵权举报请发邮件至 dbqq@phei.com.cn。

本书咨询联系方式：（010）88254757。

前 言

基于性能的保障（Performance-Based Logistics，PBL）是目前美国国防部首选的后勤保障策略。20 世纪 90 年代后期，美军开始从综合后勤保障向寿命周期保障转变。寿命周期保障，即全寿命保障，是指在装备的寿命周期内对装备保障问题实施“从摇篮到坟墓”的综合产品保障。美军认为这种方法不仅能够充分保障装备的战备状态，而且是执行经济可承受性发展战略必不可少的途径。这种全寿命保障机制使装备的采办和保障实现了一体化。在保障策略上，寿命周期保障首选基于性能的寿命周期保障模式；在保障技术途径上，构建自主式保障系统；在保障管理上，提倡全寿命周期系统管理下的持续保障和全寿命产品保障。

基于性能的保障是以具有清晰权责界限的长期性能协议所确立的保障结构，将保障作为一种综合的、经济可承受的性能包来购买，从而优化系统的战备完好性，实现武器系统的保障性能目标。这一策略的本质是购买性能结果，而不是像传统的方法那样购买个别零部件或修理活动。该方法使保障策略从传统的采购产品或服务的碎片化交易过程型保障模式，转变为综合采购性能与责任的结果型保障模式，采购的性能包括武器系统的可用度、可靠度、维修度、后勤保障规模、后勤反应时间和单位使用费用等。实施基于性能的保障策略时，使用方不需告诉保障提供者如何去做，只需告诉其所需的保障性能结果。

美军实施基于性能的保障已有近 20 年的历史，其间不断修改完善，寻求最佳实践，并且取得了巨大成功。美军从 2000 年第一个 PBL 项目到 2005 年，主要 PBL 项目累计数达就到 143 个，一般装备的可用性均提升 15%～40%，且拥有成本减少 10%～20%。在伊拉克战争中，实施 PBL 保障和全寿命周期系统管理的项目超过 12 个。所有这些作战平台的保障均超过了作战需求。其中有几个项目特别出色。例如，F-117 和 F/A-18 E/F 战机、JSTARS 和通用地面站、C-17 战术运输机等。美军基于性能的保障是在充分考虑经济可承受的前提下实现采办和保障的一体化，这一策略不仅强化了研制阶段的保障性工程，而且突出了使用阶段的可靠性增长，更加适应了现代装备与作战的保障需要。

美军近 20 年运用基于性能的保障策略所解决的主要矛盾与我军当前装备保障面临的主要矛盾基本一致。我军装备保障长期处于“研制建造与部队使用保障相对脱节”的现状：工业部门负责研制，部队自建保障体系。这一体制模式实际上已成为制约我军装备保障发展提高的体制障碍，导致“多头领导、多头管理”与“统一筹划、责任清晰”要求不相适应，“法规缺失、制度粗疏”与“法制健全、有章可循”的要求不相适应，“沟通不畅、自成体系”与“资源共用、信息共享”要求不相适应等一系列结构性矛盾。解决这些矛盾需要改变现有的保障体制，构建新的保障结构模式，完善政策保障机制。恰逢其时，习主席军民融合重大战略思想，给解决以上体制性障碍和结构性矛盾提供了明确的方向指引。基于性能的保障是国外军地一体化保障的成功范例，虽然国情有别，但其理论方法对我国开展军民一体化保障具有重要的借鉴作用。因此，笔者翻译整理大量美军基于性能保障的资料，以美军最新的 2016 年《基于性能的保障指南——基于性能的协议的制定指导》为主体，结合我军某型飞机军民一体化保障试点实际，研究并梳理形成了基本概念、实施步骤、合同签订、合同管理、合同支付、案例研究、常见问题解答和错误理解与认识、关键技术、案例研究、缩略语和参考书目等，编写了本书，以供从事装备保障的机关、企业、部队和科研院所相关人员阅读使用。

值得一提的是，基于性能的保障本质上是一种商业模式，是对产品制造企业向全寿命服务的纵向延伸，是通过生产制造与服务保障的一体化打造，获取全寿命价值链提质增效的重要手段。《中国制造 2025》明确要求制造业要向服务型制造业转型，其中，国家工业和信息化部第二批示范遴选制造业向服务型制造业转型的示范类项目就包括产品生命周期管理、总集成总承包服务、供应链管理和信息增值服务四个方向，这些正是基于性能保障的主要模式和技术，而这种模式也是提高我军部队装备保障效能的有效途径。因此，在军民融合国家战略的有力推动下，军地多领域多要素紧密融合的局面将全面展开，军民一体化保障的实践将加快步伐，操作层面的理论方法探索也急需深入。“他山之石，可以攻玉”，期望本书能对我军开展军民一体化保障提供参考借鉴，更期望符合我国国情的“军民一体化保障理论方法”早日问世。

由于水平有限，书中难免存在错误，欢迎批评指正。

编著者

2018 年 6 月

目　录

第 1 章

概　述

20 世纪 90 年代末以来，为满足新的作战环境和作战样式对装备保障提出的新要求，缩减保障规模，降低使用与保障费用，更好地发挥军方保障资源与合同商保障资源的优势，美军提出了基于性能的保障（Performance Based Logistics，PBL）策略。经过十几年的发展，基于性能的保障取得了巨大的进展和成效。目前，已经被美国国防部指定为武器系统首选的保障策略。2001 年发布的四年防务评估报告（Quadrennial Defense Review，QDR）规定：美国国防部应实施基于性能的保障策略，压缩重要武器系统和商品供应链，并提高其战备完好性。自此之后，美国国防部在政策①和战略方面都增加了基于性能的协议的使用，以实现交付满足作战人员需求的产品保障解决方案的目的。2008 年 12 月 8 日，经美国国防部负责采办、技术和后勤的副部长约翰·杨批准，颁发了防务采办文件 DoDD：5000.1《防务采办系统》和 DoDI：5000.2《防务采办系统运行》。2008 版采办文件与 2003 版相比，其采办模式与程序产生了多个方面的重要变化。其中一点是，加强系统工程和可靠性增长工作并推行寿命周期基于性能的保障（PBL）。2008 版本增加的“附件 12 系统工程”一节将当时近 3 年美国国防部提出的系统工程政策备忘录内容加以制度化，要求将带有强制性技术评审的系统工程更坚实地贯穿于所有采办阶段。此外，还重新重视了可靠性工作并提出在美国国防部采办过程中应使可靠性增长和可靠性最佳惯例制度化，将使用与保障阶段

---

① 美国国防部指示 DODI 5000.02。

的“持续保障”修改为“寿命周期持续保障”，并将基于性能的寿命周期产品保障（同基于性能的保障）策略作为战斗机首选的寿命周期保障策略。

1.1 基本概念

“基于性能的保障”和“基于性能的合同/协议”这两个术语都源自美国国防部，下面介绍一下这两个术语的内涵。

1.1.1 基于性能的保障

“基于性能的保障”是一种针对具体型号装备提出的全新保障方式，主要目标是从以购买维修备件、工具、技术资料和训练设备为主的传统保障模式向重点关注装备战备完好性的“基于性能的保障”转变，如图1-1所示。

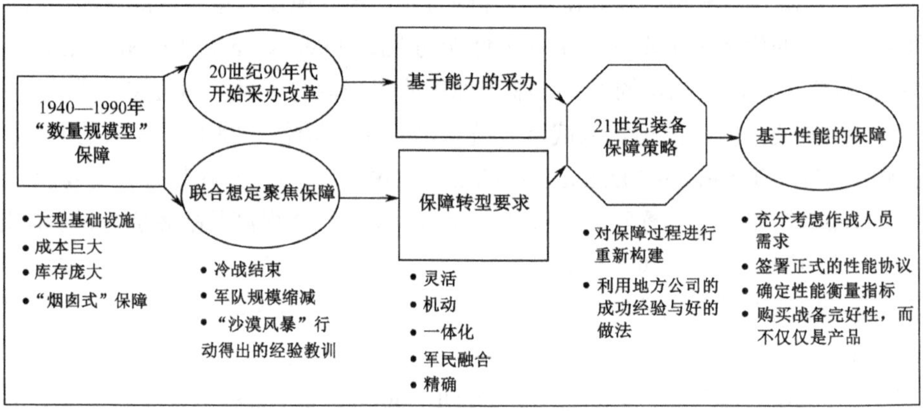

图1-1　美军保障模式的转变

基于性能的保障是一种长期的保障安排，在这一过程中，通过使用各种激励手段和/或基于性能的付款方式对产品保障供应商进行激励，并由其负责实现基于性能的结果。基于性能的保障不是合同商后勤保障。合同商后勤保障指代的是提供保障的“对象”，而不是商业模型的“应用方式”。它是由合同商提供的保障，不考虑协议是否根据作战人员成果和相关的奖励措施合理地制定。而基于性能的保障协议与作战人员的成果相关，并整合了供应链的各类产品保障活动（如供应保障、持续保障工程、维护等）和合适的奖励措施与指标。此外，基于性能的保障重点关注的是政府与行业的联合最佳实践。

- 基于性能的保障不会改变备用零件、维修和持续保障工程的需求，但是会改变业务关系从而影响我们获取那些需求。
- 基于性能的保障不会将供应链管理交给合同商。让合同商在可体现其价值的供应链管理功能中发挥作用，更有利于优化高性价比的战备完好性。

基于性能的保障各不相同，因此应当在尽量降低成本的前提下针对客户的需求进行设计。基于性能的保障是一个谱图（见图 1-2），会随着规模、范围以及合同商履行的供应链管理功能的变化而剧烈变化。说到底，基于性能的保障就是购买基于性能的结果。

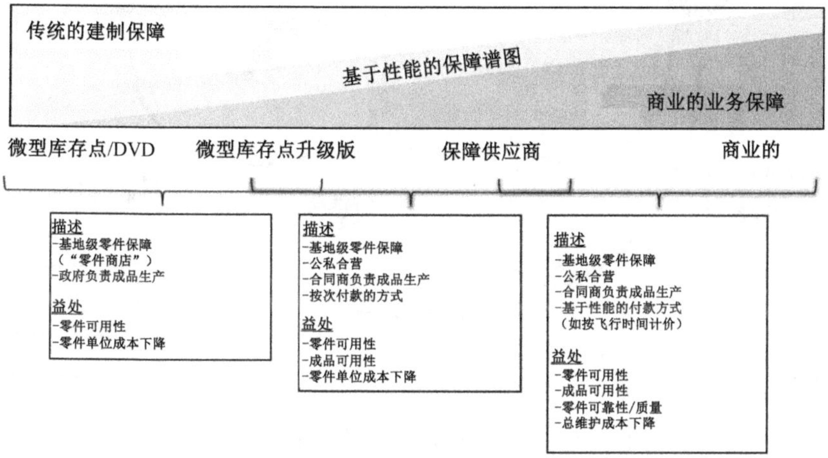

图 1-2　基于性能的保障谱图

综上，可以给基于性能的保障下这样的定义：基于性能的保障是以具有清晰的权、责界限的长期性能协议所确立的保障结构，将保障作为一种综合的、经济可承受的性能包来购买，从而优化系统的战备完好性，实现武器系统的保障性能目标的寿命周期保障策略。这一策略的本质是购买性能结果，而不是像传统的方法那样购买个别零部件或修理活动。该方法使保障策略从传统的碎片化采购产品或服务的交易型过程保障模式转变为综合采购性能与责任的结果型保障模式，采购的性能包括武器系统的可用度、可靠度、维修度、后勤保障规模、后勤反应时间和单位使用费用等。实施基于性能的保障（PBL）策略时，使用方不需告诉保障提供者如何去做，只需告诉其所需的保障性能结果。

1.1.2 基于性能的合同/协议

基于性能的合同签订/协议［Performance Based Contracting（Arrangements），PBC/PBA］指的是一种签订合同的方式[①]，其目标是确保达到规定的性能质量水平，并确保总支付额与性能满足合同标准的程度相关，如图 1-3 所示。

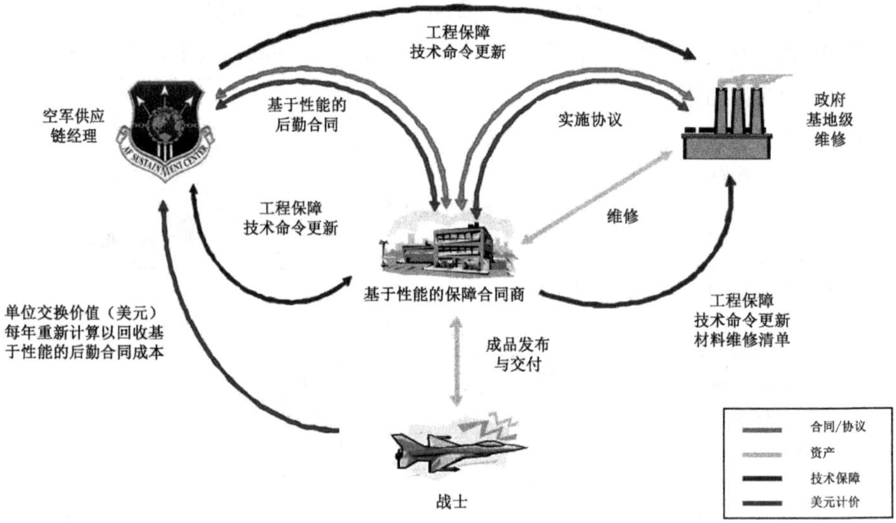

图 1-3 公私合营的基于性能的保障供应商

基于性能的保障与基于性能的寿命周期产品保障同义，其成果都通过基于性能的合同/协议获得。该合同/协议用于提出对作战人员的要求，以及激励产品保障供应商通过创新降低成本的奖励措施。这些协议可以是行业合同或政府机构之间签订的协议[②]。为实现性能目标，基于性能的合同应该：

（1）描述与想要获得的结果相关的要求，而不是履约方式。换句话说，也就是描述预期的结果或成果，而不是工作执行的方式。

（2）使用可评估的性能标准（与质量、及时性、数量等相关）。在理想的情况下，这些标准应通过客观指标来体现，以确保性能标准可实现和可独立验证。

① 这部分的具体内容可参见美国《联邦采办条例》（Federal Acquisition Regulation，FAR）第 37.6 部分——基于性能的合同签订（Performance Based Contracting，PBC）。

② 基于性能的保障描述来自负责后勤与装备战备完好性的美国国防部助理部长在 2013 年 11 月 22 日发布的“基于性能的保障综合指南”备忘录。

（3）在服务未实施或未满足合同要求时，详细说明降低成本类合同费用或固定总价合同价格的程序。上述经济处罚中也给出了根据成果和性能标准的要求，获得满意的合同履行效果的奖励措施。在适当的情况下，其应包含性能奖励措施。与针对未满足性能标准的经济处罚不同，奖励措施指的是向工作表现超出标准要求，或者在创新方法方面的投资使最终性能超出标准要求的合同商提供奖励。这可以通过奖励费用的形式实现。奖励费用指的是根据卓越的性能成果或激励条款所提供的经济奖励。由此，政府同意以获得预先确定的性能水平为基础，行使选择期权限。

1.2 基于性能的保障特征

为了利用日益紧缩的预算获得更多的系统战备，美国国防部采取了基于性能的保障，这就彻底转变了美国国防部保障其武器系统的方式。我们认为，以下特征将基于性能的保障和传统的保障布局区分开来。

1.2.1 描述结果性能目标

基于性能的保障项目的目标在于获得可衡量的结果，例如，所使用的有效性度量，从而确定结果。这些项目应在最大限度上符合作战人员的作战需求，并只包括一些简单的、现实的、连续的和易量化的度量标准（集中于作战性能和增值过程指标）。这些度量标准可通过合同与供应商的动机连接起来。

用户和项目办公室签订的书面的基于性能的协议（Performance Based Agreement，PBA）可用于确定具有阈值和目标的结果性能范围，以及每个基于性能的保障能力等级的目标价格（对用户的成本）。在很多情况下，专注于一些措施（例如，武器系统可用性，任务可靠性，后勤规模和/或系统总体战备级别）便已足够。根据这些作战人员的需求，可制定适用的度量标准。

1.2.2 确保职责得到分配

多数基于性能的保障能将供应链管理、管理系统、部件风险和责任有效地从用户转移至供应商。例如，未使用基于性能的保障之前，由于很多与传统的供应链管理（例如，采办、工程、采购、审计和后勤）全范围相关的“孤岛”，用户没有能力制定良好的财政决策。签订基于性能的保障合同后，用户掌握了保障的真实费用，从而能够更加准确地预测财政和做预算。此外，如果能够合理地开发基于性能的保障度量标准，就能进一步明确地规定供应商的职责。例如，明确部件或系统的可用性指标。规定供应商配送部件的到达时间小于48小时，配送可达率大于95%，并让所有相关人员清楚这一约定，且及时掌握供应商的履约信息。

由于采用基于性能的保障，用户不再受烦琐的供应链管理的约束，可以关注更高级别的任务。这些任务包括开发适用的绩效结果、开发系统供应链战略、构建和授权合同、监督和评估性能。

1.2.3 降低所有权成本

合理地实施基于性能的保障，可以降低武器系统所有权的费用，并提高系统的战备状态。成本的降低来自库存的减少、供应链效率的提高、低可靠性组件的替换和系统可靠性的提升。

1.2.4 为达成绩效目标而提供激励

每项基于性能的保障都是独一无二的，都是根据该项目或情况而定制的，并致力于打造用户与供应商的“双赢”。基于性能的保障行动应从根本上使供应商与用户的利益一致，引导供应商承担更多的责任，不断改造其产品。这种方法用于向供应商提供激励（多数情况下是一个合同商），因此供应商能够改进设计和程序，执行最佳的商业行动。一旦双方认为已经具备了充足的数据，那么合同形式可以是固定的价格和激励。供应商不断完善提高，节省了成本，从而提高了性能，降低了费用，并可以将节省的费用提供给用户和供应商。由于供应商能够直接享受到节省的成本，因此又具有动机执行自身的投资战略，识别并提高低可靠性的组件，提高供应链效率，使用提供实时费用和性能可视性的智能决策工具。这最终会带来性能和可靠性的提高和费用的降低。

1.3 基于性能的保障历史

推行基于性能的保障，自20世纪90年代末以来经过多年的发展，已经取得了巨大的进展和成效。

1.3.1　商业领域基于性能的保障

系统与子系统[①]基于性能的保障策略已在商用航空领域使用多年。在通常被称为“按飞行小时包修合同”的策略中，客户根据规定的可用性目标级（系统、子系统或组件），向产品保障供应商（Product Support Provider，PSP）支付款项；该可用性可作为一个操作期内的百分值或小时数进行评估，付款以使用为依据。供应商应承担交付规定的性能成果所必须支付的费用。类似的策略也已在重型施工设备领域成功实施。考虑到基于性能的保障的优点，在商业航空领域久经考验的各类实践可扩展至硬件和软件密集型武器系统。

1.3.2　美国国防部基于性能的保障起源

美国国防部基于性能的保障可追溯至 1999 年。更确切地说，其可追溯至萨克拉门托空军后勤中心基地调整与关闭（Base Realignment and Closure，BRAC）之后，洛克希德・马丁公司与美国空军在为 F-117“夜鹰”（Nighthawk）隐身地面攻击机提供保障时所采用的合作方式。最初，美国各军种主要将基于性能的保障用于改善系统战备完好性。最近，基于性能的保障已开始用于提供需要的可靠性和可用性、降低总成本，以及鼓励和奖励创新性的成本降低措施。

1.3.3　基于性能的保障有效性分析

负责后勤与装备战备完好性的美国国防部助理部长在 2010 年秋特许了一项研究。该研究的内容为分析基于性能的保障协议对寿命周期成本（Life Cycle Costs，LCC）的影响，并将其与非基于性能的保障协议进行对比。“试验点”[②]研究的结论表明，如果结构合理[③]且正确执行，基于性能的保障协议就可在提高系统、子系统或组件战备完好性的同时，降低各军种的性能单位成本。此外，根据该研究的估算，只要大体上合理地遵循了基于性能的保障原则，项目平均每年就可节约或避免产生 5%～20%的成本。与复杂的采办和/或持续保障策略一样，这类协议也存在获得最佳成果所必需的部分特性。对于基于性能的保障来说，这些特性一般指的是基于性能的保障“原则”。具体原则可参见表 1-1。

① 有关系统、子系统与组件的定义，可登录 https://acc.dau.mil/psm-guidebook，查询《产品保障经理指南》。
② “试验点”基于性能的保障研究摘要与简报幻灯片可登录 https://acc.dau.mil/CommunityBrowser.aspx?id=550259&lang=en-US 查询。
③ “结构合理”指的是与基于性能的保障原则保持一致。

表 1-1　基于性能的保障原则

基于性能的保障原则	描　述
与协议相关的原则	1. 获得明确定义的，且与作战人员相关的成果，而不仅仅是持续保障服务或替换设备； 2. 使用可评估和可管理的指标，这些指标应可在交付预期的作战人员成果之后，对产品保障供应商的绩效做出准确评估； 3. 向与成果的获得相关的保障供应商提供有效的奖励（针对在保障供应商控制范围内的绩效）； 4. 一般情况下，应优先选择固定总价（Firm Fixed Price，FFP）合同（此外，也可考虑固定总价加奖励费用合同（Fixed Price Incentive Fee，FPIF）与成本加奖励费用合同（Cost Plus Incentive Fee，CPIF））； 5. 提供充足的合同期，以便于产品保障供应商收回其在改进后的产品（例如平均故障间隔时间（Mean Time Between Failure，MTBF））和持续保障过程（例如制造能力）方面的投资
与组织相关的原则	6. 为政府团队和产品保障供应商保留基于性能的保障知识与资源； 7. 组织的领导阶层应支持组织的工作； 8. 对成果享有既得利益的各方都应参与； 9. 供应链活动应与预期的基于性能的保障成果和各项不同的内部目标保持一致； 10. 风险管理工作应由政府、客户和保障供应商分担

表 1-2 和图 1-4 中给出了来自 “试验点” 研究的试验结果，以及与基于性能的持续保障对成本和性能的影响相关的具有说服力的证据。

表 1-2　试验结果

• 研究的 21 个项目中有 20 个性能得到了改善，包括三个基本未遵循普遍认可的基于性能的保障原则的项目。 　✧ 第 21 个项目中下降的性能是由于一个部件的故障超出预期导致的；该情况与基于性能的保障协议不相关，其也可能在非基于性能的保障协议中出现
• 在这 21 个项目中，有 15 个符合原则要求（其中成本的影响可确定），且在成本和性能方面均有改善
• 有三个基本未遵循原则要求的项目出现了成本增加的情况。 　✧ 这三个计划中没有任何一个的目的是节约

该试验证据强有力地证明了基于性能的持续保障是一个既成功又稳固的策略。如果某个项目希望同时实现成本节约和性能改进的目标，其仅需适度地遵循上述原则要求。对于适度遵循原则要求的项目，节约部分的范围在低个位数到 27%之间。一般来说，对原则的依从度越高，可节约的部分就越多。上述事实可以为估算的 5%～20%的节约（或成本规避）范围提供支持。此外，试验证据还

表明，在未适度遵循原则要求的情况下，即使号称协议“基于性能”，也不能保证最后的成功履行。

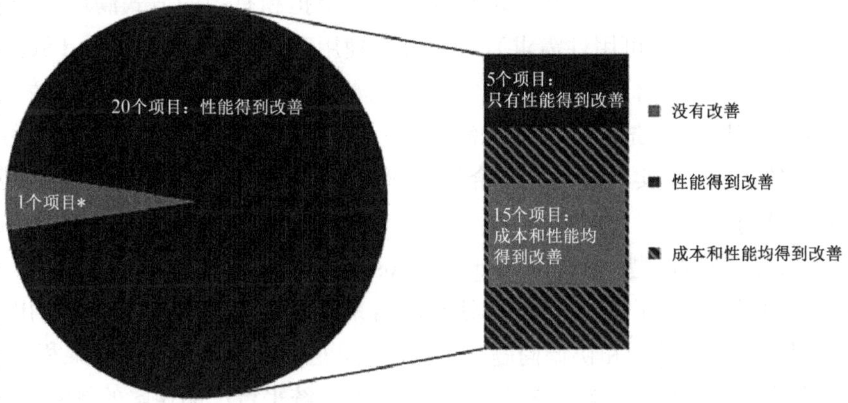

图 1-4 试验点研究结果

此外，基于性能的保障协议还可带来其他未在研究结果中量化的成本规避效果。例如，一个项目确定借助由基于性能的保障协议维护的飞机在更高平台上的可用性，其可减少规定飞机的数量，最终的成果就是采购成本降低了 10%，节约了数亿美元的资金。另一个项目利用现有的商业能力以及公共部门设施的建设，通过基于性能的保障协议避免了将近十亿美元的基地改进成本。还有一个项目在实施基于性能的保障之后，子系统的可用性接近 100%，由此拼修、重复订购和昂贵的运输方式明显减少。

研究——通过可量化和不可量化结果——证明了只要合理地制定和执行，基于性能的产品保障策略就可节约成本。虽然也存在之前的基于性能的保障协议未带来预期的成本或可用性改进效果的案例，但这都是由于执行不当导致的，而非基于性能的保障计划存在瑕疵。总而言之，只要适当管理，基于性能的产品保障策略就能节约成本和改进产品可用性。

1.4 基于性能的保障与产品保障商业模型的关系

正如产品保障经理指南所述，“项目经理应根据分配承担寿命周期管理责任，其主要任务为执行、管理和监督所有相关活动，并在系统的寿命周期内，完成其开发、生产、持续保障与报废工作。项目经理还应制定合适的持续保障策略，以确保与根据目标分配的作战人员资源相一致的有效、可负担的战备完好性。”基于性能的保障是一种可以帮助项目经理以可负担和有效的方式满足作战人员需求（例如，可靠性和可用性需求），以及降低使用和保障（Operating and Support，O&S）成本的策略。国会①要求，每个重要武器系统都应指定一名产品保障经理，协助项目经理履行职责。产品保障经理，作为项目处的关键负责人，应领导所有保障资源的开发、落实与最高级整合与管理工作，以满足作战人员的持续保障与战备完好性需求。

产品保障商业模型（Product Support Business Model，PSBM）可帮助需要紧密协作的项目经理和产品保障经理处理武器系统开发和投入战场过程中出现的大量可保障性注意事项和协调问题。产品保障商业模型给出了分层框架和方法的定义。通过上述方法，武器系统组件、子系统或系统平台产品保障的规划、发展、实施与管理都可在寿命周期内完成。该模型的目的是在武器系统可用性与最可负担和可预测的总拥有成本之间建立平衡。基于性能的产品保障是一种可完成上述任务的机制，其实现方式是让政府与商业性质的产品保障供应商分担风险。设计合理的基于性能的保障协议可以通过奖励措施的合理应用来协调供应商与政府目标。图 1-5 所示的产品保障商业模型显示了协议的协调作用。

开发过程中所做的各项决策会对产品投入战场之后基于性能的保障协议的履行能力造成影响。在开发阶段，项目经理/产品保障经理和系统工程师应考虑两个重要的产品保障问题：一是影响可保障性设计，二是设计与开发保障系统。解决上述问题的最佳途径应包含在项目初期（或之前）就开始考虑可保障性和寿命周期成本。这一考量可确保武器系统属性的设计可最小化后勤保障资源需求和降低使用与保障成本，并确保采办策略和寿命周期持续保障计划（Life Cycle Sustainment Plan，LCSP）可对持续保障期间促进竞争和其他保障来源发展所需的技术与产品保障数据进行处理，从而向保障成本施加下行压力。例如，负责执行武器系统组件修理合同的持续保障经理应与所有适用的利益相关方合作，将协议并入武器系统寿命周期持续保障计划（其中包含一般和特殊组件）。随着项目从开发阶段过渡至投入战场和持续保障阶段，应制定临时合同商保障与基于性能的协议，以缓解不确定风险和为后续协议收集需求数据。因为设计和需求的稳定性能，成本风险也转移至产品保障集成商/产品保障供应商处（见图 1-6）。

① 《美国法典》第 10 卷第 2337 节。

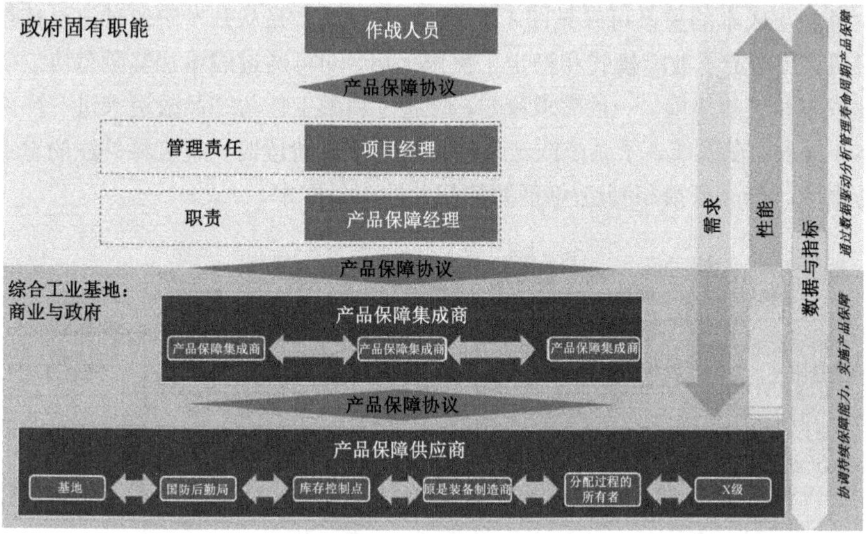

图 1-5　产品保障商业模型

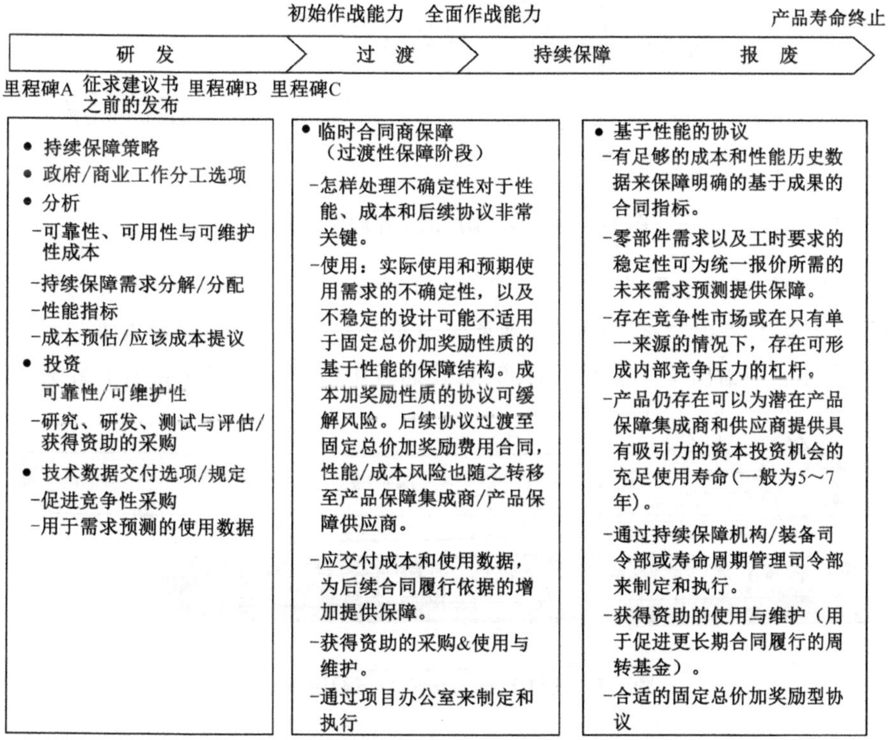

图 1-6　整个项目寿命周期的基于性能的保障协议制定与执行活动

风险与成本的关系可参见图 1-7。随着项目或产品从开发阶段过渡至持续保障阶段，在确定了故障模式和稳定了需求之后，即可通过成本加奖励型协议确定实际成本和缓解风险。一旦需求稳定，应通过刺激工艺与产品改进来进一步降低成本。最后，在系统、子系统或组件即将进入报废阶段时，就应将关注的重点转向与报废、产品磨损和制造/修理源等相关的应付成本。

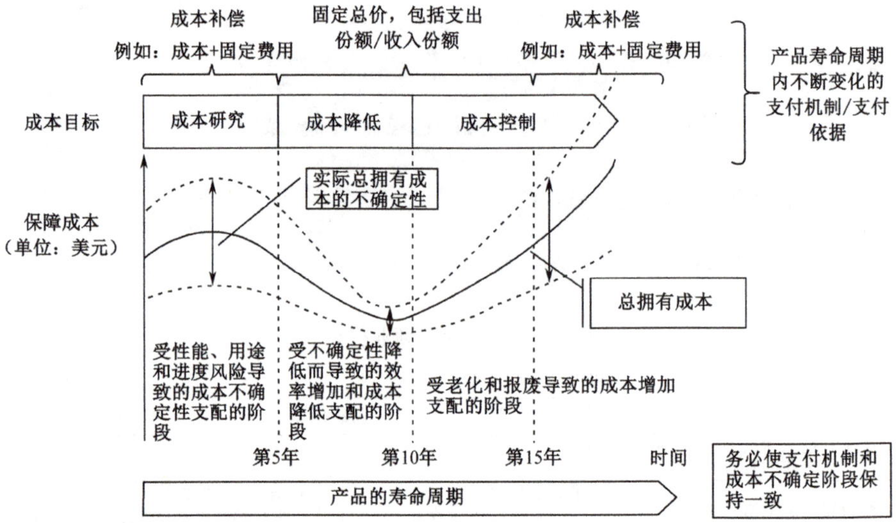

图 1-7　通用项目/产品寿命周期和成本①

研发中的通用子系统（里程碑 C 之前）考虑因素与已部署的通用子系统（里程碑 C 之后）考虑因素不同，两种类型的通用子系统考虑因素将在第 2 章进行讨论。图 1-8 中给出了产品寿命周期，以及研发中的和已部署的通用子系统场景。

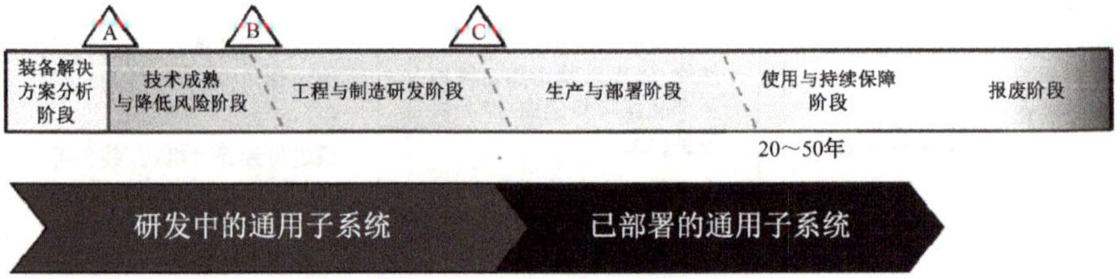

图 1-8　项目/产品寿命周期与通用子系统

① 来自澳大利亚国防部 2015 年 8 月 26 日出示给联合攻击战斗机阿拉斯加空军司令部的基于性能的合同介绍。

1.4.1　装备解决方案分析阶段

装备解决方案分析阶段可以通过在作战人员需求、预期的作战能力和保障与成本考虑因素之间建立平衡，来提供影响武器系统可保障性和可负担性的首次重大机遇。替代方案分析（Analysis of Alternative，AoA）也应在此时完成，其包括对比寿命周期保障方式与成本。为作战人员提供保障所必需的适宜性属性（通过装备可用性、可靠性、使用与保障成本，以及其他持续保障指标反映）应与性能特性（例如，硬件的速度、范围和杀伤力，以及软件的速度、敏捷性和可扩展性）共同在需求平衡的过程中进行评估。如果未完成评估可能会导致操作和持续保障过程中，解决方案所提供的资源需求无法负担。表 1-3 中强调了为基于性能的解决方案提供保障的关键考虑因素。

表 1-3　基于性能的保障关键考虑因素

• 与作战人员合作，在项目启动阶段制定具体、可评估的持续保障要求。
• 尽早识别和量化使用与保障成本及战备完好性驱动因子，通过系统设计与持续保障替代方案寻求缓解机遇。
• 影响硬件可靠性、可维护性、预测与诊断以及特殊要求（例如腐蚀控制），外加软件模块性、可重用性和可测试性设计。
• 促进（一般）系统、组件、备件和保障设备标准化。这有助于在持续保障的过程中，为基于性能的保障协议提供最大的灵活性和竞争力。
• 制定产品保障知识产权策略，其中包括在里程碑 A 决策阶段制定的采办策略组成部分的所有权需求。这可为基于性能的保障提供多个供应商和系统/子系统选项。
• 有助于形成可用于基地和生产活动的标准、稳定制造/车间生产流程。
• 有助于在以标准成熟度模型为基础的软件开发与持续保障活动中，形成结构合理且统一的流程。这可为基于性能的保障解决方案提供最大的灵活性和竞争力。
• 确保一般产品保障策略要求与作战人员需求保持一致。
• 在军种内外寻找可满足作战人员需求和降低保障成本的现有保障解决方案

1.4.2　技术成熟与风险降低阶段

在技术成熟与风险降低阶段，如系统需求审核（System Requirement Review，SRR）和初始设计审核（Preliminary Design Review，PDR）所示，可将保障性设计特性（如可靠性、可维护性）包含在整体设计规格内。该阶段对于确定项目寿命周期成本来说至关重要。维护与后勤保障规划应与设计（维护水平、修理技能、保障设备等）保持一致。适宜性（可保障性）属性应纳入保障系统设计。上述设计包括低可侦测性（Low Observable，LO）维护、减轻组件移除和更换工作量，以及其他人机界面考虑因素。可靠性、可用性与可维护性成本（Reliability，Availability and Maintainability Cost，RAM-C）依据应在系统工程过程中进行整合。持续的分析可以完善之前已归入综合初始产品保障解决方案的概念性保障策略。核心基地与其他基地的需求应确定，并纳入保障解决方案。与硬件和软件开发相关的技术、成本与时间安排风险必须在整个项目寿命周期内持续管理，这也是所有决策点和里程碑阶段的重要主题。

执行基于性能的保障协议所需的知识产权（Intellectual Property，IP）应予以识别，并纳入系统知识产权策略，然后在采办策略（Acquisition Strategy，AS）中进行总结。在本阶段，知识产权方法是整体项目考虑因素（例如，技术数据和计算机软件可交付物、获得专利的技术，以及合适的许可证权利）的组成部分。值得注意的一点就是，知识产权方法对未来项目可用的持续保障协议的灵活性，尤其是与持续保障竞争的能力具有重大影响。就这一点而言，应仔细考虑何种类型的知识产权（技术数据和/或计算机软件）和何种等级的数据权利（无限制、政府目的、限制或有限）是满足未来持续保障需求的必要条件，然后再对获得上述权利的各类方法和成本进行评估。数据权利问题非常复杂，需要对项目的需求和整体的保障方法进行仔细的研究，因为如果数据权利不充分，就会使政府受限，导致仅有来自主要供应商的保障可用。项目应包含作为整体商业案例分析组成部分的知识产权考虑因素，以权衡根据灵活性提前减少节约部分的收益，以及未来可能节约的部分。

1.4.3 工程与制造研发阶段

工程与制造研发（Engineering and Manufacturing Development，EMD）阶段应完成的任务包括：所有必要的硬件和软件具体设计；系统性地排除或缓解各类开放风险；制造和测试各种原型或首件产品，以验证其是否与能力要求相符；生产或部署阶段的准备工作。本阶段的任务还包括确定所有配置项目的初始产品基准线。项目经理/产品保障经理在工程与制造研发阶段的目标之一就是确保项目在利用与该成本相关的各类机遇降低预期使用和保障成本的同时，形成可满足战备完好性、装备可用性（Materiel Availability，A_M）和装备可靠性（Materiel

Reliability，R_M）要求的集成产品保障（Integrated Product Support，IPS）解决方案。应平衡可保障性与其他设计约束条件（重量、尺寸、带宽等），以确保在预算和时间范围内完成成熟的设计。用于库存规划、人力规划、训练和其他规划的产品保障模型应在实际数据和估算数据可用于本开发阶段时，与其共同更新。然后，再对可靠性增长的成就或问题进行评估，调整产品保障解决方案，使其涵盖预测的后勤资源需求。这其中非常重要的一点就是要进行鲁棒性测试，以确保满足可靠性要求。随着设计的逐步成熟，持续保障解决方案的权衡空间会逐渐缩小，持续保障策略也会变得更加完善。因此，在武器系统开发阶段考虑未来基于性能的保障就显得尤为重要。基于性能的保障考虑因素应为生产/质量保证（Quality Assurance，QA）过程的组成部分，因为（基于性能的保障策略所包含的）修理过程会受到生产决策的影响。

1.4.4　生产与部署阶段

在使用测试与评估（Operational Test and Evaluation，OT&E）/生产（初始小批量生产（Low-Rate Initial Production，LRIP）和大批量生产（Full-Rate Production，FRP））/部署阶段，通过各种测试、验证和其他评估技术识别的问题得以解决，补救计划也可付诸实施。通常情况下，主要自动化信息系统（Major Automated Information System，MAIS）项目和其他软件系统的初始小批量生产都只能进行有限的部署或战场投送。随着产品投入战场，以及对后勤需求的合理预测，基于性能的协议得以执行。在本阶段的初期，使用期限更短的成本型奖励协议更为合适，除非系统可靠性满足要求，且积累了充足的成本数据、与故障模式和故障率相关的技术数据，以及野战可靠性数据。本方法可通过成本补偿合同的使用来获得成本可见性，其通过收益共享（或支出分担）来实现成本风险的分担，且允许将风险以递增的方式转移给产品保障集成商/产品保障供应商。随着设计趋于稳定，之后的协议可同时应用固定总价合同、奖励措施和其他考虑因素，以确保根据合适的设计成熟度和稳定性等级来调整合同类型。对以更低的成本连续加工和改进产品有促进作用的期限更长的固定总价型协议，再加上合理的预测需求和评估风险与成本影响的能力才是合适的选择。公私合伙企业是充分利用政府与商业领域最佳专业技术的极好方式。商业性质的产品保障集成商或产品保障供应商可提供精益修理流程、针对零件的响应型供应链，以及持续保障工程。国营部门可提供人工费率极具竞争力的熟练劳动力，以及修理和运输资产。一旦投入战场，就应对基于性能的解决方案和相关的协议满足预测的装备可用性、装备可靠性、使用与保障成本，以及其他为作战人员提供保障所必需的持续保障指标的能力进行评估。

1.4.5 使用与保障阶段

系统或产品寿命周期的使用与保障阶段是整个寿命周期中最长的一个阶段。绝大部分寿命周期成本（60%～75%，具体取决于武器系统类别）都在该阶段产生，即使该阶段影响寿命周期成本的能力有所降低。执行基于性能的协议的能力可在满足作战人员需求的同时，为寿命周期成本带来最积极的影响。本阶段的目标是利用基于性能的协议，以及合适的合同结构与奖励措施，来激励预期的产品保障集成商/产品保障供应商行为。最终的结果就是形成可交付规定的作战能力（即使未实现，也应为政府提供保护），积极影响使用与保障成本，以及满足供应商利润率要求的协议。

一般来说，硬件保障活动由预防性质和修复性质的维护策略决定。但如果软件出现故障，软件工程师不会选择使用相同的代码来替换问题代码，而会选择修改代码，以提供必要的功能。软件可进行修改，以矫正缺陷，解决政策或规则问题，确保安全，促进互操作，反映硬件变化，允许技术嵌入，以及体现功能性变化。

软件保障成本包括软件的更新、维护、修改、集成与配置管理成本。此外，还包括使用和维护软件保障环境（Software Support Environment，SSE）（相关的计算机/外围设备，以及进行软件维护所需的相关软件）的成本，以及完成所有软件测试的成本。其他成本还包括商业软件的许可证使用费以及流程与设施认证费。

软件保障机构（Software Support Activity，SSA）的识别与建立通常都是生产完成后的软件保障准备工作的第一步。一般情况下，软件保障机构会承担为系统初始战场投送之后的系统软件修改或更新提供部署后寿命周期保障的角色。软件保障机构可以是建制机构或商业机构，或者是两者的混合体，其通常会通过基于性能的协议建立。表 1-4 中给出了应考虑使用基于性能的保障协议的情况。

表 1-4　产品保障策略变更时间

在以下情况下应考虑使用基于性能的保障协议
问题：系统可用性或子系统或组件的衍生要求持续低于规定的阈值
机遇：部件需求和/或工时要求已达到预期的战场投送水平后，该水平可确保潜在产品保障供应商市场定价的稳定
机遇：潜在产品保障供应商的数量足以形成有竞争力的市场，或存在有限或只有唯一来源的情况下形成内部竞争压力的杠杆
机遇：产品仍存在可以为潜在供应商提供具有吸引力的资本投资机遇的充足使用寿命（一般为 5～7 年）
机遇：如果联合各平台和/或各军种的一般子系统或组件，就可提高政府在谈判中的影响力，并为行业提供从规模经济体中获益的机遇
机遇：实际的持续保障成本超出了计划的资源或寿命周期成本估算的范围，或者应该成本管理工作表明存在降低规定性能成本的机遇

在使用与保障阶段，产品保障经理应持续监控产品保障解决方案的绩效。供应商的绩效则应通过与所分配的职责相当的指标进行评估。作为产品保障解决方案的组成部分交付的技术和产品数据可促进该过程的完成，并为项目经理/产品保障经理提供重新分配资源和/或在合适的情况下，就保障解决方案的各个方面重新展开竞争的机遇。

第 2 章

实施步骤

在美国国防部长办公室特许的基于性能的保障研究（试验点）过程中，发现了对标准化可重复过程的需求，该过程有助于形成有效的基于性能的产品保障协议。

图 2-1 为产品保障策略过程模型。该模型给出了标准和可重复过程的框架。当然，基于性能的保障协议并非“万全之策”，其制定过程应视具体项目的特定需求进行相应的调整。

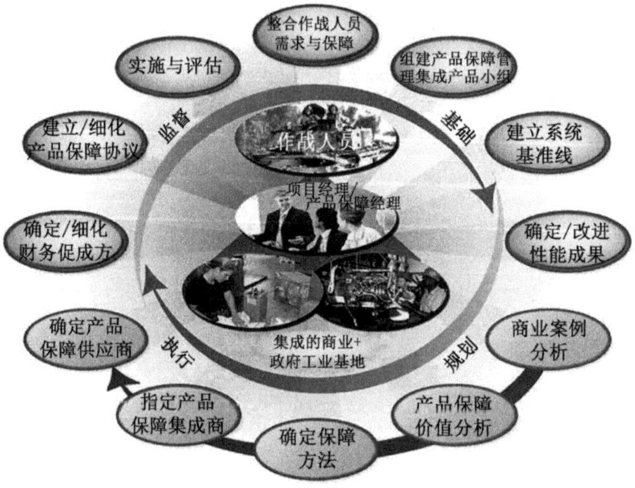

图 2-1　产品保障策略过程模型

2.1 集成作战人员需求与保障

2.1.1 简介

在考虑持续保障策略时，应始终保持相同的起点：识别作战人员需求。产品保障的目标应为实施可交付可负担的战备完好性的持续保障计划，从而以尽可能最低的成本保证作战人员任务能力。制定产品保障策略的第一步应为针对所保障的系统识别使用需求——即使产品保障经理正在考虑在可以利用分解后的装备可用性或作战可用性作为指定指标的子系统或组件层级实施基于性能的保障。

在制定基于性能的保障协议时，第一步显得尤为重要，因为其成果将来自作战人员需求。确保项目管理办公室、产品保障集成商和产品保障供应商目标一致的关键是了解作战人员在系统性能方面的需求。大部分情况下，作战人员的需求都会表现为项目分配给系统、子系统或组件层级的可用性和可靠性。

对成功的见解
在第 1 步识别作战人员需求时很重要的一点就是有参与该过程的终端用户可以提供基础层级的见解

所有主要采办类别项目都应使用持续保障关键性能参数（Key Performance Parameter，KPP）。该参数包含两个要素：装备可用性和作战可用性。表 2-1 列出了所有的寿命周期持续保障要求。

表 2-1 联合能力集成与研发系统持续保障要求

持续保障关键性能参数	
装备可用性	装备可用性指的是根据装备状况，可在作战方面实施指定任务的系统总库存百分比。装备可用性可表示为作战可用成品数量/总人口数量。该指标不适用于非装备解决方案
作战可用性	作战可用性指的是某个单位内的一个系统或一组系统具有执行某个指定任务的作战能力的次数百分比。该可用性可表示为正常运行时间/（正常运行时间+故障停机时间）
持续保障关键系统属性	
可靠性	装备可靠性指的是系统在特定的条件和特定的时间间隔内无故障运行的可能性。根据具体情况，某个系统需要具体说明的可靠性指标可能不止一个
使用与保障成本	与实现装备可用性相关的总使用与保障成本

装备可用性以何种方式与作战可用性相互关联？如图 2-2 所示，作战可用性通常为装备可用性的子集。作战可用性指的是某个规定的时间点分配至某个单位的可执行任务的资产数量，而装备可用性反映的则是整个计划的使用寿命终止过程中，在规定的时间点从布置到操作服务的系统总库存。装备可用性通常用作表示作战人员对装备保障需求的合适指标。

对成功的见解
在整个过程中，产品保障经理或集成产品小组的负责人将负责收集不同利益相关方对作战人员需求的反馈意见。上述意见有必要进行审核，以确保其有效性

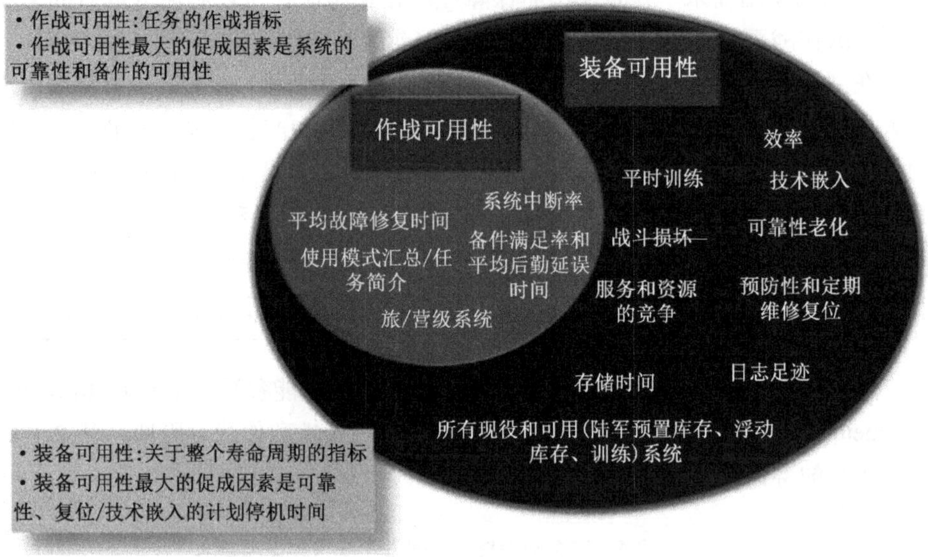

图 2-2　作战可用性与装备可用性之间的关系

2.1.2　过程

项目经理/产品保障经理应负责与产品保障集成商/产品保障供应商沟通作战人员需求，并确定在基于性能的保障协议中分配需求的合适方法。

作战需求由各作战司令部或军种需求办公室通过联合能力集成与研发系统过程制定，并通过联合能力集成与研发系统需求文件正式化。项目经理处理上述事项的方式将在其与作战司令部的协议中进一步说明。如果平台或成品的持续保障目标未明确记录，则平台级别的产品保障经理应与作战人员共同制定一份协议，确定合适的最高级持续保障成果和保障指标。

各项需求与相关的指标应在物资解决方案分析（Material Solution Analysis，MSA）阶段做出明确规定，并最终记录在能力发展文件（Capability Development Document，CDD）中。项目经理和服务需求军官可随着系统设计和持续保障策略的不断成熟，共同协商对需求的修改意见。集成数据环境（Integrated Data Environment，IDE）是随着项目设计的不断变化而进行跟踪和管理各项需求的有效工具。项目经理和产品保障经理应与各作战司令部共同审核与验证各类需求与阈值，以确定与指标相对应的阈值（例如，85%的装备可用性）。在测试数据和使用性能数据可用时，重新验证就变得尤为重要。

2.1.3　结论

项目经理/产品保障经理应配合作战人员代表，共同确保识别和记录产品保障需求，以及确定和更新各项阈值。

对成功的见解
确保所有的利益相关方可在 12 个步骤的初期识别和了解作战人员需求及基于性能的保障策略的预期成果，并就其达成一致意见

识别作战人员需求是制定基于性能的保障协议的第一步。很多基于性能的保障协议都在子系统或组件级别执行，所以系统级需求应分解为适合产品保障集成商和产品保障供应商指定责任和风险级别的更低等级的指标。基于性能的保障协议也可能包含部分指标，这些协议的成果必须与整体的系统级需求相关联。

2.1.4　通用子系统使用案例

通用子系统项目经理已决定调查基于性能的保障协议是否有助于实现子系统持续保障策略目标。在审核了第一部分的物资之后，项目经理准备开始第一个步骤：识别作战人员需求。

第 1 步：研发中的系统考虑因素
对于还未形成的系统，持续保障需求应在物资解决方案分析阶段确定，并最终在能力发展文件中进行记录。这其中非常重要的一点就是要仔细审核持续保障策略，并在里程碑 B 之前明确设计与合同需求，以确保为里程碑 C 之后的工作预留最大的自由度。知识产权策略、成本/可靠性平衡、性能、报废与后勤影响范围都是需要严格审核的部分。政府对商业竞争的选择和建制能力的拥护都取决于是否获得了相关的技术数据、许可证协议、软件文件、软件，以及其他适用的知识产权

通用子系统安装在更大的平台之上，对其的持续保障需求由该平台的作战需

求推断而来。平台的作战可用性目标为 90%，其由平台的部件数量确定。根据通用子系统的故障率和库存规模，产品保障经理已计算出通用子系统的装备可用性需求为 85%。完整的通用子系统配件当前的库存超过了平台成品的机群规模。只要 85%的库存具有作战可用性，就能满足 90%的系统级作战可用性目标。此外，平均来看，通用子系统只对不到 1%的不能执行任务的成品负责。如果通用子系统是成品的重要战备完好性驱动因素，则产品保障经理可考虑制定更高的装备可用性目标。有时，独立子系统的可用性需求和平台级需求之间很难建立连接，但如果获得了合适的数据（也就是表明子系统正在影响系统可用性方式的数据），并与平台级的产品保障经理（如果不同于子系统产品保障经理）合作，也可推断出上述指标。

2.2 建立集成产品小组

2.2.1 简介

产品保障经理应充分利用主题专家，以及供应链和用户组织内部的基于性能的保障专家，建立产品保障管理集成产品小组（Product Support Management IPT，PSM IPT）。该小组是一个由关键项目人员和利益相关方共同组成的合作机构，其目的是形成产品保障解决方案。作为项目经理下属的产品保障经理应负责管理和监督装备系统和软件的寿命周期产品保障工作。此外，产品保障经理还必须建立和领导集成产品小组，以确保充分利用其共有的输入信息、专业技术和保障，来处理大量规定的保障任务。产品保障管理集成产品小组内部涉及多个学科（包括寿命周期后勤、工程、财务、合同和法律学科）、来自其他项目特有职能小组的人员，以及寿命周期需求。对于软件密集型项目来说，至关重要的一点就是要在项目初期指定软件代表，以确保解决软件特有的管理问题。

对成功的见解
在 12 个步骤的初期建立，财务和审计人员可将筹资所需的时间降至最低。这也可确保财务和审计人员对持续保障方法有更深入的了解

产品保障管理集成产品小组代表将相互合作，共同交付综合、可负担的产品保障包（其中包含合适的建制和商业协议）。产品保障经理应在整个项目寿命周期内负责集成产品小组的维护，因为该机构将在界定、制定和实施产品保障策略

的过程中为其提供保障。此外，集成产品小组还可在里程碑审核和独立后勤评估（Independent Logistics Assessment，ILA）准备环节为项目经理和产品保障经理提供保障。产品保障经理应确保其成员拥有合适的基于性能的保障专业技能，以帮助其在项目保障策略中使用基于性能的协议的机遇最大化。

2.2.2　过程

集成产品小组由产品保障经理领导，其应包含所有合适的利益相关方（包括作战人员代表）。该小组可由政府和商业性质的专家组成。所有成员必须紧密合作，无论其组织阵营、持续保障偏好和目标是否一致。集成产品小组的核心成员应负责协助产品保障经理规划、制定和执行产品保障策略，以及监督产品保障执行过程。必要时，也可向其他参与持续保障工作的利益相关方和主题专家（Subject Matter Experts，SME）咨询专业技术问题。图 2-3 给出了典型的产品保障管理集成产品小组结构，其中核心小组成员以蓝色标出。

对成功的见解
让各利益相关方尽早参与 12 个步骤的实施过程可确保其了解持续保障方法，从而及时地输入信息和进行调整，自始至终参与整个过程

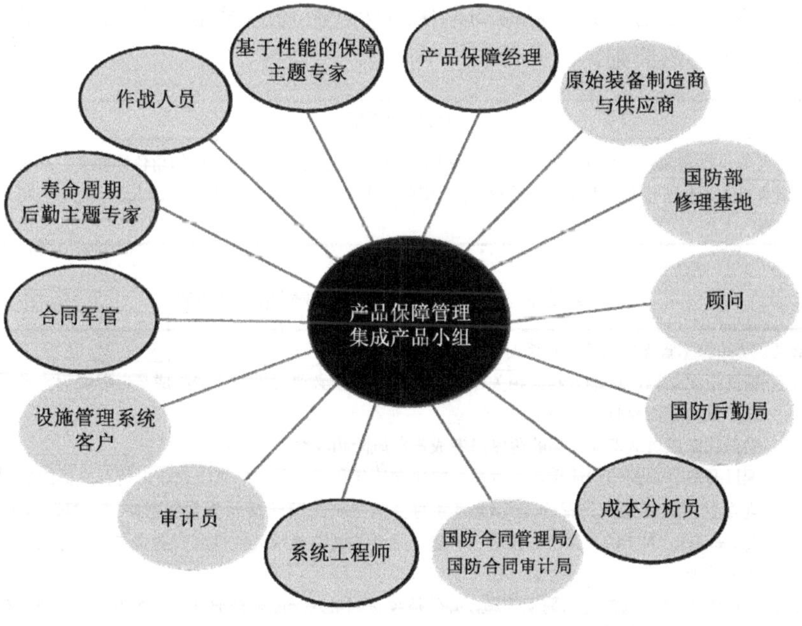

图 2-3　产品保障管理集成产品小组

建立结构合理的集成产品小组可以促进 12 个步骤实施之前工作的顺利完成，例如出具行业合同或制定政府各部门之间的谅解备忘录或协议备忘录。集成产品小组还应确保向正在进行的性能管理活动的顺利过渡。在集成产品小组建立之后，其成员应确定小组的目标，制订行动计划与里程碑（Plans of Action and Milestones，POA&M），并获取充足的资源。

基于性能的保障的主要实践方法
充分利用基于性能的保障专业技术和从其他具有类似系统的项目办公室、基于性能的保障协议中标方和国防部内部基于性能的保障中小企业处吸取的经验教训

在执行基于性能的保障协议的过程中，获得充足的资金是产品保障管理集成产品小组必须应对的最具有挑战性的问题。对产品保障管理集成产品小组来说，减轻资金问题对基于性能的保障协议执行限制的最佳做法应该是让来自军种资源赞助商和装备司令部的各类代表负责管理已部署系统的使用与维护筹资工作。上述代表可告知集成产品小组促进筹资机制（如直接拨款、周转基金）和拨款类型（如采购、使用与维护）选择的规划因素。

产品保障经理应负责制定集成产品小组章程，其中应包含对小组活动、角色、职责、关键交付成果、初始执行项目计划，以及执行摘要审核时间的介绍。此外，该章程还应包含参与者的名称、联系方式、候补人员和预计投入的时间。产品保障管理集成产品小组应归入寿命周期保障计划所列的管理小组。表 2-2 给出了建立集成产品小组的原则。

对成功的见解
为促进任务早日完成，产品保障经理必须概括描述并强调集成产品小组成员的角色和职责，并指定小组的下一级负责人。上述行为有助于每个阶段 12 个步骤的顺利执行。如果每个人都能负起责任——将无人需要承担责任

表 2-2　产品保障管理集成产品小组原则

- 在建立产品保障管理集成产品小组时，产品保障经理应：
  - 精简小组结构，仅纳入利益相关方和主题专家。在必要时添加或清除成员，以确保专业组合合理，且可在需要时投入使用。
  - 确保团队成员从寿命周期的角度思考成本、风险和收益。
  - 通过开放、真诚的沟通和在各成员之间建立信任和相互尊重的氛围来获得所有成员的认同。
  - 确保针对作为集成产品小组组成部分的合同性质的顾问援助落实保密协议（Non-Disclosure Agreement，NDA）。保密协议对于希望原始装备制造商或其他供应商提供专有数据的项目来说尤为重要。
- 集成产品小组应重点关注寿命周期管理，并使持续保障融入产品寿命周期的各个方面。这包括推荐有助于基于性能的保障策略应用，以满足需求和降低成本的潜在设计变更在实施步骤的每个环节，产品保障管理集成产品小组都应在寿命周期保障计划和相关协议制定的过程中，定期对其状态的风险进行审核。有关上述审核的汇总信息可告知产品保障经理，并作为提供给项目经理的有关集成产品小组进展情况的简报。

第 2 步：研发中的系统考虑因素
项目经理/产品保障经理应聘用具备持续保障成本和性能估算能力的工程与持续保障主题专家。集成产品小组可在需要实施持续保障时，通过系统建模/模拟或对类似已部署系统的评估来估算系统的性能与成本。详细评估工程设计折中方案可使产品保障管理集成产品小组充分了解其在基于性能的保障协议制定过程中会面临的约束条件的量级

2.2.3 结论

本实施步骤的成果应为建成具有凝聚力的产品保障小组。该小组应接受了与基于性能的保障基本原理相关的全面培训，并对与基于成果的产品保障策略相关的收益有充分的了解。

2.2.4 通用子系统使用案例

通用子系统产品保障经理与图 2-3 列出的代表共同建立了集成产品小组，其中包括已成功执行类似子系统基于性能的保障协议的项目代表。产品保障经理通过基准线调查确定了每个小组成员的经验水平。只有一个小组成员之前执行过基于性能的保障协议。产品保障经理主持针对所有集成产品小组成员的启动会议，并在会议上介绍了与基于性能的保障协议执行相关的目标、时间表、角色与职责。

2.3 建立系统基准线

2.3.1 简介

该步骤主要用于评估“按现状的”产品保障策略、计划和协议，以及确定是否进一步的分析可确保变更计划的当前基准线。“按现状的”分析可确定可能存在的阻碍和改进机遇。

基于性能的保障的主要实践方法
如果某个项目正处于研发阶段，则数据的可用性将随着平台在其寿命周期的发展而变化，并应在可用的时候获得适当的关注。该过程包括将估算数据替换为实际数据，或是完善来自测试和使用经验的估算数据

确定系统的基准线是一种快速的评估方式。这种方式有助于确定对于项目来说，基于性能的策略是否可行。此外，该评估可以为确定更详细的分析和审核的需求度提供充足的决策信息。

对于新系统来说，建立初始基准线需要获得工程和可保障性数据。初始基准线应在里程碑 A 阶段设定；但是，这只有在硬件或软件描述的等级更高时才有可能完成。项目对评估的信息会受限于其分配低于主要子系统（例如结构、推进器和任务设备）的性能措施的能力。在更早期的寿命周期阶段，设计系统的基准线需要获得来自类似系统的类似数据。随着项目进入后期里程碑阶段，就可使用来自系统工程和产品保障分析的补充数据，其中包括但不限于以下数据：可靠性、可维护性、诊断预测，故障模式、影响与危害性分析（Failure Mode，Effects & Criticality Analysis，FMECA），以及故障报告、分析与纠正措施系统（Failure Reporting Analysis and Corrective Action System，FRACAS）、维修级别分析（Level of Repair Analysis，LORA）、维护任务分析（Maintenance Task Analysis，MTA）、以可靠性为中心的维护（Reliability-Centered Maintenance，RCM）分析，以及可靠性、可用性和可维护性（Reliability，Availability，and Maintainability，RAM）与寿命周期成本分析。

对于已部署的系统，该步骤开始于将在替代方案分析范围内考虑的资产和服务库存。例如，产品保障管理集成产品小组应将评估限制在合适的级别（系统、子系统、组件，或者可能横跨多个项目或军种）范围内。此外，集成产品小组还应考虑需归入替代方案的产品保障要素。

基于性能的保障的主要实践方法
已部署项目的基于性能的保障协议潜在候选人可能具有以下特性：可靠性不足的遗留系统、系统可用性、报废问题，以及不断增加的修理成本

产品保障管理集成产品小组和合适的装备司令部代表应考虑表 2-3 中给出的问题。对这些问题的解答可为小组成员提供初步了解基准线改进措施的机遇。

表 2-3　有关成本、战备完好性与其他因素的初始问题

	影响潜在效益的初始问题
成本	• 系统中有多少系统、子系统或组件需要考虑（如每年引进的 256 F117 发动机）？ • 为系统提供保障的计划年度开支有多少（年度预算是否能够保证替代方案分析所需的时间）？ • 潜在产品保障供应商的数量是否足以形成竞争性市场，或者是否存在可以在有限或唯一来源环境下形成内部竞争压力的杠杆？ • 部件需求和/或工时要求是否已达到在潜在产品保障供应商市场确保定价一致性的部署后可预测水平？ • 在联合之后，各平台和/或各军种之间是否存在可以提高政府在谈判中的影响力，并为行业提供从规模经济体中获益的机遇的一般子系统或组件？ • 是否存在降低持续保障成本，从而获得规定的使用性能的机遇？
战备完好性	• 系统可用性或子系统或组件的衍生要求是否始终低于，或者预计可能低于规定阈值？ • 目前所讨论的系统、子系统或组件是如何获得保障的？
其他因素	• 产品剩余的使用寿命（通常为 5～10 年）是否足以保证对保障解决方案的修改，或者成为对潜在供应商具有吸引力的投资机遇？ • 是否存在计划的升级、使用寿命延长项目或大修？ • 项目管理办公室是如何组建的？在项目管理办公室内，后勤、维护、财务和合同签订职能是如何分布的？

本步骤提供了有关项目使用与成本数据的见解。这些见解可决定是否需要对持续保障策略的变更进行持续分析。如果评估的结果表明基于性能的协议的替代策略能维持/改进性能或降低项目成本，则项目经理应继续开展商业案例分析（或合适的经济分析）。

2.3.2　过程——三阶段法

产品保障管理集成产品小组对当前产品保障策略的评估可分三个阶段实施：

（1）数据收集；

（2）数据分析；

（3）生成见解/建议。

对成功的见解
在所有信息可用时，指定联络点负责收集所有数据和统一其格式

上述阶段可为集成产品小组提供指导，帮助其分析项目是否是某个备选持续

保障策略的潜在候选项，特别是可能改善性能和/或降低成本的基于性能的策略。每个阶段的详情如下所示。

1. 第 1 阶段：数据收集

数据收集阶段始于数据收集计划的制订。数据收集计划中将列出开展产品保障评估所需的数据。该初始阶段包括对“良好”数据的了解。在可能的情况下，收集的数据应与某个事件相关联（例如，需要某天填写基于活动的成本计算部分的申请）。此外，数据应尽可能以最原始的状态收集；避免生成会给新型分析和/或不同假定或运算带来困难的总数或预先计算的指标。

对成功的见解
在数据收集阶段，数据应以最原始的状态提交。这就可以确保数据分析师从数据中获得自己的结论，以及在存在与评估/调查结果相关的问题时设置原始数据

数据收集计划无须详细或复杂，但是必须全面。计划的复杂性取决于项目的特性和其所处的寿命周期阶段，其可以像一个表格或一份两页的大纲一样简单。数据收集计划应包含数据来源，以确保针对必要的跟进措施，确定管理责任和提高所收集数据的准确性和可跟踪性。图 2-4（其依据是从存在故障到可用的修理过程）给出了数据收集表的样本。底部高亮显示的数据可以帮助产品保障管理集成产品小组分析现行的产品保障策略。

	输入	活动	输出	成果
要素	• 故障资产 • 延迟交货订单/可执行任务的 • 需求 • 预算 • 可用资产	• 作战人员退还零部件 • 零部件进入供应 • 零部件位于库存控制点或被送到修理来源 • 修理	• 将可用资产交付给作战人员 • 已修理的故障资产	• 在作战人员需要时资产可用 • 对于国防部的最大价值
指标	• 可执行任务的/可执行任务时间 • 延期订单数量和期限 • 库存水平 • 可用资产	• 修理周转时间 • 某一时段出现的故障 • 客户等待时间	• 特定时段完成的修理量 • 根据需求已交付的可用资产量 • 装备的年度修理价格 • 满足率	• 装备可用性 • 库存有效性 • 申请满足率 • 年度费用
数据	• 可用资产 • 单个故障资产/故障事件 • 可执行任务实例数据	• 申请提交日期 • 申请满足日期 • 延迟订单数据 • 单个故障实例	• 修理数量 • 修理价格 • 需求率 • 供应率 • 提交的申请数量 • 已满足的申请数量	• 客户装备编号 • 使用中的成品数量 • 成品总数 • 相对于待发/延迟订单的订单 • 基础水平与需求的对比

图 2-4　数据收集模型样本

数据收集还包含与合适的利益相关方的面谈，以及对产品保障政策和其他保障文件的分析。产品保障经理集成产品小组应确保所有的数据准确、及时，且与接受评估的替代方案相关。

对成功的见解
在收集和分析数据时非常重要的一点就是要简化和重点关注与成本、可靠性和可用性相关的数据收集过程

集成产品小组应记录每次会议、面谈和接收的数据，以确保未出席的个人可轻松获取和了解调查的结果。合同商和政府可分别完成一部分的数据生成和分析工作。根据合同交付的数据应包含各类标记，表明是否存在对政府使用、修改、复制、发布、执行、展示或披露数据能力的限制。Excel 或其他建模平台中的数据软件都是合同数据和进行后续数据操作和分析的有用工具。无论来源如何，都应将数据置于所有成员都可获取的中心位置。

在开始下一阶段的工作之前，无须获得所有数据。在部分情况下，某些数据可能还无法获得。集成产品小组应继续监控在第 1 阶段和第 2 阶段收到的数据，然后尽可能在第 2 阶段结束之前获取剩余的数据。表 2-4 详细描述了完成数据收集阶段所需的工作。

表 2-4　数据收集活动

活　　动	描　　述
识别规定的数据和文件	识别规定的当前和历史数据，形成对项目的全面了解，或者在设计阶段，充分了解类似项目的当前状态。相关数据示例包括： ● 剩余使用寿命； ● 库存资产的数量； ● 历史/预计的持续保障开支； ● 当前/历史预计战备完好性水平。 新系统数据来源包括： ● 可靠性、可维护性和诊断预测； ● 故障模式、影响与危害性分析； ● 故障报告、分析与纠正措施系统； ● 维修级别分析； ● 维护任务分析； ● 以可靠性为中心的维护； ● 可靠性、可用性和可维护性与寿命周期成本分析；

续表

活　　动	描　　述
制订和执行数据收集计划	• 通过调查分析输入、活动、输出和项目预期成果所需的数据来组织数据收集工作； • 申请、收集、组织和审核数据； • 准备计划表和开展面谈； • 与利益相关方会面，记录现有的采购、维护/修理和大修过程（其中包含在必要时与产品保障管理集成产品小组共同绘制进程图） • 在中心位置（最好选择电子媒介）保存收集的所有数据
验证是否已收集规定的信息	调整所获得的文件，设定相应的优先级或移除文件，并在必要时进行补充数据申请
摘录/汇总关键细节	汇总有助于分析的每个文件和每次面谈的关键信息

2. 第 2 阶段：数据分析

本阶段包含确定进一步分析和审核需求度的最高级评估。项目管理办公室应与利益相关方合作，确定物资流动关系、循环次数、劳动力需求，以及其他使用进程图的过程要素。进程图可以帮助集成产品小组将整个供应链视觉化和发现高等级的产品保障策略改进机遇。进程图应包含供应链所涉及的特定活动和活动所有者，包括供应保障、维护、修理、大修或其他合适的集成产品小组要素。如果不存在现有的进程图，则应与关键利益相关方共同制作进程图。即使已经记录详细的进程图，利益相关方还是可以在对其进行审核和验证时获益。

对成功的见解
进程图——遵循从“故障资产”到“可用资产”的顺序——是在质量上确定当前状态基准线的有用工具，来自不同组织的利益相关方应参考进程图制作过程

表 2-5 详细描述了完成数据分析阶段所需的工作。

表 2-5 数据分析活动

活　　动	描　　述
评估所收集的与其他因素相关的数据	评估所收集的数据，确定是否可以通过引入基于性能的协议来降低成本或增加战备完好性。确保将技术数据的获取纳入最高级评估的范围，因为持续保障策略的变化会受到限制条件（或缺乏限制条件）的影响
分析可行性	确定实施基于性能的保障的可行性
分析时机	根据收集的数据和已实施的面谈，确定项目是否已为此次或未来过渡至新策略的使用做好准备
估算可节约的成本和性能改进措施	确定是否可以通过产品保障协议的变化来实现大量的成本节约和/或战备完好性改进

在使用了第 1 阶段收集的数据之后，产品保障管理集成产品小组应设法通过数据驱动和基于证据的响应来回答下列问题。表 2-6 中给出了会对战备完好性和成本造成影响的关键考虑因素。

表 2-6　评估战备完好性与成本时应考虑的因素

因　素	关键考虑因素
维护规划与管理	• 当前的维护规划和管理策略是否满足作战人员需求？ • 维护过程（故障报告、运输、工作量管理等）是否可以更为有效？ • 修理过程是否存在任何重大延误？ • 持续规划和需求预测是否可以通过引进性能奖励措施变得更为准确和高效？
供应保障	• 供应保障策略是否满足作战人员需求？ • 供应链保障是否可以通过引进性能奖励措施变得更为准确和高效？ • 备件或新部件的采购过程是否存在任何重大延误？ • 供应链的任何阶段是否存在由于过度生产或质量问题导致的严重库存积压？ • 是否存在任何制造来源减少和物资短缺（Diminished Manufacturing Sources and Material Shortage，DMSMS）问题？
持续保障供应商的市场空间	• 产品保障供应商当前的竞争格局如何？新部件和修理用零部件供应商呢？是否存在备选的建制来源（另一地点或另一军种）？ • 建制人员是否有权获取与修理相关的技术数据？ • 机遇的范围是什么？
筹资机制	• 可用的筹资机制（如周转基金（Working Capital Fund，WCF），使用与维护（Operations and Maintenance，O&M）资金是否允许使用基于性能的长期协议？ • 如果不允许，是否还有其他可用的筹资机制？
利益相关方一致性和基于性能的保障能力	• 建制基于性能的保障承诺：是否存在与来自领导阶层和/或项目管理办公室的支持？ • 建制基于性能的保障能力：是否具备必要的知识与技能？执行过程中是否有充足的资源可用？ • 商业基于性能的保障承诺：是否存在与当前/潜在产品保障供应商/产品保障集成商、原始装备制造商或其他商业公司相关的利益？ • 商业基于性能的保障能力：是否具备必要的知识与技能？执行过程中是否有充足的资源可用？ • 信任与透明度：关键利益相关方之间是否存在足够的信任与透明度？ • 潜在的建制保障供应商和商业保障供应商之间是否存在建立公私合伙企业的机遇？
时机	• 寿命周期阶段：现在是否是变更持续保障策略的合适时机？是否存在有益于过渡的剩余使用寿命？ • 新兴技术的状态如何？ • 现有合同：是否存在任何相互冲突的合同性质的协议？ • 使用环境：在预计的使用频度下，变化是否可行？
项目特有的考虑因素	• 是否存在任何项目特有的障碍或重大机遇？

3. 第3阶段：生成见解和建议

本阶段主要的工作是整合收集和分析的数据，形成与备选持续保障策略可行性和潜在改进机遇相关的见解。也就是说，在本阶段收集的见解依据的是以下问题：备选的持续保障策略是否能够改进战备完好性和/或成本成果？分析应从数据中获得见解，而不是通过生搬硬套已收集的信息来确定前进的方向。举例来说，相比简单记录规定年度内与某个部件相关的延期交货小时数，更恰当的做法应该是了解长期的趋势，或是与该部件相关的总延期交货小时数的百分比。上述见解可以提供工作的背景和以全新的方式形成的信息。这种方式可以帮助产品保障管理集成产品小组确定持续保障策略的变化是否有利和可行。

对成功的见解
在产品保障协议中考虑已部署的资产周转率（确定分析的基准线）。该信息可用于与潜在可靠性改进相关的商业案例分析。（第4步或第5步）

本过程将形成两个可能的建议：基于性能的保障协议是否可以改进成本或战备完好性成果。在上述案例中，如果基于性能的保障协议证明可行，就需要对其进行更详细的分析。如果采用基于性能的协议被视为是不恰当的行动方案，项目经理/产品保障经理仍应确保其当前所使用的持续保障策略可以尽可能最低的成本保障作战人员需求，并在寿命周期保障计划和其他文件（视具体情况而定）中记录其所做的决策。表2-7介绍了第3阶段的高级别活动。

表2-7　形成见解与建议的活动

过程步骤	描　　述
审核性能需求的当前状态	• 如果存在性能需求，应审核需求和与其相关的项目当前状态（例如指标、持续保障成本）； • 如果不存在性能需求，则应提供作为建议组成部分的初始性能需求
回顾第2阶段的分析	• 回顾第2阶段的分析和第3阶段生成的，与当前产品保障策略状态相关的见解； • 根据调查结果验证效益和缺点
生成建议	• 生成产品保障评估建议，并将其提交给决策人员（项目经理、产品保障经理等）； • 从决策人员处获得有关产品保障替代方案制定和评估的决策信息（第5步）

2.3.3　结论

本步骤结尾将根据持续保障策略变更的潜在收益和基于性能的保障协议的可行性，提出有关持续分析的“继续/停止”建议。项目管理办公室应审核基于性能的保障策略可能提供的成本节约和战备完好性改进机遇，并在后续步骤中探索可能的替代方案。

2.3.4　通用子系统使用案例

产品保障经理通过数据收集计划确定了必要的信息，并与关键利益相关者面谈。产品保障经理与来自项目管理办公室、维护组织、供应保障部门、野战级保障单位和需求小组的代表进行了面谈。分析在使用了收集的数据之后完成，并形成了可与集成产品小组分享的关键见解。根据分析和获得的见解，产品保障经理能够形成对当前产品保障策略性能的认识。

第 3 步：研发中的系统考虑因素

对于新项目来说，基线步骤应包含对替代系统保障成本的审核。如果不存在先前的系统，则应使用寿命周期成本估算值。以下为可供考虑的数据：

- 可靠性、可维护性和诊断预测；
- 故障模式、影响与关键性分析；
- 故障报告、分析与纠正措施系统；
- 维修级别分析；
- 维护任务分析；
- 以可靠性为中心的维护；
- 可靠性、可用性和可维护性与寿命周期成本分析

总体上，产品保障经理确定了当前的产品保障策略应该是满足作战人员需求，但其也可能提高战备完好性和降低成本。正如之前所讨论的一样，通用子系统仅负责不到 1%的系统级故障，这一比例与本平台其他子系统相当。但是，产品保障经理发现有六个组件正在导致维护和供应保障相应时间的延迟，而且其保障成本高于预期。通用子系统产品保障经理对上文第 2 阶段给出的因素进行了分析，然后形成了表 2-8 中所示的调查结果。

表 2-8　通用子系统应考虑的关键事项

因　素	关键考虑因素
维护规划与管理	子系统维护在建制层级开展，且被视为核心维护工作。项目管理办公室对寻求备选的维护供应商不感兴趣。产品保障管理集成产品小组确定维护过程可变得更加高效。尤其是战场的故障识别过程可以变得更为准确，从而减少由维护组织负责处理的无故障证据（No Evidence of Failure，NEOF）数量。 在面谈过程中，维护人员将部分组件（外场可更换部件（Line Replaceable Units，LRU））的短缺视为造成维护过程中大部分延误的原因（即使平均延误率无法计算）。投入战场之后，系统的可靠性始终未发生变化，这表明维护过程有效地识别和修复了故障
供应保障	目前，通用子系统供应链由项目管理办公室和国防后勤局（Defense Logistics Agency，DLA）共同管理。通用子系统由 10 个可修理组件（外场可更换组件/外场可更换部件）组成。所有组件均由持续保障司令部负责采购。此外，子系统还使用了由国防后勤局供应的消耗性零部件（如软管和其他管道）。持续保障司令部拥有批发和野战库存，这两者都可通过国防部分配系统进行补充。 持续保障司令部的供应保障小组确认，六个组件的短缺已导致维护过程的延误，其之后又导致了战场的延误。虽然项目管理办公室一直有维持满足用户需求所需的可用性水平，但仍需要采取一系列的特殊措施，例如加急订单和翻新之前认为有问题的零部件。六个存在问题的组件均为每隔两到三年订购的长交付周期物品。考虑到采购频率，产品保障经理担心上述组件可能出现制造来源减少和物资短缺问题。预期的成果为在成本限制范围内使用的同时，拥有一条可及时响应、可靠且具有可接受的规划精确度的供应链
持续保障供应商的市场空间	六个可修理组件均由原始装备制造商制造。正在导致供应系统延误的六个组件也由原始装备制造商制造。原始装备制造商拥有上述组件的技术数据，所有其他制造商无法获得这些数据。部分独立合同商可提供产品保障集成服务，其中包括供应集成
筹资机制	通用子系统的供应保障由周转基金提供资助
利益相关方一致性和基于性能的保障能力	建制基于性能的保障承诺：项目经理承诺，如果基于性能的保障协议是可满足作战人员需求，且成本最低的替代方案，则其会选择使用该协议。在持有概括描述通用子系统基于性能的保障潜在效益的简要指示之后，项目经理就能获得来自持续保障司令部领导阶层的支持。 建制基于性能的保障能力：仅有少数产品保障管理集成产品小组成员具备相关的知识或经验，但产品保障经理已申请从另一个项目管理办公室获得援助，且将举行知识转移研讨会。 商业基于性能的保障承诺：原始装备制造商之前已表现出对基于性能的保障协议的兴趣。与原始装备制造商签订的基于性能的保障协议通常作为唯一来源合同的组成部分，这就要求进行除充分和开放式竞争之外的论证与确认（Justification and Approval，J&A）。 商业基于性能的保障能力：虽然生产上述组件的部门未执行基于性能的协议，但公司具有适用于通用子系统的其他系统经验。 信任与透明度：部分项目管理办公室人员由于六个组件的供应保障问题对原始设备供应商感到失望，但项目管理办公室与原始装备制造商有着良好的合作关系。项目经理感觉两者之间的关系可以通过更频繁的沟通进行改进

续表

因　素	关键考虑因素
时机	通用子系统已投入战场 5 年，还剩 20 年的使用寿命。这足以满足实施长期基于性能的保障协议的要求，也可为原始装备制造商提供在产品与过程改进方面收回所需投资的机会。政府也可通过后续的合同谈判进一步节约成本。现有持续保障合同的履约期即将到期，这也是产品保障经理考虑变更持续保障策略的原因
项目特有的考虑因素	项目经理和产品保障经理在降低其所保障的通用子系统成本方面面临着来自领导阶层的压力

基于上述调查结果，通用子系统产品保障经理得出结论，项目管理办公室应开展更详细的分析，确定可能通过基于性能的保障协议节约的成本。目前不存在对基于性能的保障协议的阻碍：时机合适，利益相关方已达成一致，且项目管理办公室也正在寻求降低持续保障成本。此外，项目管理办公室也可通过协议提高供应绩效。

2.4　确定/改进性能成果

2.4.1　简介

所有基于性能的协议都包含的一个关键部分就是建立数个最高级指标，这些指标可用于定量评估持续保障供应商正在交付和军种正在购买的作战人员相关成果的质量。最高级指标拥有具体的目标。根据目标的满足情况，持续保障供应商将受到奖励或处罚。我们将这些指标称为关键性能指标。此外，还必须收集除关键性能指标之外的其他指标，将其用于类似于原因研究的管理活动。但是，这些更低等级的指标一般不提供目标和与其相关的奖励或处罚措施。

2.4.2　过程

1. 根据协议范围确定指标：等级、控制授权、产品保障要素

保障指标应在寿命周期保障计划中记录的策略制定阶段尽早确定，并在项目进入基于性能的保障协议实施阶段之后予以完善。一旦项目经理/产品保障经理确定合适的保障等级（系统、子系统或组件），再结合集成产品保障要素，就可以开始指标的选择。

对于系统级协议，产品保障经理可将带有相应的装备可用性、作战可用性和物资可靠性指标的产品保障的所有工作委托给产品保障集成商完成。另一个可使用的系统级指标应为“准备好执行任务”或“网络连通性”。如果产品保障集成商对可能影响系统可用性和/或可靠性的所有适用方面拥有控制权，则这些指标仅可作为基于性能的保障协议的组成部分。

同样地，产品保障经理还可将与系统的一个或多个（但非全部）集成产品保障要素工作委托给产品保障集成商，或直接委托给产品保障供应商。合适的指标应为可根据产品保障集成商/产品保障供应商控制的具体集成产品保障要素，对性能进行评估的指标。例如，如果产品保障供应商负责开展某个飞机系统的训练，那么对合格飞行员或每月认证的维护人员数量的评估就是合适的指标。如果产品保障经理决定在子系统或组件级别委托责任，则让产品保障集成商或产品保障供应商负责整个系统的装备可用性或作战可用性就不是恰当的选择。供应商不能对超出其控制范围的性能工作负责。无论保障责任如何委托，项目经理/产品保障经理都应始终承担与整个产品保障策略性能相关的最终责任。指标调整示意图如图 2-5 所示。

对成功的见解

基于性能的保障商业模型价值的核心来源是私营部门供应商的创新能力。设定的指标不得对上述能力造成阻碍，而应在不对其造成阻碍的情况下形成绩效。指标应对成果做出要求，但无须规定过程。确保为合同商提供可调节、且可影响性能成果的杠杆

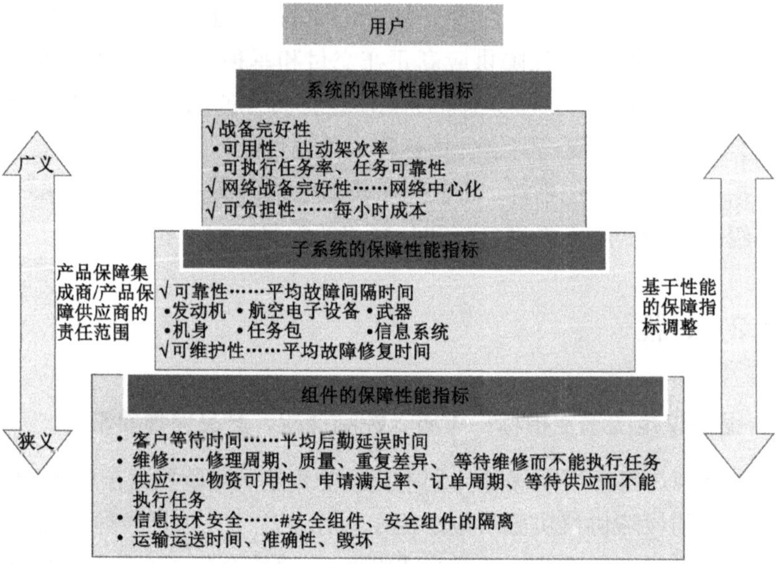

图 2-5　指标调整示意图

如上所述，集成产品保障要素还会对所选定的指标造成影响。表 2-9 给出了与每个级别和集成产品保障要素相应的指标。

表 2-9　根据级别与产品保障要素选择指标

集成产品保障要素/级别	供应保障	维护、规划与管理	持续保障工程
系统	等待供应而不能执行任务（Non-Mission Capable Supply，NMCS）	等待维修而不能执行任务（Non-Mission Capable Maintenance，NMCM）	可靠性（Reliability，R）
子系统	供应物资可用性（Supply Material Availability，SMA）	平均维护时间（Mean Maintenance Time，MMT）	平均故障间隔时间（Mean Time Between Failure，MTBF）
组件	订单完全执行率、按时交付（On-Time Delivery，OTD）、延期交货率	修理周转时间（Repair Turn Around Time，RTAT）	工程响应时间

2. 根据级别分解指标

选择指标时最重要的考虑因素之一，就是了解其关联性以及其对最高级性能成果和相互之间的贡献。因此，除了了解指标与产品保障集成商/供应商控制范围的关系之外，对指标进行分解也有助于了解其相互巩固和补充的方式。基于性能的保障指标等级分解如下所示：

- **第 1 级指标**为性能目标，或者是基于性能的保障协议的特性。例如，第 1 级指标可以是系统级别的作战可用性和装备可用性，或者是子系统或组件级别的供应链交付可靠性。第 1 级指标会根据基于性能的保障协议重点的变化而变化。
- **第 2 级指标**可为第 1 级指标提供保障。两者的关系有助于识别第 1 级指标出现性能缺口的根本原因。
- **第 3 级指标**为第 2 级指标提供保障。对于第 2 级指标而言，维护需求时间、后勤响应时间（Logistics Response Time，LRT）和平均故障修复时间（Mean Time to Repair，MTTR）等都属于第 3 级指标。

图 2-6 是基于性能的保障指标等级的示例，其依据是上文描述的系统级协议。

对于子系统基于性能的协议来说，合理的第 1 级指标或属性可以是供应链交付可靠性，第 2 级指标可以是订单完全执行率，而第 3 级指标则可使用无错误订单百分比和客户申请日预定的订单百分比。在这种情况下，合适的第 4 级指标就可选择已收到的无损订单百分比和货运单据正确的订单百分比。该基于性能的保障指标等级与供应链使用参考（Supply Chain Operations Reference，SCOR）模型类似，该模型适用于基于性能的协议应解决的集成产品保障要素问题。设定上述等级对其进行分解的主要目的是验证指标“混合”为一体的方式，以及其对整体作战人员战备完好性和绩效的贡献。

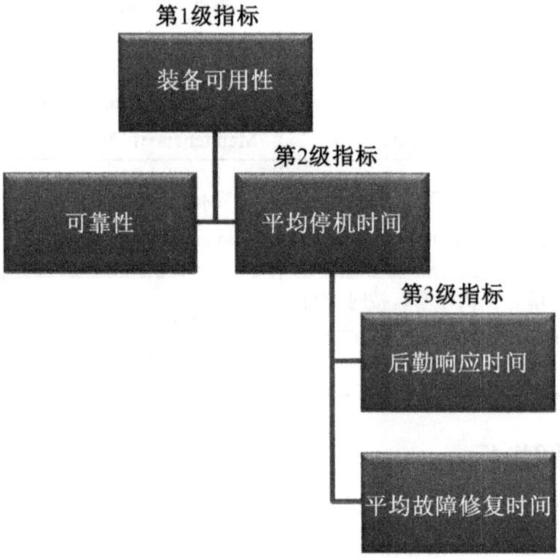

图 2-6　指标分解示意图

3. 根据性能和报告选择指标

在选择关键性能指标时，应遵循“完成评估和奖励的部分”以及“少即是多”的原则。有效的基于性能的保障协议包含多个易控制的——（最多）两到五个——且可反映预期作战人员成果和成本降低目标的关键性能指标。上述最高级的关键性能指标均已设定具体的目标。根据目标的满足情况，持续保障供应商可获得奖励或受到处罚。限制关键性能指标的基本原理就是：关键性能指标数量越多，与每个指标相关的奖励措施或处罚措施就越少。这也会削弱上述指标单独和整体影响持续保障供应商行为的效力。此外，还必须收集除关键性能指标之外的其他指标，并将其用于类似于原因研究的管理活动。但是，这些更低级别的指标未提供目标和与其相关的奖励或处罚措施。

对成功的见解
确保在所有实施步骤中，所有利益相关方都在持续解释、评估和计算所选择的指标（例如，批发和零售层级的评估点）

关键性能指标的选择可能是一个迭代过程，在该过程中，指标会根据合同商

性能接受重新评估。除了所选择的用于评估和奖励产品保障集成商或产品保障供应商性能的关键性能指标之外，产品保障经理还必须建立管理框架。在该框架中，关键性能指标和更低等级的指标可保持一致性，并按照从项目到产品保障集成商，再到产品保障供应商的层级进行沟通。协议的执行最终取决于与性能和指标相关的持续沟通和管理。

2.4.3　结论

一旦确定预期的性能成果和相关的指标，产品保障经理就可对交付预期成果所需的备选行动方案展开分析。通过所选择的指标量化的性能成果还会影响协议定价和奖励措施。

2.4.4　通用子系统使用案例

根据第 3 步的结果，产品保障经理确定基于性能的保障协议可行。该判断强调了奖励原始装备制造商，促使其改进长交付周期组件供应可用性，以及鼓励原始装备制造商开始最终可节约政府成本的可靠性改进的可能性。

第 4 步：研发中的系统考虑因素

产品保障经理与研发中的系统相关的工作包括：

- 确保在设计时考虑持续保障需求，并建立用于监控设计能力是否满足要求的指标；
- 根据指标对制定合适的（如可靠、可维护和可负担）设计和采办策略的影响划分其优先级。上述策略有助于完成部署的基于性能的协议的执行。
- 参与设计审核，根据不断变化的设计监控和影响持续保障指标的预测。
- 如果估算结果显示无法满足合适的指标阈值要求，则应根据设计需求和风险缓解策略制定产品保障计划。
- 参与测试审核，监控设计能力，以满足持续保障指标和部署要求

产品保障经理的下一步工作应该是确定合适的性能指标。通用子系统项目管理办公室可追求两个不同的可用性成果：确定的供应可用性等级或要求零部件在规定的时间范围内交付。产品保障经理集成产品小组选择了第二个选项。第一个选项需要给予原始装备制造商更大的库存水平控制权，且项目管理办公室会频繁收到可能影响库存水平的储备库存申请。这其中很重要的一点就是要选定产品保障供应商可控制的成果，以便于其负责最终获得该成果。对于通用子系统，尤其是在选择了定义为从物品采办到接收的整个周期的客户等待时间（Customer Wait Time，CWT）时，政府将采购需要原始装备制造商缩短后勤需求与部件交付间

隔时间的成果。

此外，通用子系统项目管理办公室还将平均故障间隔时间用作协议中的评估指标。由于几个关键组件导致了子系统 75%的故障，项目就选取了与改进可靠性相关的指标。原始装备制造商拥有影响上述组件可靠性，从而在子系统级别改进性能的权限。将平均故障间隔时间作为协议指标可确保维持或提高系统的实际可靠性。这就通过将更多的资产引入库存的方式，排除了原始装备制造商使用可靠性不足的组件来满足客户等待时间需求的可能性。上述做法可能对每个运转小时的维护小时数、运输和仓储需求带来负面影响，也可能抬高成本。图 2-7 显示了上文选择的指标——客户等待时间和平均故障间隔时间——根据平台水平和在所需的保障范围内进行调整的方式。

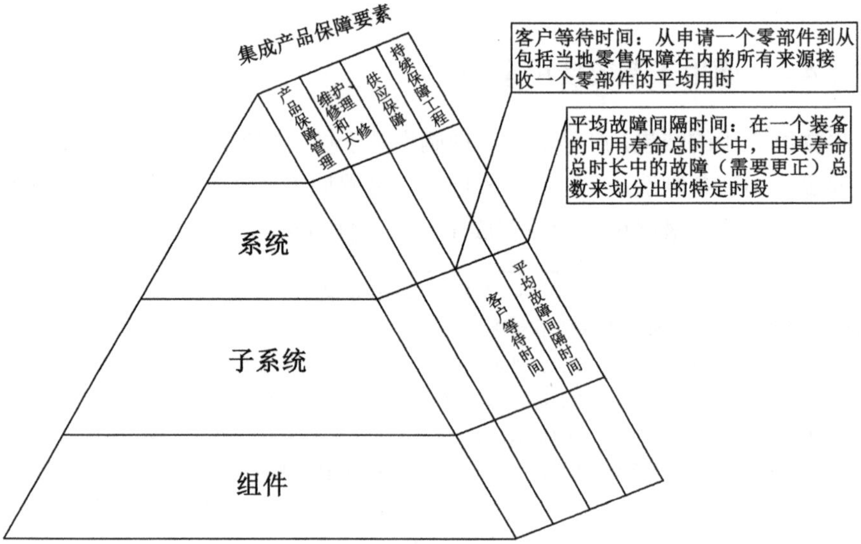

图 2-7　根据等级与集成产品保障要素确定的通用子系统指标

2.5　商业案例分析

2.5.1　简介

每个重要武器系统都应指定一名产品保障经理。产品保障经理的职责主要包括：

（1）制定和实施武器系统综合产品保障策略；

（2）使用合适的可改进物资可用性和可靠性、提高作战可利用率和降低使用与保障成本的预测分析与建模工具。

（3）开展合适的成本分析，验证产品保障策略。

1. 分析的目的

在考虑了成本、效益和风险之后，产品保障经理应负责制定最佳产品保障策略。产品保障经理应对产品保障替代方案展开合适的分析，并将替代方案的成本、效益和风险的可能性告知项目经理。

上述分析是一种结构合理的、可通过评估任务和商业影响力（财务和非财务影响力）、风险和敏感性的方式确定和对比产品保障替代方案的方法。该分析应显示所有替代方案的明显区别，以确保项目最终选定合适的方案。分析还应清楚地对比每个替代方案的成本、效益和风险，以帮助项目经理选择可以最低的使用和保障成本满足作战人员需求的替代方案。不要仅基于验证预定解决方案的目的来实施分析。产品保障经理可根据武器系统和潜在保障协议的复杂性决定是否需要（来自政府或商业机构的）外部援助。但是，产品保障经理仍需负责完成特定产品保障协议的分析和推荐工作。

2. 不存在通用的分析方法

本步骤和后续的两个步骤提供了具有足够分析精确度的实践方法，以确保项目经理/产品保障经理、军方及其他利益相关方对产品保障计划充分了解。对于无须大量分析的项目或情况，应对分析和方法予以压缩和排除。

2.5.2　过程

商业案例分析可根据项目的特殊需求，针对更低等级的成本、复杂性和风险量身定制。

1. 范围

分析的范围应重点关注各项替代方案，并清楚地确定产品保障替代方案和相应分析的边界。主要应考虑以下因素：

（1）时间与计划表；

（2）成本/效益；

（3）组织；

（4）功能与职务；

（5）地理区域、站点和位置；

（6）技术；

（7）平时和战时使用环境。

范围应取决于产品属性和基线标准中评估的保障要素。例如，基线标准确定了导致持续保障成本增加或系统性能降低的集成产品保障要素。此外，基线标准还确定了对成本和性能具有有益影响，且可确保替代方案不对上述活动造成不利影响的持续保障活动。

此外，范围还应对潜在的基于性能的保障协议必须满足的约束条件做出解释。商业案例分析替代方案会对政府与商业产品保障供应商之间的关系做出界定。因此，分析中应包含合伙企业的注意事项和供应商之间的协议类型。

2. 与基于性能的保障替代方案相关的合伙企业注意事项

1）持续保障合伙企业的背景

公私合伙企业协议是公共产品保障供应商与使用军方设施和设备的商业产品保障供应商之间签订的合作协议。合伙企业有助于形成可充分利用政府与行业特殊功能和能力的合作关系。合作关系评估是一种非常有用的工具，可帮助确定研发中的和已部署的系统可执行的替代方案。

基于性能的保障的主要实践方法
在考虑潜在的合伙企业机遇时，应了解适用于公私合伙企业的法规，并检查是否存在可能对公私合伙企业造成影响的军种专用政策

合作协议是形成基于性能的保障替代方案的关键。上述协议的类型可包括工作共享协议、直接销售协议和租赁协议（见表 2-10）。

表 2-10　基于性能的保障替代方案应考虑的合伙企业类型

公私合伙企业协议类型	描　述
工作共享协议	持续保障活动的责任由公共供应商和私人供应商分担，并由项目管理办公室或其他政府实体进行管理的合作关系
直接销售协议	公共组织与私营组织签订持续保障产品或服务销售合同的合作关系
租赁协议	私营组织有权使用政府设施或其他资源的合作关系

已验证的基于性能的保障合伙企业包括提供基地级熟练人工和作为行业产品保障集成商的供应商的建制基地。产品保障集成商负责管理修理过程、提供单一零件保障和协助建制基地开展最佳商业实践。建制基地的技术工人实际负责利用产品保障集成商提供的劳动基金开展修理工作。如上所述的合伙企业可在满足建制基地修理能力和工作量要求的同时，有效地利用共享最佳实践方法的基地专业技术。

2）基于性能的保障合作关系评估

基于性能的保障合伙企业的选择应交付上一个步骤描述的性能成果。评估确定了合作关系替代方案的范围。图 2-8 对合作关系评估进行了描述，其中包含按顺序排列的，建立可行和有益的合作关系必须满足的考虑因素。

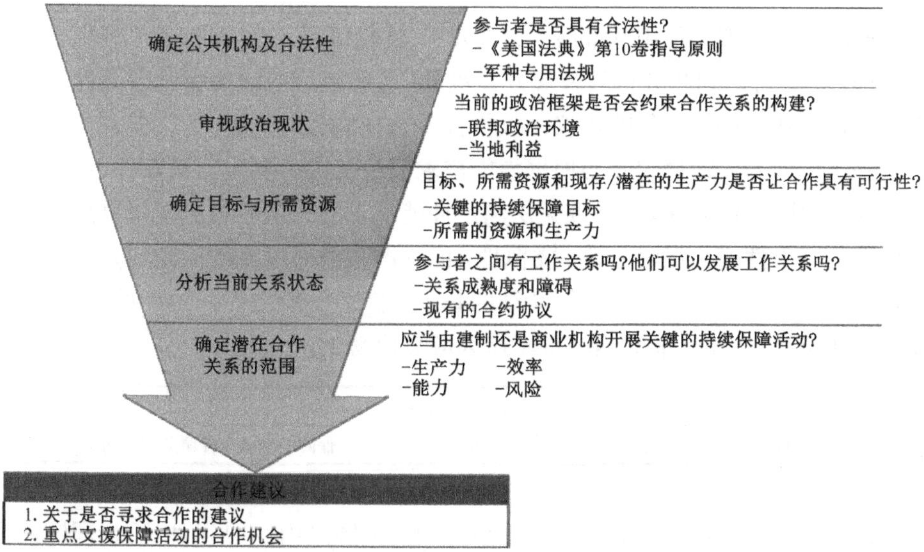

图 2-8　基于性能的保障合作关系评估

建立合作关系需要考虑的因素包括合法性、持续保障目标的一致性、建设性关系和范围。产品保障管理集成产品小组应分析过往协议的绩效、当前合同的协商、知识产权状态，以及其他可能影响合作关系的问题。

确定潜在合作关系范围的一个方法，就是通过持续保障活动和双方开展活动的意愿，来对政府和行业供应商进行评估。供应商意愿可以通过能力、才能、效率和风险等标准进行评估。表 2-11 给出了每个术语的定义。

表 2-11　基于性能的保障合作关系范围评估标准

标　准	关键考虑因素
能力	开展持续保障活动所需资源的数量和可用性
才能	每个参与者所具备的开展活动所需的技能和能力
效率	参与者在开展与其他参与者和行业标准相关的持续保障活动时导致的成本
风险	参与者在开展持续保障活动时失败或带来不利影响的可能性

在完成本合作关系评估之后，项目经理就能确定每个参与者的相对优势，从而推荐适合基于性能的保障替代方案，且可实现双赢的合作关系。产品保障管理集成产品小组可参考公私合作持续保障指南，了解更多有关合作关系的信息。

3. 替代方案制定

产品保障经理将使用基准线（第 3 步）、性能成果（第 4 步）、范围和合作关系选项，确定可控制和分析的替代方案数量。分析过程应最终帮助产品保障经理确定合适的基于性能的保障协议，以执行所选择的替代方案。

基于性能的保障协议需要根据性能需求调整范围。例如，由于部件可用性（经评估根本原因为供应保障）导致无法满足性能需求的系统应考虑使用重点关注供应保障的基于性能的保障协议。类似地，面临严重部件可靠性问题的系统应执行包含可靠性改进和持续保障工程活动的基于性能的保障协议。一旦确定系统基准线（第 3 步），上述性能缺陷的根本原因应显而易见。

对成功的见解
成功的基于性能的保障协议不仅可行，而且可由各军种执行（产品保障经理或军种愿意实施的替代方案）

需要分析的替代方案的数量应在可控制的范围之内，并显示出除相同解决方案变化之外的明显差异。对明显不同的替代方案（一般为 2～4 个选项）的分析应在成本、效益和风险方面体现出明显的差异。已部署系统的替代方案应包含“按现状”策略。对于研发中的策略，不存在“按现状”策略。替代方案应代表不同的方法和产品保障供应商，并合理地考虑系统当前知识产权环境可负担的约束条件/机遇。表 2-12 强调了针对各类环境（无论是否存在知识产权所有权）的特定考虑因素，而图 2-9 则提供了在分析特定行动方案时评估知识产权所有权的指导意见。

表 2-12　处于焦点位置的知识产权

<table>
<tr><td colspan="2">已部署系统：里程碑 B 之后的考虑因素</td></tr>
<tr><td>存在知识产权所有权</td><td>成本考虑因素：<ul><li>如果政府拥有知识产权，则应将历史采办成本视为“沉没成本”，其不得用于行动方案的定量分析或（建制或商业）供应商的选择过程。</li><li>所有与知识产权维护/维持成本相关的活动均应纳入（建制或商业）定量分析。</li></ul>策略考虑因素：<ul><li>从设计到处理（按设计；按制造；按维护）阶段对数据进行控制和管理的集成数据环境是确保系统数据在变化过程中的完整性的重要因素。</li><li>在考虑您已对其知识产权（类似于维护手册的技术数据、工程规范、设计图纸，以及类似于项目和源代码的计算机软件）享有部分所有权或使用权的基于性能的保障协议时，您必须确保合理地评估您所拥有的或具有使用权的知识产权，以及该知识产权的维护等级。<ul><li>你享有哪些数据权？</li><li>你所享有的权利是否过时？</li><li>你所拥有的维护数据处于什么等级（操作级、中继级和基地级）？</li></ul></li></ul></td></tr>
<tr><td>不存在知识产权所有权</td><td>成本考虑因素：<ul><li>如果政府不拥有知识产权，且计划进行知识产权采购或获得知识产权许可证，则获得知识产权和知识产权许可证的成本应纳入行动方案的定量分析。<ul><li>如果计划要采购知识产权，则所有与知识产权维护/维持成本相关的活动均应纳入定量分析。</li></ul></li></ul>策略考虑因素：<ul><li>知识产权的潜在所有权只是在制定和分析行动方案的过程中必须考虑的众多因素之一。</li><li>在准备各类行动方案时，必须了解确保每个行动方案可行的知识产权所有权或使用权的范围或等级。为支持该行动方案你需要：<ul><li>我是否需要完全拥有知识产权，或者是仅需持有期使用许可证？</li><li>我接收数据时是否需要遵循特定的格式要求？</li><li>我是否需要仅供政府使用的知识产权，或者需要通过该知识产权和第三方后勤供应商寻求潜在的双来源机遇？</li><li>我是否需要维修级数据或生产级信息？</li></ul></li></ul></td></tr>
</table>

替代方案应具有可相互区分的充足信息，但其也可在财务和非财务影响的分析过程中进一步制定。虽然在合理评估每个替代方案的成本、效益和风险时，需要获得足够的信息，但持续保障过程也可存在部分不明确之处。

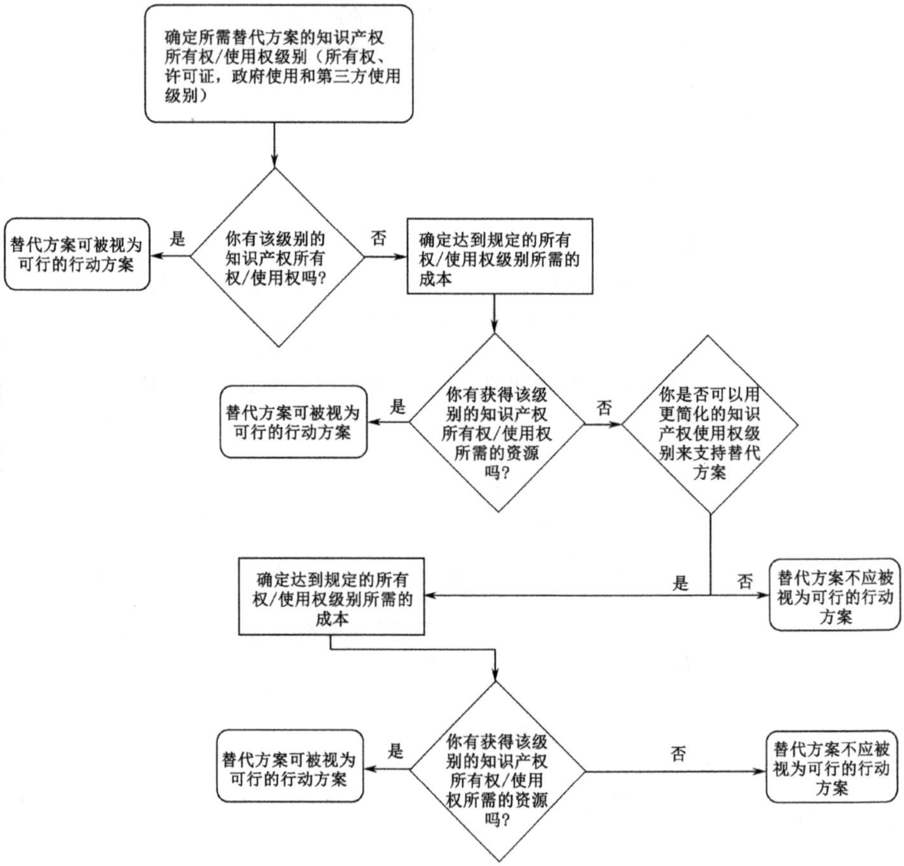

图 2-9 知识产权决策树

2.5.3 结论

在完成本实施步骤之后，产品保障管理集成产品小组将最终确定分析的范围，并列出可供考虑的基于性能的替代方案清单。替代方案包括从合作关系评估中获得的选项。分析替代方案，进而量化成本、效益和风险是第6步考虑的重点。

2.5.4 通用子系统使用案例

1. 概述

通用子系统小组已完成本步骤的工作。在使用了第3步（建立基线）获得的结果之后，小组成员确定了构成分析范围的关键产品保障特性。尤其值得一提的是，通用子系统小组得出了通用子系统的装备可用性已由于部件可用性方面的原因有所退化的结论。军种没有足够的可用于替换故障部件的外场可更换部件，因为故障率已超过通用子系统外场可更换件的采购和/或修理速度。如果通用子系统出现故障且缺乏上述更换部件，则更大型的系统将不可能执行任务，除非必要的通用子系统外场可更换部件能将系统恢复至运行状态。

第 5 步：研发中的系统考虑因素
成本或性能真实数据的缺乏限制了里程碑 C 阶段之前系统商业案例分析过程的效果。项目经理/产品保障经理必须使用可用的有限信息做出有关项目持续保障策略的决策。该有限的信息还可能影响替代方案的制定，因为不存在"按现状"的情况。反过来，各类替代方案也将成为来自类似已部署武器系统的理论数据或类似数据的衡量基准。此外，还应进行合作关系评估，以确保小组成员仅考虑可行的替代方案

通用子系统可用性问题主要应归因于系统外场可更换部件的长采购交付周期。通用子系统小组希望能在降低持续保障总体成本的同时，制定出可以处理可用性问题的子系统替代方案。该小组已开始针对保障完整性、技术服务、供应保障和在维护过程中改进故障识别等环节，在外场可更换部件级别和子系统级别探索合适的替代方案。

在完成合作关系机遇评估之后，通用子系统小组确定了系统持续保障策略可从将合作纳入替代方案中受益。原始装备制造商拥有十个可修理组件其中的六个技术数据包（Technical Data Package，TDP），其中包括六个交付周期最长的组件。原始装备制造商是合作的主要选择对象，而其他第三方后勤供应商则是产品保障集成工作的候选对象。

合作关系的范围包括维护规划和管理、供应保障和产品保障集成的各个方面。我们建议大部分维护活动维持建制状态。此外，由于建制中继级修理点和基地设施生产能力过剩，所以商业供应商会在将产品发运至原始装备制造商的基地修理设施之前，利用上述设施开展现场故障验证活动。

商业性质的现场服务代表可通过通用子系统合作企业，在实施故障验证、测试和小型维护的地点接收通用子系统外场可更换部件和组件。原始装备制造商具有强大的、可以与建制设施和劳动力合作、提高效率和缩短外场可更换部件交付时间的供应链能力和经验。供应商可利用国防设施开展补给品仓储和分配活动。

在替代方案制定的过程中，可行的持续保障策略的范围缩减至三个替代方案。因为通用子系统是已完成研发的系统，所以替代方案 1 就是"按现状的"产品保障方法。

2. 商业案例分析替代方案

商业案例分析替代方案见表 2-13。

表 2-13 商业案例分析替代方案

替代方案 1——当前交易方法
在替代方案 1（当前状态替代方案）中，通用子系统维持着当前的交易过程，其中每个故障都需要签订单独的修理协议。政府继续维持单独的外场可更换部件修理服务。每个损坏的可修理件都归还至项目后勤中心，然后再按顺序转移至合同商设施、其他内部设施或下一级供应商处进行修理。通用子系统的维护应以建制方式开展。通用子系统供应链由项目管理办公室和国防后勤局负责管理。可修理组件由持续保障司令部负责管理，大部分消耗性零部件则由国防后勤局负责管理。但是，如果同时需要可修理组件和消耗性零部件，则其采购工作应由国防后勤局负责
替代方案 2——外场可更换部件级基于性能的保障
在本协议下，政府针对通用子系统修理工作，采购特定等级的外场可更换部件可用性。供应商负责在中继级修理点和供两个基地使用的批发库存控制点，确保通用子系统修理用零部件的可用性。协议的目标是确保货架上的修理用零部件可供通用子系统安装使用。本协议包含与商业性质的现场服务代表相关的条款。这些服务代表驻扎在两个基地或中继级修理点内，负责完成测试、小型修理和按程序发送需要采取补充措施的可修理件。本协议将重大采购、包装、装卸、发运和运输责任转移至商业供应商。期望通过本协议简化合同签订程序和缩短交付周期。 与替代方案 1 不同，在本方案中，通过系统或供应链改进措施获得预期性能的供应商将根据本协议获得奖励，其中包括对其下级供应商的奖励
替代方案 3——子系统级别的基于性能的保障
政府将针对整个通用子系统采购特定等级的可用性，供应商则负责确保通用子系统的可用性。子系统必须在系统激活时可用。与替代方案 2 类似，协议将包含与商业性质的现场服务代表相关的条款。这些服务代表驻扎在两个基地或中继级修理点内，负责完成测试和小型修理工作。本协议的执行还涉及将商业供应商确认为产品保障集成商。 在子系统性能责任委托至产品保障集成商之后，产品保障集成商/产品保障供应商有能力在必要时应用创新和改进过程，而不仅仅只是在时间限制范围内交付外场可更换部件。这就直接将产品保障集成商与通用子系统的使用性能相关联，使为作战人员交付更佳的成果成为可能。在替代方案 3 中，供应商、项目管理办公室和作战人员的利益将与通用子系统可用性保持一致

2.6 产品保障价值分析

2.6.1 简介

确定了可为分析提供保障的替代方案的详细信息之后，下一步就应该量化相关成本、收益和风险。产品保障替代方案的分析同时包含财务和非财务因素，以及可量化和不可量化要素。此外，分析还可能包括对性能、可靠性、可维护性和可保障性的评估。在考虑使用成本、效益和风险等因素做出决策时，对其设定不同的重要性等级。指定数字权值就是一种可以确保项目更好地完成分析和制定决策的方法。该权值可强调或抑制成本、效益和风险对分析的相对影响。如果要开展对替代方案的分析，就必须进一步明确权重（分配给某项特定效益的比例）、效益和风险。如果小组中包含成本估算专家，产品保障管理集成产品小组有效开展该分析的能力就会大大增强。如果里程碑决策机构、项目执行官或项目经理确定最低成本是高于一切的决策标准，则应通过设定较高的权值来将其纳入分析过程。在所有产品保障替代方案中，成本、效益、风险和敏感性都是必须分析的要素。

2.6.2　过程

潜在产品保障替代方案的价值分析会对三个主要标准进行评估：成本、效益和风险。有关如何评价成本和效益、效益和风险，以及成本和风险折中的决策，应根据项目的特殊需求和特性，由产品保障管理集成小组以及项目经理或产品保障经理做出。本部分提供了量化每个标准的权值，从而反映其对项目经理确定产品保障策略的相对影响的方法。无论是否说明了相对重要性，每个潜在产品保障替代方案的预期成本、效益和风险都应予以考虑。之后的部分列出了每项标准所使用的分析方法，从经过衡量的标准或效用分析方法开始，然后进入成本、效益和风险分析。虽然存在其他实施产品保障价值分析的方式，但本方法对于量化每个替代方案的潜在价值来说更为直接和全面。

1. 效用分析方法

该方法可得出每个替代方案单独的分数或效用值，该值通过预定的权值乘以量化的成本、效益和风险分析结果得出。项目经理可参考效用值，从而确定如何从给出的产品保障替代方案中选择最佳的选项。通用子系统效用值计算样本在下文中给出。图 2-10 描述了效用值计算方法。

成对比较是一种可以通过提供决策标准评级方式来确定替代方案评估方式的机制。成对比较的方法有助于通过小组讨论确定特定值。图 2-11 举例说明了使用“成对比较”在两个标准之间建立相对权值的方法。在该示例中，成本与效益在−9～9 的数值范围内进行了对比。将数值“−9”置于最左边表明成本的重要性是效益的 9 倍；0 表示两个标准之间的重要性为中性；最右边的数值“9”表示效益的重要性是成本的 9 倍。

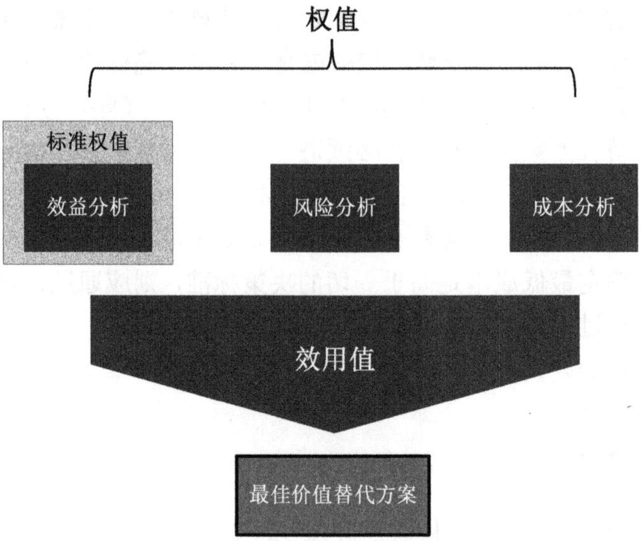

图 2-10　效用值计算方法

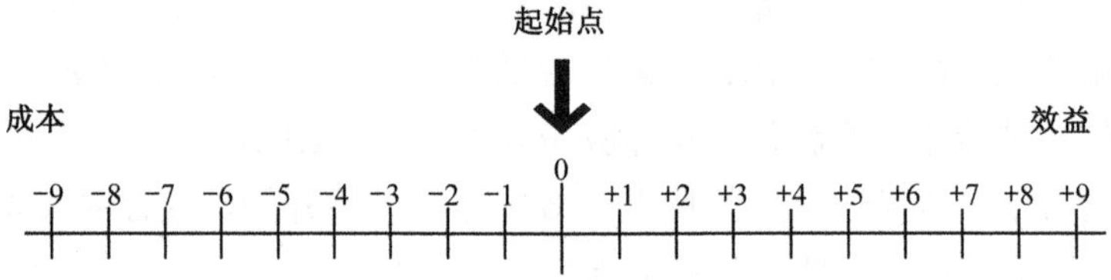

图 2-11　成对比较

对于通过成对比较确定的值，可通过代数方法正常化，变为 100%，以确定三个标准之间的相对权值。图 2-12 中列出了通用子系统的相对成本、效益和风险权值。

基于性能的保障的主要实践方法
权值必须在开始分析之前确定，以确保其客观的使用

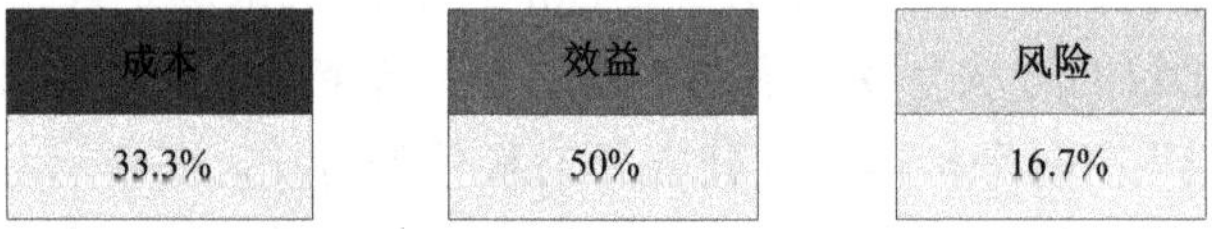

图 2-12　通用子系统的相对成本、效益与风险权值

2. 成本分析

在实施成本分析时必须提供充分的数据，进行详细的审查和全面的记录。产品保障替代方案的成本分析应根据适用的指令和指南要求开展。

1）成本估算范围与方法

产品保障成本估算的目标是编制和预测每个替代方案在特定履约期内执行规定产品保障任务所需的成本。一旦编制完成，就可对比每个替代方案的估算值，并将其纳入确定效用值的其他标准之中。成本估算的详细程度必须根据替代方案、资源和进行估算可用的时间以及所需的准确性和精确度进行平衡。以下问题可以帮助产品保障经理确定成本估算的范围：

- 是否有必要确定所有的成本，或者是否可以只确定可区分所有替代方案的成本？
- 应该使用何种结构来确定估算的持续保障成本？
- 分析中包含哪些基本原则和假定？

接受评估的替代方案的成本估算应考虑系统、子系统或组件的整个寿命周期，以确保其在相关基于性能的保障协议计划履约期内的效用。成本估算应真实、全面，且未根据预算比例滤掉部分内容，但是，其全面性应重点突出有助于区分所有替代方案的各项成本。产品保障管理集成产品小组可选择忽视沉没成本、非递增成本和非区分性成本。但是，最终的概算阶段必须加上所有的成本，包括沉没成本、非递增成本和非区分性成本，以确保完整的会计核算。成本应按年度进行合理的分配，并给予合理的折扣，以确保以净现值术语来表示估算值。

2）成本要素结构选择

前后一致的成本结构可以确保有效地对比不同替代方案的估算值。每个项目的潜在成本动因可能发生改变，但其始终可以通过集成产品保障要素结构的应用进行分类，以对比各类替代方案。在进行成本分析时，可能需要考虑多个变量。表 2-14 列出了产品保障替代方案的成本动因与成本估算考虑因素。

表 2-14　产品保障替代方案的成本动因与成本估算考虑因素

成本动因	成本估算考虑因素
库存成本	• 估算在不同替代方案下仓库维持和维护库存的成本。持有成本包括实际空间、保险、安全、资本的机会成本和损害。 • 简化的库存管理模型以“安全库存政策”为依据，可用于预测现有平均库存、安全库存和持有成本。每个替代方案都应计算最低满足率

续表

成本动因	成本估算考虑因素
发运与包装成本	• 如果替代方案之间的发运和包装过程存在很大变化，则可能存在重要的总成本动因。 • 如果替代方案之间的储存和装卸过程存在很大变化，则可能存在总成本动因
修理成本	• 估算外场可更换部件未来的修理成本。主要考虑因素包括预期的外场可更换部件修理量和修理用零部件成本。 • 修理量通常是最容易区分替代方案的动因。外场可更换部件修理量的关键组成部分是对单个外场可更换部件可靠性改进的假定。这些假定可能由于替代方案的不同而存在区别。 • 可能包含已送修但显示无故障的部件的成本（如适用）。 • 在适用的情况下，还应考虑报废管理成本
合同商人工成本	• 估算每个替代方案的供应商现场服务代表的人工成本
修理加工成本	• 计算政府和供应商的加工成本
训练成本	• 不同替代方案的训练成本可能存在变化，其需要进行大量的过程再设计/或实施产品保障过程的新进人员

3）方法

成本估算通常采用五种常用的方法：实际成本数据法、工程分析法、类比法、参数法和专家建议法。在进行未来成本估算时，应优先使用实际系统数据。如果无可用的实际数据（通常针对研发中的系统），则成本估算师必须使用另一种方法完成成本估算。表 2-15 是五种常用的成本估算方法。

表 2-15　成本估算方法

成本估算方法	描　述
实际成本数据	评估来自项目的实际成本数据
工程分析法	使用更低级别但更详细的，且可整合为总估算成本的独立成本数据（也称为“自下而上”法）
类比法	使用来自类似平台的成本数据。该平台可对接受评估的系统进行直接、合理的对比
参数法	利用替代方案的物理属性或性能特征，以及上述方案相互之间的关系，来高度整合组件成本，以生成替代方案成本的参数估算值
专家建议法	利用经验丰富的个人或群体的判断；该方法的使用仅限于无法从其他方法中获得数据的情况；应记录各项假定

4）对成本分析的解释

产品保障管理集成产品小组在获得各替代方案的成本估算结果之后，应分析其结果，确定对替代方案影响最大的成本动因。图 2-13（见书后彩图）对三个通用子系统替代方案之间估算成本的差异进行了描述。估算始终将剩余的系统使用时间假定为 20 年。

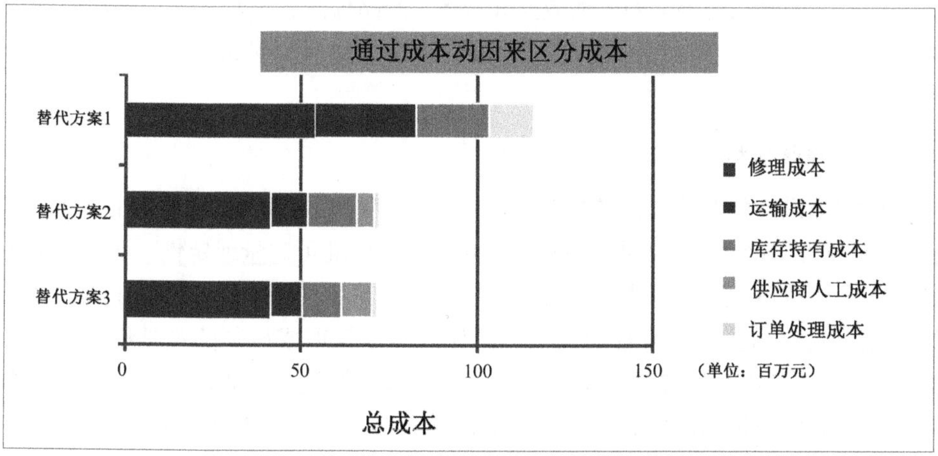

图 2-13　根据成本动因计算的累计成本示例

成本分析显示，对于除供应商人工成本之外的所有成本动因，替代方案 2 和替代方案 3 相比替代方案 1（“按现状”产品保障状态）更为便宜。在修理成本、运输成本、库存持有成本和订单处理成本方面似乎存在节约的可能。成本可能由于外场可更换部件修理量、供应链效率和可靠性改进实现节约。通用子系统可能存在的节约从替代方案 1 转移至替代方案 2 或替代方案 3，表明成本标准更支持向基于性能的协议过渡。产品保障管理集成产品小组应考虑接下来两年、三年、五年和 20 年以上范围或系统寿命周期终止时（如果该寿命周期低于 20 年）的估算成本，以评估各替代方案的长期成本波动。

3. 效益分析

效益分析应考虑替代方案满足作战人员需求的可能性，以及其对军种和国家的潜在效益。项目经理可能会发现，回答以下问题有助于其对比不同替代方案的效益：

- **识别效益评估标准**：预计可从产品保障协议获得的最重要的效益是什么？
- **考虑标准的重要性**：不同的标准相互关联有多重要？
- **评估标准**：对于每个标准来说，预计每个替代方案可提供多少效益？

- **对比所有替代方案的效益**：考虑所有标准，哪个替代方案可以提供最大的预期效益？

产品保障管理集成产品小组可为项目经理提供上述问题的答案，帮助其区分各类产品保障替代方案。为评估效益和成本，产品保障管理集成产品小组必须最终以可支持直接数字对比的方式来量化效益，有关如何实现这一点的问题是下一节讲述的重点。

1）效益评估标准

通常来说，效益分析的依据是 3～5 个最重要的效益标准。重要性程度的依据则是更广泛地将价值交付给用户或部门。效益标准可定量或定性。系统可用性就属于定量效益，其每个替代方案的指定价值可清楚估算；而可管理性则属于定性效益，其产品保障的可管理性由产品保障接受管理或控制的难易程度决定。表 2-16 列出了产品保障管理集成产品小组应考虑的效益评估标准。项目可选择建立其产品保障策略所特有的补充标准，或分解标准，为更准确地分析提供保障。

表 2-16　效益评估标准

可用性	可管理性
可靠性	可持续性
可保障性	多功能性
武器系统的预期使用寿命	可负担性
使用频度 VS 非紧急使用	

通常情况下，产品保障管理集成产品小组会确定潜在效益标准列表，并给出每个标准的详细定义，以确保测量结果准确一致。在通用子系统案例中，步骤 4 将外场可更换部件可用性以及已降低的子系统可用性最终的影响确定为持续保障性能降低因素。同样地，项目管理办公室也选择将通用子系统物资可用性作为一项效益标准。类似地，项目将可靠性确定为性能成果，并将其归入效益标准。最后，通用子系统小组纳入第三个效益标准——长期可管理性。最终的效益标准包括装备可用性、可靠性和长期可管理性。

2）标准的重要性

一旦项目确定了效益评估标准，就应开始确定每项效益的相对重要性。各项权值可通过项目经理/里程碑决策机构的制定、产品保障管理集成产品小组的讨论，或者是类似于成对比较的更严格的方式确定。每个标准最终的结果为一个以百分比表示的权值。图 2-14 中列出了通用子系统评估标准权值。项目选择使用成对比较评估性能，这些值可为利益相关方提供参考。

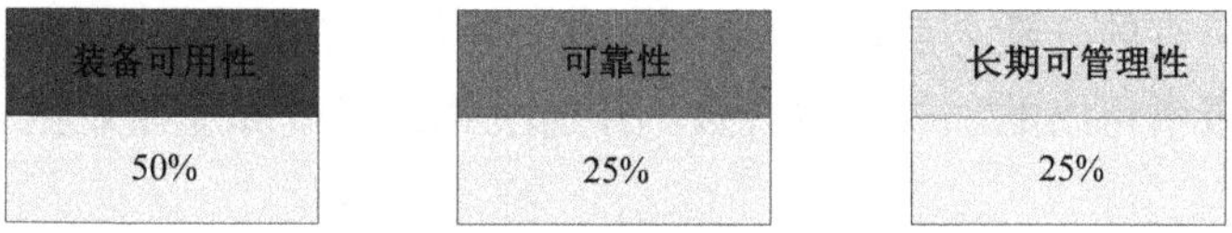

图 2-14　通用子系统评估标准权值

上述权值显示了每个替代方案整体效益分数的一半由其提供通用子系统装备可用性的程度决定，而可靠性和长期可管理性对效益评估的影响相同。

3）效益评估

为对价值和效益进行相互比较，已评估的效益范围应映射至一般数值范围内。例如：数值范围 1～10（10 表示最优选择，1 表示最不建议的选择）可确保每个替代方案的效益分数与综合效益分数的组合。以上分数将纳入效用值。在使用一般数值范围量化效益时，应确定数值范围内的各项值，以便于决策制定者根据一般平均系统做出判断。表 2-17 为样本效益规模的示例。

表 2-17　样本效益规模

等级	可用性	可靠性	长期可管理性
10	95%	95%	非常容易
9	90%	90%	容易
8	85%	85%	比较容易
7	80%	80%	稍显容易
6	75%	75%	稍显容易至正常
5	70%	70%	正常至稍显容易
4	65%	65%	稍显困难
3	60%	60%	比较困难
2	55%	55%	困难
1	X<55%	X<55%	非常困难

产品保障管理集成产品小组会对三个替代方案的每个标准进行评分。根据该小组得出的分数，每个标准会获得一个 1～10 的数值范围内的针对每项替代方案的平均利益相关方等级（在需要根据不同利益相关方的意见指定权值时，可对该等级做调整）。

4）对比各替代方案的效益

收集完所有的分数之后，每个替代方案会获得一个由标准权值乘以其平均利益相关方等级所得出的加权效益分数。图 2-15 描述了计算加权效益分数的方法。

权值-效益得分（X方案）=
（标准1权值）×（标准1得分）+（标准2权值）×（标准2得分）
+（标准3权值）×（标准3得分）

	替代方案1			替代方案2			替代方案3		
	当前的（交易型）			基于性能的保障 外场可更换部件级			基于性能的保障 通用子系统级		
	A	R	M	A	R	M	A	R	M
效益权值	50%	25%	25%	50%	25%	25%	50%	25%	25%
利益相关方的平均评级（1～10级）	1.57	6.34	1.91	6.92	7.28	6.32	5.27	6.41	6.33
计算	0.5(1.57)+0.25(6.34)+0.25(1.91)			0.5(6.92)+0.25(7.28)+0.25(6.32)			0.5(5.27)+0.25(6.41)+0.25(6.33)		
效益权值得分	2.8			6.9			5.8		
效益等级	3			1			2		

注：A=可用性　R=可靠性　M=可管理性

图 2-15　计算加权效益分数的方法

在一般子系统案例中，替代方案 2 的加权效益分数最高，这表明其是效益分析中最具有吸引力的替代方案。替代方案 2 和替代方案 3 的效益都超过了替代方案 1。在本步骤结束时，该效益分数将归入每个替代方案中可支配一切的效用值。

4. 风险分析

风险是产品保障经理在评估产品保障替代方案时应考虑的关键标准。成本与效益分析可显示部分替代方案优于其他方案之处，而相对风险评估则可通过考虑实现约定的成本节约或性能改进目标的可能性，来平衡产品保障管理集成产品小组对替代方案的分析。例如，采用一种新的保障方法可能会导致操作延误；大型投资无法带来预期的性能改进；或者雇佣更低成本的劳动力可能导致工人技术能力不足和进程变慢。

与成本分析和效益分析类似，风险分析应经过产品保障管理集成产品小组的深思熟虑，根据项目的需求量身定制。本节分析了识别和评估每个替代方案所固有的风险，并对其特性进行描述，提供了在每个替代方案的综合风险评分中量化风险的方法。项目有很多可用的风险评估方法，无论产品保障经理是选择本节给出的方法还是其他替代方法，分析都应考虑每个替代方案的潜在风险，并将这些风险融入产品保障替代方案的评估过程。

1）风险识别

与对效益的讨论类似，在识别风险时，风险分析应是一个决策制定的过程，而不是一个过度详细的过程。产品保障经理应考虑与接受评估的替代方案直接相关的风险，并重点分析对替代方案的区分具有重大影响的风险。虽然不存在对需要考虑的风险数量的具体规定，但一般来说，最重大的风险不超过10个。

在实际操作中，无须识别每个类别的风险。表2-18中列出了主要风险类别。

表2-18 风险类别

商业或项目风险	进度风险
使用风险	组织风险
适宜性风险	可持续性风险
过程风险	安全风险
技术风险	环境风险

表2-19列出了通用子系统项目在其风险分析过程中所识别的风险。

表2-19 通用子系统风险列表

编　号	类　别	风险描述
1	商业/项目	如果选定的持续保障协议难以执行，则可能无法在延长时间期限后获得充足的效益
2	商业/项目	如果供应商无法形成供应链，则预期的性能成果可能无法获得
3	使用	如果供应商或政府合同签订和法律确认过程漫长，则可能延误维护工作

续表

编　号	类　别	风险描述
4	过程	如果一直缺乏故障根本原因数据，则由此导致的故障和需求预测的不准确可能最终导致库存过剩或可用性降低
5	进度	如果合同成本超过阈值范围，则可能会触发更为详细的国防合同审计局（Defense Contract Audit Agency，DCAA）审计，进而增加项目管理负担和对项目的实施造成不利影响
6	进度	如果下级供应商继续在无忧患意识或无响应的状态下进行操作，则交付周期会延长，这就可能导致修理周转时间延长，并最终影响战备完好性的维护能力
7	可持续性	如果成本超过替代方案的预定值，则可负担性就可能成为挑战
8	可持续性	如果使用频度发生改变，且所选定的替代方案无法进行调整，则有可能增加资金短缺或失效的风险，或者影响战备完好性的实现

2）风险评估

产品保障的所有风险并非以相同的方式生成。为更好地理解各项风险的相对影响力，产品保障经理可提出以下问题：

- 为什么选择这些区域？
- 为什么以这种方式对风险进行分类？
- 为什么以这种方式对风险进行评分？

一旦产品保障经理确定了产品保障重大风险清单，分析就应重点关注对每项风险严重程度的评估。以下问题有助于评估风险严重程度：

- 哪些已识别的风险最重要？
- 替代方案的哪些风险最有可能发生或最严重？

在描述风险分析的结果时，有多种不同的方法可供选择。产品保障经理应确定最好的沟通分析结果和有助于项目特定产品保障替代方案决策的方法。风险矩阵就是其中一种可用于评估不同风险的相对严重程度的方法。如果风险已出现，则风险矩阵会根据其所存在的两个主要特性：发生的可能性（或概率）和影响（或后果），在 1～5 的数值范围内考虑各项风险。图 2-16 给出了风险矩阵示例。

风险矩阵可帮助产品保障经理和产品保障管理集成产品小组以有助于不同替代方案件不同风险对比的方式来提出风险。此外，风险矩阵还可促进与项目经理和外部利益相关方的沟通，因为其可用于多个采办功能区。在通用子系统示例中，产品保障管理集成产品小组使用风险矩阵确定了每个替代方案下 8 个已识别风险的预期可能性和影响力。对于每个替代方案来说，产品保障管理集成产品小组应在以下类别中对已识别的风险进行分类。图 2-17 通过风险矩阵描述了通用子系统风险的可能性和影响力评分过程。

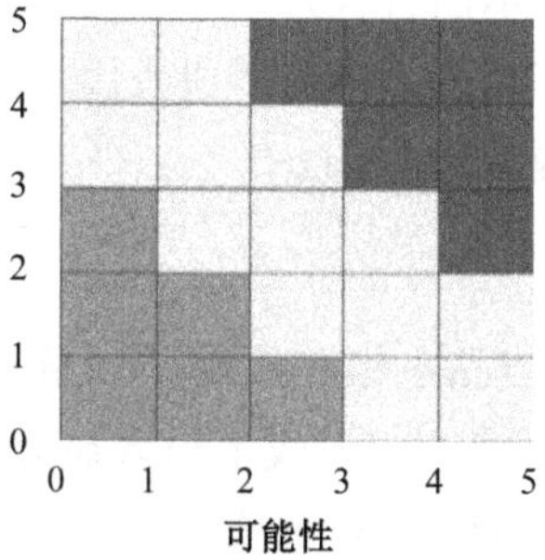

图 2-16　风险矩阵（一）

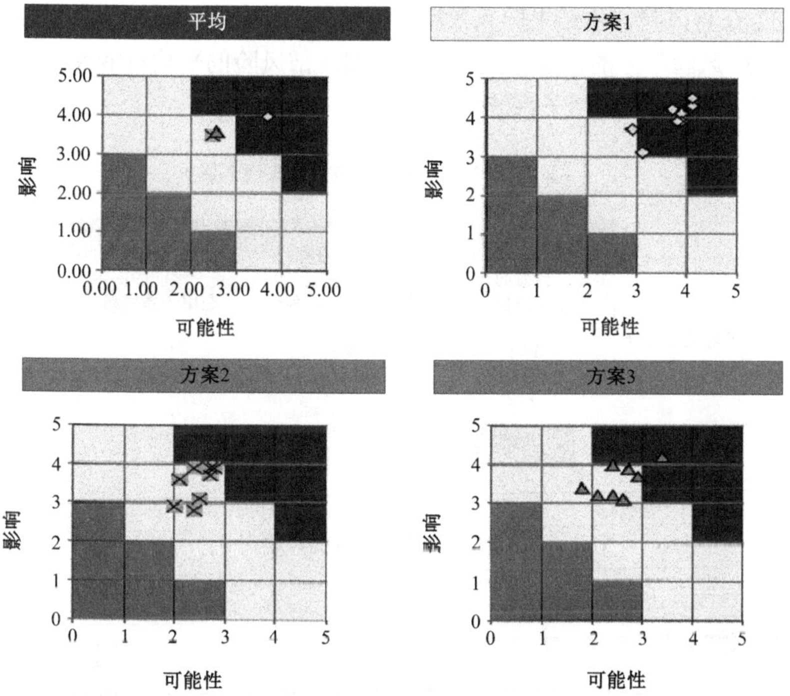

图 2-17　风险矩阵（二）

- **可能性**：在 1～5 的数值范围内，替代方案 1 面临可能影响整体产品保障实施过程挑战的可能性有多大？
- **影响力**：如果确实存在与保障实施相关的挑战，则在 1～5 的数值范围内，产品保障替代方案 1 的预计影响力有多大？

图 2-17 左上角部分给出的平均值矩阵将单个替代方案评估的结果与每个替代方案的单一点合并。该图显示出替代方案 2 和替代方案 3 在相对风险影响力和发生的可能性方面基本相当，而替代方案 2 和替代方案 3 的分数高于替代方案 1，且在风险影响力方面略优于替代方案 1。

3）对比各替代方案的风险

一旦产品保障管理集成产品小组完成对不同替代方案固有风险可能性和影响力的评估，风险分析的结果就应归入成本与效益分析的结果，从而为确定产品保障替代方案提供帮助。相对而言，对每项替代方案所固有的相对风险进行叙述性描述，可能是对小规模或简单分析来说最佳的总结方法。对于更复杂的产品保障分析，最佳的实践方法应该是将风险矩阵的结果归入包含成本与效益分析结果的效用值。在将风险评估结果归入效用值之前，应首先计算出每项替代方案的综合风险得分。风险得分的计算方法为替代方案内部风险的平均可能性乘以平均影响力。图 2-18 列出了通用子系统的风险得分。

平均风险得分=平均可能性×平均影响

	替代方案1	替代方案2	替代方案3
	当前的（交易型）	基于性能的保障外场可更换部件级	基于性能的保障通用子系统级
平均风险得分	14.6	8.5	9.1
风险等级	3	1	2

图 2-18　通用子系统的风险得分

5. 敏感性分析

敏感性分析是对包含不同的成本定量值或多变的基本原则，以及在与基本分析结果进行对比时，可确定其效果的各类假定分析的重复。敏感性分析是一种工具，其可用于评估成本和效益对关键因素和假定变化的敏感程度。在进行敏感性分析时，有两种主要的方法可供使用。首先，对各项值的范围严格受限，或者考虑了假定数量有限的各种因素来说，每个组合都应在情境分析内进行测试。情境分析可用于测试成本、效益和风险相对权值和效益标准的效果。其次，如果存在多种假定组合，则可使用更为复杂的敏感性分析。

基于性能的保障的主要实践方法
产品保障经理应推动风险确定过程，并从合适的集成产品小组利益相关方处获得相关信息，以确保实现应对和缓解风险的目的

6. 确定效用值

在本步骤刚开始时，产品保障管理集成产品小组确定了其总体决策制定过程中成本、效益和风险的相对重要性或“权值”，如图 2-19 所示。

成本	效益	风险
33.3%	50%	16.7%

图 2-19　通用子系统成本、效益与风险权值

一旦完成成本、效益和风险分析，就应将获得的成本、效益和风险值与其各自的权值相结合，生成最终的效用值。一旦分数标准化，就应用每个替代方案的标准化得分乘以其权值，然后得出每个替代方案最终的效用值。图 2-20 显示了通用子系统最终的标准化得分和等级。

加权效用值（X方案）=
（成本权值）×（X方案成本得分）+（效益权值）×（X方案效益得分）
+（风险权值）×（X方案风险得分）

	替代方案1	替代方案2	替代方案3
成本得分	61.6	99.1	100
效益得分	41.5	100	84.8
风险得分	58.2	100	93.4
计算	(33.3%×61.6)+(50%×41.5)+(16.7%×58.2)	(33.3%×99.1)+(50%×100)+(16.7%×100)	(33.3%×100)+(50%×84.8)+(16.7%×93.4)
效用值	51.0	99.7	91.3
最终评级	3	1	2

图 2-20　通用子系统最终的标准化得分和等级

2.6.3 结论

在本实施步骤结束之后，产品保障管理集成产品小组将确定和分析每个潜在产品保障替代方案的估算成本、效益、风险与敏感性。通过本步骤的结果能清楚地看出各项产品保障替代方案优势和劣势。在下一个步骤，产品保障管理集成产品小组将利用该分析来选定产品保障方法。

2.6.4 通用子系统使用案例

通用子系统小组已完成对成本、效益、风险和敏感性的产品保障分析。在3个产品保障替代方案中，替代方案1——当前的持续保障策略——在每次评估中都被视为最无效的。替代方案2和替代方案3则被视为相比基准线有了明显的改进。虽然替代方案3的成本更低，但替代方案2——外场可更换部件级基于性能的保障——则由于替代方案3对更高风险和更低效益的预期而获得了最高的效用值得分。上述结果对成本分析或成本、效益和风险权值的变化不敏感。在敏感性分析中，几乎所有的案例都显示替代方案2可以提供最佳值，同时，没有任何案例显示替代方案1可以提供最佳值。表2-20汇总了所有的替代方案。

表2-20 通用子系统使用案例替代方案对比

	替代方案1	替代方案2	替代方案3
简短描述	当前按现状的基准线交易	外场可更换部件级基于性能的保障，重点关注外场可更换部件的可用性	通用子系统级基于性能的保障，重点关注通用子系统可用性
赞成	根据主要分析，无	预期的性能增长，以及最重要的、成本与性能之间传统关系的切割	成本降低和预期性能的增加；相关风险相对较低
反对	性能结果不良；性能单位成本高；管理复杂，协调性不足	与替代方案3相关的风险；需要改变军种实施持续保障的方式	执行的相对复杂性；规定文化转移程度；规定的参与者之间信任水平的提高和相互合作的增加
分析等级	成本 3 效益 3 风险 3 效用 3	成本 2 效益 1 风险 1 效用 1	成本 1 效益 2 风险 2 效用 2

续表

	替代方案 1	替代方案 2	替代方案 3
风险	最高级风险为下级供应商持续无响应；当前性能状态退化的风险也需要进一步考虑	最高级风险为成本超出估算范围；作为外部观察者，通用子系统小组担心，预期的改进工作可能无法满足及时性要求，进而导致利益相关方希望尽早看到改变的想法落空	最高级风险为成本超出估算范围；立即采用替代方案 3 和进行规定的文化变革可能会导致短期内出现太多的变化
补充调查结果/观察	当前基准线未满足需求；如果持续使用当前的方法，无证据表明性能或成本会有改进	除了根据分析所做的选择之外，这似乎也是一个更可取的选项。同时，其也代表了在军种内部增加基于性能的保障的使用频率和增进对其了解的良好机遇	对于确定的等级结果，其中一种可能的解释就是被视为未在效益评分中发现的风险的转移

2.7　确定保障方法

2.7.1　简介

完成了产品保障替代方案的分析之后，产品保障管理集成产品小组就可为项目经理推荐，将选定的产品保障替代方案用于制订合理的基于性能的保障协议。本步骤包含对有助于项目经理产品保障替代方案选择的产品保障管理集成产品小组行动的概括描述。

2.7.2　过程

一旦产品保障管理集成产品小组进入本阶段，就表明其已准确地分析了所有重要的产品保障因素。集成产品小组完成了对产品保障需求的评估，并形成了与满足上述需求相关的后续工作安排。上述需求已被分解，并合理地（在系统级别以下）分配至子系统或组件层级。性能成果与成本目标量化为各项指标，为后续分析提供保障的阈值也已确定。对政府和商业供应商的相关指标也已在规定的产品保障性能范围内完成评估。

对成功的见解
除了来自第 6 步产品保障价值分析部分的量化输出结果之外，还存在很多可能对产品保障经理的决策构成影响的政治与组织现实（如预算周期或相互矛盾的优先级）。在考虑了项目环境的所有方面之后提出保障解决方案时，产品保障经理必须求真务实

集成产品小组使用上述信息制订了独特的产品保障替代方案。之后，考虑到开展分析所需的项目资源有限，这些替代方案将在合适的层级进行分析，以确保为基于事实的决策提供保障。分析采用了一种结构合理的方法，该方法可根据相关的成本、效益和风险对比各项替代方案。目前，分析的结果（效用值）已成为向项目经理推荐特定产品保障策略的依据。上述效用值是一种有用的决策保障工具，但其仅是批判性思考过程的其中一环。该过程可通过推荐的替代方案为产品保障经理集成产品小组的工作提供指导。

一旦选定替代方案，产品保障管理集成产品小组就处于通过寿命周期保障计划扩展策略和制订合适的基于性能的保障协议的有利位置。集成产品小组在替代方案分析过程中所做的批判性思考得出了可用于制订合适的基于性能的保障协议的各项信息，其中包括：

（1）协议工作说明的工作范围（产品组件和保障要素）；

（2）性能规范指标和奖励措施；

（3）根据风险选择合适的合同类型。

所选定的产品保障替代方案包含与实际和成本阶段相关的信息。产品保障经理应利用上述信息与军种资源赞助商协商资金需求。资金需求应使用分析的结果进行验证，这就包括对产品保障要素持续保障性能的敏感性进行评估，该评估可以让产品保障经理清楚地了解资金需求与战备完好性的相关性。

2.7.3 结论

在本步骤完成时，应完成相关分析工作，且项目管理办公室已选定唯一的替代方案。下一步的工作就是根据选定的产品保障替代方案指定产品保障集成商和产品保障供应商。

2.7.4 通用子系统使用案例

通用子系统小组已完成本步骤的工作，项目经理也已选定外场可更换部件级基于性能的保障协议（替代方案 2）。对比实际为“按现状”交易协议的替代方案 1，替代方案 2 和替代方案 3 都更具有吸引力。替代方案 2 和替代方案 3 的权衡表明这两者之间的差异极小。相对来说，替代方案 2 的装备可用性、可靠性和长期可管理性更高，但预期风险更低；而替代方案 3 中系统剩余使用寿命的成本更低。因此，通用子系统小组得出结论：替代方案 2 可为政府带来最大价值。

预期改进措施的关键驱动因子包括：

（1）将外场可更换部件的可用性责任和风险从政府转移至产品保障供应商；

（2）修理启动过程更为简单（减少管理程序）；

（3）改进了发运/运输网络；

（4）合作关系的应用增多，并改进了需求信号发送过程。

在表 2-21 中，通用子系统小组制订了风险缓解计划，该计划可用于应对在外场可更换部件级基于性能的保障实施过程中确定的风险。

表 2-21　通用子系统风险缓解计划

编号	风险描述	策略	与风险应对相关的活动
1	如果供应商未能有效地管理其所保障的供应链，那么可能无法获得目标性能	控制	设定带有奖励/处罚措施的合约可用性目标，以促进预期行为的实施和确保供应商承担相应的责任
2	如果通用子系统项目管理办公室不具备外场可更换部件的资产可见性，则其可能无法满足军种政策的要求	控制	确定带有奖励/处罚措施的合约数据共享要求，以促进预期行为的实施
3	如果成本超出协议预期成本规定，则可负担性就可能成为挑战	控制	确定与基于性能的保障原则一致的固定总价合同工具，以确保从一开始就能确定预期成本，并对其进行管理
4	如果无故障证据/无法复制（Cannot Duplicate，CND）/未发现故障（No Fault Found，NFF）测试结果前后不一致，且造成故障的根本原因无法确定，则可能导致不必要的库存需求的增加	控制	确定与持续保障工程和现场服务代表相关的合同语言以及奖励/处罚措施，以促进无故障证据/无法复制/未发现故障问题的识别、减少/排除
5	如果基于性能的保障协议未考虑使用频度变化，则有可能出现装备短缺/超额、战备完好性受影响和/或资金问题	避免	确定合同的使用频度调节值。通过与供应商持续沟通预期使用频度变化问题来实施管理
6	如果下级供应商响应不及时，从而导致交付周期延长，则更长的修理周转时间可能影响维持战备完好性的能力	转移	设定带有奖励/处罚措施的合约可用性目标，以促进预期行为的实施和确保供应商承担与整个价值链性能相关的责任。合约要求供应商提交一份有关下级供应商管理策略的文件
7	如果合同商无法雇佣熟练的现场服务代表在意外事故现场开展工作，则上述现场的战备完好性就会受到影响	控制	合约要求供应商在意外事故现场提供连续保障，并通过奖励/处罚措施促进预期行为的实施
8	如果供应与需求信号未通过端对端价值链有效传输，则需求预测和供应规划方面的挑战就会对装备可用性造成影响	转移	设定带有奖励/处罚措施的合约可用性目标，以促进预期行为的实施和确保供应商承担相应的责任。此外，还应通过形成提高透明度的制度和在供应链内部进行沟通来进一步降低风险

2.8 指定产品保障集成商

2.8.1 简介

预期的性能成果确定后，选项分析和保障方法确定工作也已经完成。现在，项目经理/产品保障经理必须确定，产品保障协议的各项目标和复杂性是否需要与产品保障集成商相关的管理水平和监督机制[①]。产品保障集成商可以是政府组织或通过协议参与相关工作的商业实体。注意，咨询与援助服务（Advisory and Assistance Services，A&AS）合同商提供的是基于知识的服务。产品保障集成商主要负责根据产品保障计划的规定整合产品保障，并在一项或多项产品保障协议中实施产品保障工作。此外，产品保障集成商还负责管理产品保障供应商交付的、项目管理办公室小组制定的、作战人员使用的、用于满足任务需求的产品保障解决方案的执行工作。

2.8.2 过程

产品保障集成商应与产品保障经理密切合作。产品保障经理主要负责监督产品保障集成商的工作绩效。产品保障集成商的角色要求其应与提供保障的（商业或建制）产品保障供应商密切合作。成功的协议会提供交付预期成果的沟通与执行模型。产品保障集成商应负责管理一个或多个产品保障供应商在特定的产品保障要素内或所有产品保障要素范围内的性能成果。实际操作中可能存在负责管理子系统级产品保障集成商的系统级产品保障集成商。此外，产品保障集成商还可履行产品保障供应商职责。因此，产品保障集成商可担任形式多样的不同职务，但其在基于性能的保障协议中的职能应始终保持一致。在实现平台级战备完好性目标的过程中，产品保障集成商可充当集成商、组织方和代表项目的信息整合方的角色。产品保障集成商可选择的常见角色，包括：

（1）系统原始装备制造商或主要合同商；

（2）军方建制机构；

① 并非每项基于性能的保障协议都需要产品保障集成商。产品保障经理可选择直接与产品保障供应商签订协议，尤其是在协议仅为单一组件或子系统提供保障，且不涉及多个产品保障供应商的情况下。

（3）来自私营部门的第三方后勤集成商；

（4）项目经理自己成立的后勤组织。

2.8.3　结论

并非每项产品保障协议都需要产品保障集成商，但在制订协议的过程中，必须考虑其在协调作战人员和产品保障供应商利益方面所扮演的角色。产品保障集成商的选择或将该职务指定给项目管理小组的某个成员的过程是产品保障协议全面成功必不可少的环节。对项目经理、产品保障经理、产品保障集成商和产品保障供应商角色和职责的描述可参见产品保障经理指南。

2.8.4　通用子系统使用案例

通用子系统小组完成了相应实施步骤的工作，并选定原始装备制造商作为产品保障集成商。通用子系统基于性能的保障协议非常复杂，足以为产品保障集成商的指定条件提供保障。上述基于性能的保障协议涉及对战场通用子系统使用而言至关重要的组件产品组合管理。通用子系统小组确定，原始装备制造商就是该职务的最佳选择。该职务所涉及的工作包括管理和整合下级供应商、军方保障机构、中继级维修和基地级活动。原始装备制造商直接向产品保障经理汇报工作。

2.9　确定产品保障供应商

2.9.1　简介

产品保障供应商指的是在产品保障集成商的指导下实施维护行动或管理供应链的实体。产品保障供应商可以是军方机构、商业性质的企业，或者在部分情况下，通过合伙企业协议成为两者的结合体。每个集成产品保障要素都可为产品保障管理集成产品小组提供可完成规定产品保障工作的候选人。在每个集成产品保障要素内，工作可进一步细化为技术任务、实际操作任务和管理任务。在集成产品小组不断提出和分析持续保障选项的过程中，最佳的产品保障供应商选择也会随之确定。

2.9.2 过程

如何确定合适的产品保障供应商取决于对作战人员需求，以及第 5 步到第 7 步提出和选定的产品保障方案的详细分析。一般来说，产品保障供应商的候选人包括：

（1）原始装备制造商；

（2）商业领域的供应商、销售商、分包商、保障合同商；

（3）军方机构；

（4）商业领域的后勤、维护、修理与大修及运输组织。

对于已部署的武器系统，产品保障经理通常会通过政府与原始装备制造商签订的行业合作协议来制定产品保障策略。实践证明，在基于性能的保障策略制定的初期聘用原始装备制造商或行业基地合作伙伴是最合适的做法。如果在该过程中及早地完成聘用，则原始装备制造商性质的产品保障供应商就能对可靠性、可维护性和可保障性的设计带来影响，并充分利用并存的采购、再设计和升级生产线。此外，原始装备制造商还可通过在多条产品线之间与其供应商进行经济订货量采购来影响报废工作或缓解制造来源减少和物资短缺问题。此外，产品保障供应商还可根据产品知识和经验，提供与修理或维护过程改进相关的专业知识。

通常情况下，与原始装备制造商签订的基于性能的保障协议都是唯一来源协议，其要求领导阶层进行与采购类型和价值相适应的论证与确认。产品保障经理应确保论证与确认过程清楚地描述了原始装备制造商的独特能力，以及为什么不存在其他有能力提供新组件或新用户，通过补充备件、训练、再设计、保障设备、维护和规划的最佳组合来应对持续保障挑战的来源。论证与确认过程必须完整记录确定唯一来源基于性能的保障协议的决策。该协议应给出有关特定供应商合同授予的要求和商业案例的明确定义。

此外，基于性能的保障协议还适用于由多个供应商制造的产品。如果产品保障计划允许存在多个供应和服务来源，以及为其提供保障的市场，则基于性能的保障协议应采用竞争性的招标过程。明确规定了各项要求，以及与性能目标相适应的奖励措施的过程也适用于竞争性环境。此外，也可制订仅针对建制单位或政府的基于性能的保障协议。这类协议的框架是在希望协调持续保障供应商和客户利益的政府实体之间签订协议。这种协议虽然缺乏指导各当事方的基础，但其可通过改善沟通和重点关注需求及修理或持续保障过程来提供更好的性能。选择合适的产品保障供应商候选人的考虑因素和过程包括：

（1）确定建议接受保障的新旧启动系统的范围；

（2）所有利益相关方（利益相关方指的是有投资候选系统的多个政府和商业实体的联络人）相互沟通对范围的理解；

（3）为候选人记录作战人员和利益相关方需求；

（4）识别范围内的物品；

（5）了解产品保障供应商与当前保障状态、对预期性能要求的暗示，以及用于跟踪性能的指标相关的任务；

（6）考虑潜在系统报废成本；

（7）考虑制造来源减少和物资短缺问题；

（8）确定可负担性、可用资金，以及其对范围和现金流的直接影响；

（9）遵守与建制一行业基地内工作量分配法定依从性相关的法律规定；

（10）确定维持配置控制的方式。

表 2-22 给出了与工程变更建议书配置管理相关的基本策略考虑因素。

表 2-22　与工程变更建议书相关的考虑因素

策略考虑因素	各军种应继续保留负责可影响设备外形、适宜性和功能修改（如 I 级工程变更建议书）的配置机构。 基于性能的保障供应商将设法在不影响设备外形、适宜性和功能的情况下，对 II 级工程变更建议书进行快速审核和批准。在上述情况下，各军种必须保证以下两点： • 确认其同意进行变更； • 确认变更实际为 II 级变更，且其并非会对设备外形、适宜性和功能造成影响的 I 级变更

2.9.3　结论

产品保障供应商的识别和选择对所有基于性能的保障协议的成功而言都至关重要。结构合理的基于性能的保障协议会包含对产品保障供应商角色的详细定义，其中包括对其职责的详细解释。此外，在制订协议时，给出产品保障供应商和产品保障集成商就协议所需的特定任务的完成进行互动的清晰框架也非常重要。如果与产品保障集成商签订的基于性能的保障协议中包含供应商基地（产品保障供应商），则项目经理/产品保障经理必须考虑集成商和供应商在基于性能的保障实施过程中聘用第二级和第三级供应商的方式。在基于性能的保障项目中，存在很多由于未考虑供应商基地而导致预期持续保障策略执行问题的案例。此外，还有一点非常重要，那就是考虑产品保障集成商/产品保障供应商与政府之间实施成功的基于性能的保障所需的整合与团队工作。

2.9.4 通用子系统使用案例

通用子系统小组完成了本实施步骤的工作，并将原始装备制造商确定为首选的产品保障供应商。通用子系统小组确定已将原始装备制造商置于可提供直接影响产品可靠性所必需的工程与其他过程改进措施，以及推动通用子系统与武器系统整合所需的专业技术的独特地位。此外，原始装备制造商有能力对两个更低等级供应商的后勤和工程过程进行管理，且有能力与建制基地建立合作关系。原始装备制造商的职责范围还包括提供满足作战人员需求所必需的性能等级，尤其是可缩短平均故障间隔时间的改进措施。带有客户等待时间和外场可更换部件可用性指标的固定价格合同可允许政府将风险转移至原始装备制造商。原始装备制造商会通过降低持续保障改进措施的成本，将该使用与财务风险的转让视为获得更高利润的机会。最后的结果为修理次数减少，作战人员需求得以满足。

2.10 确定/改进财务促进因素

2.10.1 简介

有效的基于性能的保障协议需要满足规定成果要求的预算优先级和充足的资源。同样地，如果执行了有效的基于性能的保障协议，则在通常都极不稳定的预算环境下实施稳定的资金策略可能会变成一项重大挑战。在不确定的预算过程内获取武器系统持续保障所需的财务资源方面，项目经理/产品保障经理扮演着重要的角色。基于性能的保障协议（尤其是与行业签订的协议）的资金策略应考虑替代方案，缓解客户和供应商风险，并考虑不确定性和可变性。除了上述考虑因素之外，基于性能的保障协议的条款应为各当事方提供足够灵活的调整范围，以便于其适应上述可变性。合适的保护措施有助于维持协议的合理结构，从而确保供应商对改进措施进行合理调整，并在最终降低项目成本之后获得奖励。可供使用的常见方法已纳入终止责任表。该方法尤其适用于在保护供应商业务公开工作的同时，基于便利终止责任的情况。例如，在第 30 个月，在基于便利终止的情境下，政府应对总合同价格的 71%负责，如图 2-21 所示。

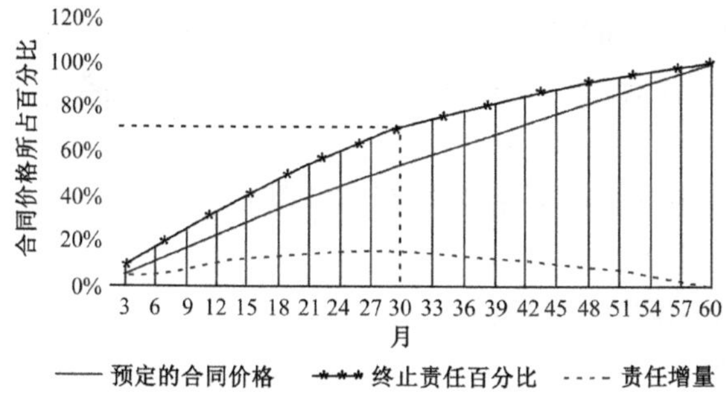

3月	6月	9月	12月
10%	17%	25%	34%
15	18	21	24
41%	48%	55%	62%
27	30	33	36
67%	71%	74%	78%
39	42	45	48
81%	85%	88%	91%
51	54	57	20
94%	96%	98%	100%

图 2-21　责任表样本

2.10.2　过程

图 2-22 给出的决策流程图可在项目保障经理寻求最佳资金来源的过程中为其提供帮助。

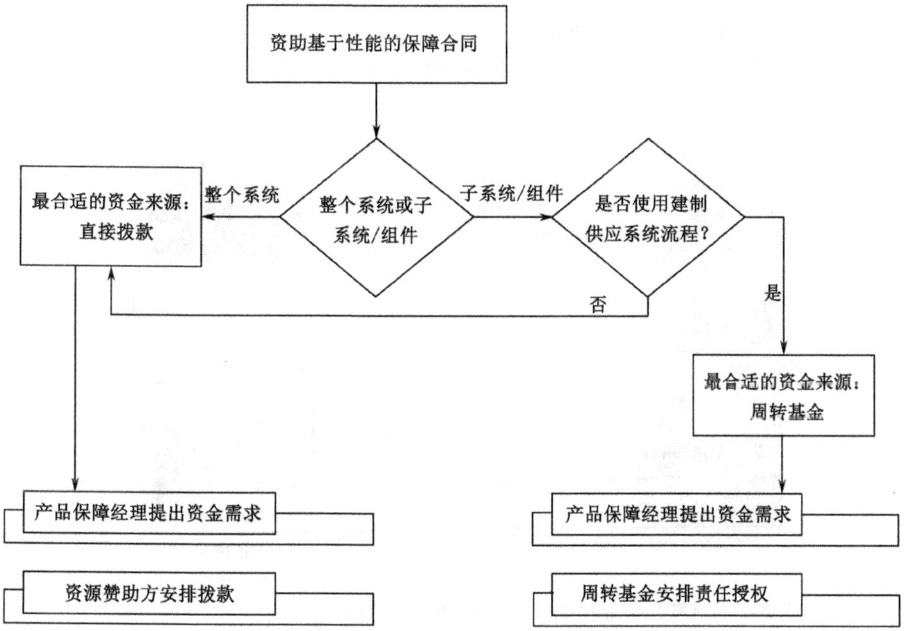

图 2-22　基于性能的保障合同拨款替代方案

周转基金是基于性能的保障相关供应、基地级维修和运输活动的资金来源。此外，该基金还可进一步促成长期合同的授予，因为这是一种可循环的军事服务基金。对通过供应与财务系统相互影响的作战人员来说，由周转基金资助的基于性能的协议清晰易懂。这其中值得注意的一点就是，客户会使用拨给上述类型协议的款项来偿还周转基金。

图 2-23 中列出了使用周转基金资助基于性能的保障合同的步骤：

（1）协商基于性能的保障合同成本。

（2）在基于性能的保障合同内确定物品价格。

（3）资助基于性能的保障合同。

（4）客户通过供应链将不可用物品发至修理基地，并提交可用物品申请（使用标准供应链程序）。基地可位于基于性能的保障合同商所在的地点（非核心工作量），或者为建制基地（核心工作量）。

（5）基地完成修理工作，并将可用物品归还至库存。

（6）基地将可用物品销售给向其支付款项的产品保障集成商。

（7）产品保障集成商填写申请，然后发放可用物品。

（8）客户偿还周转基金。

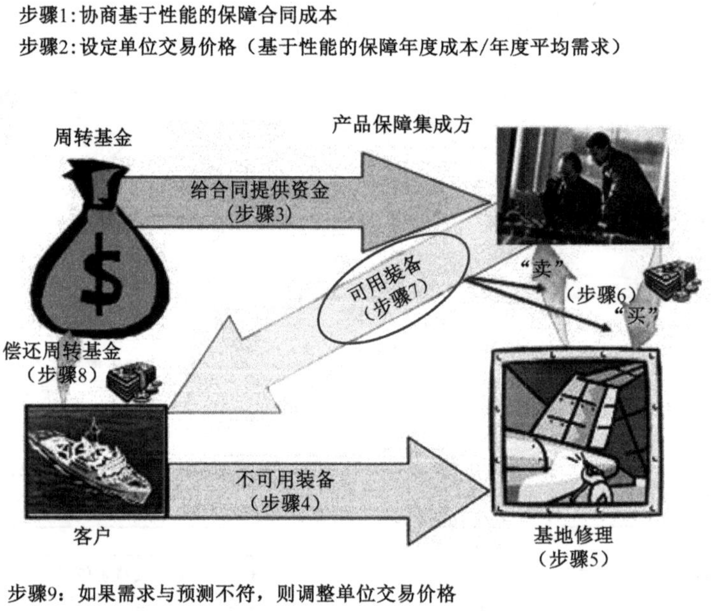

图 2-23　使用周转基金为基于性能的保障合同提供资金的步骤

使用周转基金资助基于性能的保障合同的优点包括：

- 长期合同——周转基金不会到期，因此可为长期合同提供保障。这就可降低军种的营业成本并激励供应商签订长期协议。
- 灵活性——需求型合同和不定期交付与不定量合同可通过增量订单提供基于性能的奖励措施。这种做法可使资源需求与执行年度内持续变化的系统应用保持一致。例如，使用飞行小时数和需求段来调整周转基金资助的基于性能的保障定价就是一种增加灵活性的方法。
- 成本可见性——提供实际成本报告，这有助于确定价格。该价格可平衡预期收入和销售，并为未来再次协商合同提供保障。

对于完全在现有的军种供应链和正常的需求生成过程之外使用，或者涵盖了超出供应、维护和运输活动范围的完整系统的基于性能的保障合同来说，直接拨款是最合适的资金来源。拨款类型取决于寿命周期阶段（一般来说指的是研发阶段的采购和研究、研发、测试与评估和持续保障阶段的使用与维护）。由于与各类拨付资金相关的义务限制，直接拨款资助的基于性能的合同会限制长期合同授予的灵活性。但是，灵活性可通过年度选择的方式维持。此外，直接拨款还可为多年期基于性能的保障合同提供资助。表 2-23 给出了几种使用拨款资助基于性能的保障合同时可以考虑的最佳实践方法。

表 2-23　直接拨款最佳实践

性能带——对于全系统基于性能的保障合同的常见投诉是其“必须支付”大额的年度账单，且在执行年度内，该状况不太容易在系统使用过程中改变。为维持军种的灵活性，应考虑根据性能带签订合同
成本可见性——各军种应详细了解各项成本，以确保在基于性能的协议执行过程中对性能进行监控。使用与保障成本估算小组也应了解各项成本，以确保更好地估算未来系统的成本。基于性能的保障合同应使用 http://dcarc.cape.osd.mil/CSDR/Default.aspx 网站规定的成本报告合同条款和格式
企业级考虑因素——由于由直接拨款资助的基于性能的保障合同可在现有供应链的外部执行，所以产品保障经理必须确保军种拨款、周转基金财务经理，以及后勤经理对出资决策的影响力进行评估。如果在周转基金的范围内运行已更换的系统，则与基于性能的保障合同相关的部件需求损失就可能增加仍处于周转基金范围之内的其他系统的内部转让价格

在确定资助基于性能的保障合同的合适财务机制时，还必须重点考虑与获得必要的与财务资源相关的时机。与预算环境的变化保持同步是一件非常复杂的事情，其可能使资金的分配变得非常耗时且充满挑战。就这一点而言，最好在本过程的范围内尽早开始制定筹资策略并获取必要的财务资源，以避免基于性能的保障合同的执行出现延误。图 2-24 的进程图就是简单的工具示例，该工具可用于验证筹资过程适应产品保障替代方案执行过程的环节。

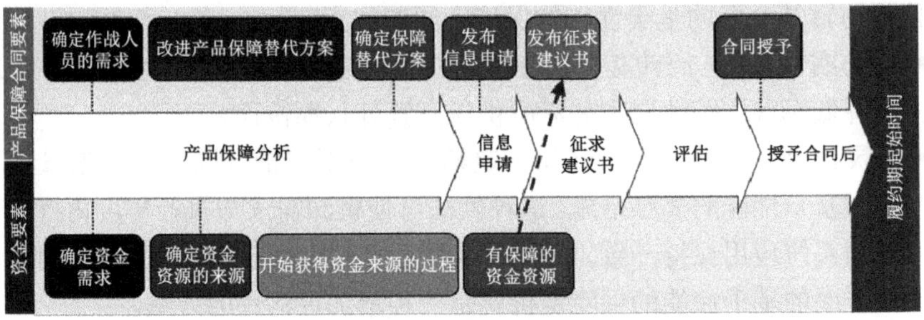

图 2-24　与基于性能的保障合同授予相关的拨款考虑因素

2.10.3　结论

如果基于性能的保障合同使用子系统或组件的现有军种供应链，那么周转基金就是合同资金的合适来源（客户会使用足以为合同提供保障的拨款偿还周转基金）。如果基于性能的保障合同使用现有军种供应链之外的保障，或者其需要一份超出供应、维护和运输活动范围的系统级基于性能的保障协议，那么直接拨款就是合适的合同资金来源。产品保障经理会与项目经理、合适的军种财务经理和后勤经理共同告知资金决策。表 2-24 汇总了已拨付且不断流动的周转基金的属性。

表 2-24　已拨付且不断流动的周转基金的属性

属　性	拨　款	周转基金
类型	• 使用与维护 • 采购 • 研究、研发、测试与评估 • 军事建设	• 军事服务周转基金
使用	• 所有后勤保障要素	• 供应保障 • 基地级维护 • 包装、装卸、储存与运输
限制条件	• 使用与维护（一年基金） • 采购（三年基金） • 研究、研发、测试与评估（两年基金） • 军事建设（五年基金）	• 仅用于与供应、基地级维护和运输相关的基金活动
产品保障策略的影响	• 基金到期 • 在超出拨款限期之后无法保证基金可用性 • 根据基金的可用性，多年期合同通过一系列的五年期合同达成	• 基金未到期 • 可用于授予多年期合同 • 需要其他资源赞助商为后勤保障要素补充拨款

2.10.4　通用子系统使用案例

在通用子系统内，政府在充分利用了现有的供应系统和其为操作人员提供的透明度之后，开始使用子系统基于性能的保障协议。由于周转基金资助的机构正在使用通用子系统基于性能的保障协议，所以，政府可以将长期合同作为手段促进原始装备制造商进行过程改进，进而降低成本并提高利润。

2.11　制订/完善产品保障协议

2.11.1　简介

本步骤验证了使用之前步骤中所进行的分析和规划来制订基于性能的保障协议的方式。协议的目的是满足作战人员需求，激励产品保障供应商通过创新降低成本。有效的基于性能的保障协议的属性包括：

（1）可获得产品保障成果的客观、可评估的工作描述；

（2）适当的合同期限、条款和可促进规定成果交付的定价策略；

（3）与预期作战人员成果和成本降低目标相关的可管理的指标数量；

（4）获得规定成果的奖励措施和成本降低方案；

（5）政府与商业产品保障集成商和供应商之间分担风险、共享报酬。

2.11.2　过程

基于性能的保障协议包含多种形式，如合同、谅解备忘录、协议备忘录，以及其他类型的政府各部门之间签订的协议。基于性能的保障协议可用于采购服务或补给品，也可获得使用与维护拨款、周转基金或其他类型的拨款。过去，大部分基于性能的保障协议都是固定总价合同或固定总价加奖励费用合同，此外，其他固定总价合同的变体也同样适用。但是，数据表明，带有性能奖励措施的成本型合同也可能成为合适的选择，这取决于风险、履约期和成本数据的可用性。基于性能的保障协议的履约期通常长于交易型合同（通常是 3～5 年的基准期，再加上选择期），这就为产品保障供应商提供了通过长期投资改进系统可用性和可靠性，并可获得财务收益的机会。

对成功的见解
在确定基于性能的保障协议所使用的语言时，应让行动方案制定阶段的利益相关方参与，以确保保障合同框架体现所定性的行动方案的意图

1. 合同框架

图 2-25 显示基于性能的保障合同使用的统一合同结构。每节标题下面的文字对合同内容进行了简要描述。特别重要的部分包括 B 节、C 节、H 节和 I 节。B 节包含对补给品、服务和数量的简要描述。C 节包含对需求的详细描述，也可能包含工作说明和合同其他章节的参考文献。H 节包含对 I 节、合同条款或合同其他章节未涵盖的合同要求的清晰说明。I 节包含补充条例规定的条款。

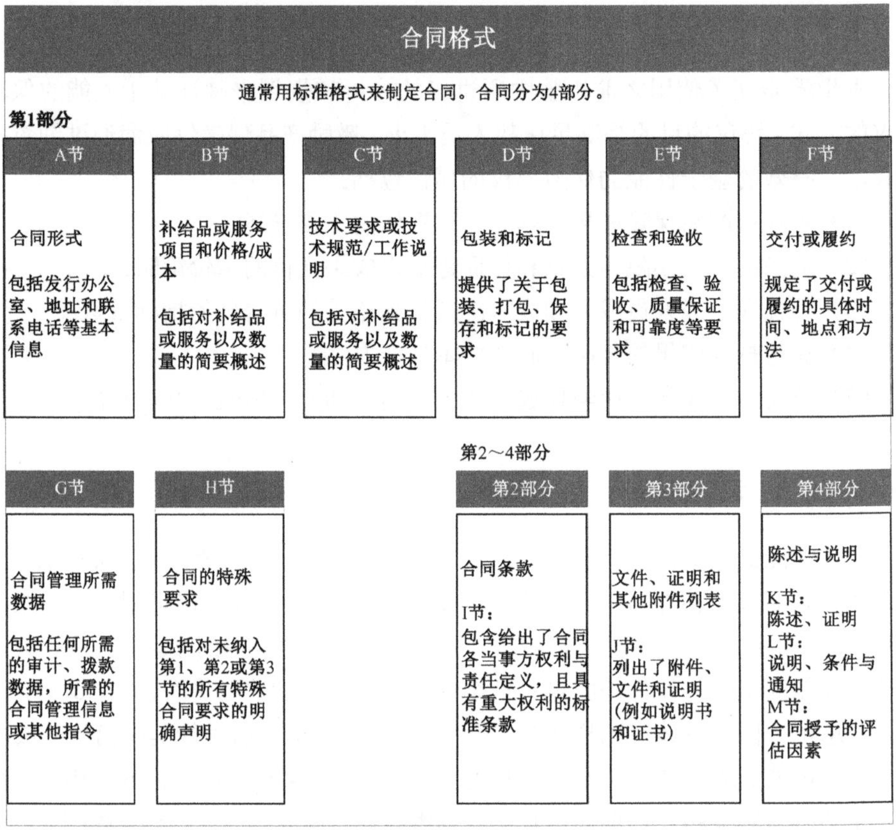

图 2-25　统一合同结构

合同内容中，特别是 C 节和 H 节都会包含制订基于性能的保障协议时应考虑的最佳实践方法。C 节的重点是确定性能要求、奖励措施、需求变化、项目管理和发票开立。H 节的重点是特殊合同要求，其中包括基于性能的保障协议的特殊要求。H 节内基于性能的保障所特有的考虑因素包括库存保管、财务改善与审计准备、归政府所有的库存的使用，以及现场服务代表的任用。协议的执行需要法律、合同和持续保障小组的参与。在所有关键利益相关方的参与、产品保障经理对合同执行时间的设定和维护中会产生巨大的效益。

2. C 节（描述规范/工作说明）

1）性能要求

当产品保障管理集成产品小组在第 4 步（确定/改进性能成果）确定各项需求和合同指标时，必须确保指标可评估，且合同商行动与作战人员需求直接相关。确定纳入合同的指标应激励合同商满足系统目标。上述考虑因素将记录在 C 节中。

如第 4 步所述，指标应适合所选定的级别、所需的产品保障和政府授权的控制级别。例如，在产品保障性能评估时被广泛使用的指标——客户等待时间，就是一个专用于向作战人员交付合适的物资可用性等级的限时交付指标。基于性能的保障协议预期的性能成果应与系统的最高级持续保障要求相关联。表 2-25 描述了不同的优先级与客户等待时间指标的关联性，以及对上述优先级根据作战人员需求进行调整的方式。

表 2-25　与客户等待时间相关的优先级

发放小组	急需程度标识	政府发货人交付期限
1	A	2 天
2	B	3 天
3	C	10 天

如第 5 步（商业案例分析）所述，通用子系统要求在其基于性能的保障协议中对可用性、可靠性和可管理性做出规定。协议中所包含的指标应与产品保障供应商的活动保持一致。对于通用子系统来说，应选择客户等待时间和平均故障间隔时间指标，因为子系统需要在维持可靠性的同时，更快速地响应外场可更换部件需求。上述指标、其目标和计算结果都应纳入合同内。

已发生的成本报告是另一种有用的合同管理工具。对实际成本的评估还可为谈判人员提供确定价格合理性的严格基准线，并为政府提供从合同商创新和改进措施所推动的成本降低行为中获益的机会。

2）奖励措施

具有鲁棒性的基于性能的保障协议包含与作战人员持续保障需求相关的性能奖励措施。奖励措施和处罚措施应包含在基于性能的保障协议内，以达到目标性能水平。对于通用子系统来说，合同商应确保至少满足 85%的客户等待时间要求。如果合同商未能满足任何交付时间限制，则政府可保留所有权利，并根据合同采取补救措施。通用子系统协议中的另一个指标是平均故障间隔时间。奖励/处罚栏的百分比数显示了合同可能由于超额完成或未满足目标而获得的收益和导致的损失。如果合同商刚刚满足目标，则无奖励/处罚措施。图 2-26 和图 2-27 中列出了与通用子系统相关的奖励与处罚措施。

基于性能的保障的主要实践方法
如试验点分析所示，合约性质的协议中所包含的奖励措施可促进产品保障供应商行为、行动和投资决策的实施

	客户等待时间	奖励	客户等待时间	处罚
	95%	+5%	80%	-3%
	90%	+3%	75%	-5%
目标 →	85%	—	70%	-7%

图 2-26　客户等待时间奖励与处罚示例

	平均故障间隔时间	奖励	平均故障间隔时间	处罚
	1500小时	5%	800小时	-3%
	1200小时	3%	700小时	-5%
目标 →	900小时	—	600小时	-7%

图 2-27　平均故障间隔时间奖励与处罚示例

基于性能的保障协议合同可包含用于影响供应商行为的补充奖励措施。在供应商通过满足规定的性能评估标准而有资格延长履约期时，对其给予长期奖励是一种激励和促进供应商完成工作的好办法。基于性能的保障协议还可选择降低价格，这有助于政府在获得相同性能时节约资金，并进一步促使产品保障供应商改进其供应链操作或产品的可靠性。

在选择期内价格降低的另一个原因就是供应商通过改进流程或产品提高了利润，进而导致初始协议期间性能单位成本的降低。内在地，固定总价型合同可激励供应商寻求降低成本和增加利润的方法。表 2-26 对各项协议中的要点进行了详细描述。了解这些行业观点可以帮助项目经理/产品保障经理利用可推动行业发展的激励措施。

表 2-26　协议中的要点

合适的履约期
• 确保以更低的成本签订长期价格协议。这有助于对不断增长的收入或稳定收入的预测。
• 增强对促进投资的长期现金流的信心。
• 提供实施持续过程改进的时间，也就是使过程变得更加高效（减少人力、库存等）。
• 确定应对可靠性投资过程中负面趋势的时间
获得与维持利润的机会
• 在合理的限制范围内（如成本分担的固定总价合同）
直接销售基地合伙企业
• 如果合同商为修理支付款项，则其应就减少修理次数或降低修理成本而获得奖励
接近终端客户（作战人员）
• 在操作级或修理级提供现场服务代表有助于合同商第一时间了解设备的使用情况，更及时地响应客户服务

3）把握关系

与规定的投资水平一致的协议期限可为行业提供通过系统投资实现未来节约目标和为政府提供更佳价格的能力。该期限还可为建制供应商提供在基础设施改善和人员素质提高方面进行投资的商业案例。对于商业和建制持续保障组织来说，获得长期收益流和稳定工作量的机会非常具有吸引力，即使效益存在不同。但这并不意味着如果不是多年期协议，基于性能的保障协议将无法执行。一年期和一年选择期基于性能的保障协议的成功案例有很多，但是，这种履约期会限制产品保障集成商或产品保障供应商投资改进措施的能力。

建制和商业性质的供应商都应优化组织，确保其长期处于健康状态。商业供应商所采取的途径是获得和维持长期收入和利润，而建制供应商则通常会在激励下维持工作量，利用现有的政府基础设施，积累专业技术。

项目经理可鼓励上述类型的合作关系。经证明，这些合伙企业可促使军种维修基地高效运转，可维持产品质量水平。军种基地和商业公司可分别通过增强维护能力和提供盈利能力获益。

频繁访问未经过滤的客户信息，设备问题将更容易识别。这可极大地降低维护和修理的交付周期，并减少无故障证据。

除了上述指标之外，项目管理办公室可要求合同商报告补充数据。表 2-27 为对补充报告要求的建议。这些报告要求可根据作战人员需求进行调整。

表 2-27　对补充报告要求的建议

级　别	报告要求
系统	• 回撤指标 • 每个运转小时的成本
子系统	• 平均满足率 • 平均合同商申请响应时间 • 未解决的申请 • 平均伤亡报告时间 • 延期交货订单寿命
组件	• 废品跟踪（确保可追责和可修理件的归还） • 需求预测 • 库存/资产可见性

4）确定价格

确定价格的方法之一是创建与预计运转小时数±百分比相关的需求段(如预计飞行小时数±10%)。如果预测为每月 100000 小时，则每月的合同付款无须调整，除非实际的运转小时数超过 110000 小时或者低于 90000 小时。这种方法假定运转小时数与需求之间存在相关性，可减少合同管理，因为所有的付款条件保持不变，除非协商后的运转小时段受到影响。

如果使用估算后的年度需求数，相同的机制也可奏效。项目可预测需求为每年 500 个部件，另外可根据预测的需求上下浮动 10%。如果实际需求为 450～550，则协商后的每月合同款项无须调整。表 2-28 对比了使用运转小时数和需求段的行业实践方法。根据历史数据访问、风险和使用频度，该决策仅适用于每个项目的不同时期。

表 2-28　运转小时数与需求段的行业实践方法

运转小时数	需求段
• 利用运转小时数与需求生成之间的相关性确定：如果运转小时数为 x，则可生成需求量 y • 在运转小时数与需求生成之间强相关使用（每年） • 生成与预测运转小时数相关的区段	• 利用系统的历史需求数据和未来需求的预测确定 • 在需求未显示运转小时数时使用 • 生成与项目确定的需求相关的区段

5）项目审核

在执行基于性能的保障协议时，季度或半年期的项目管理审核是最佳实践方式。这些审核可帮助行业和建制性质的利益相关方评估性能，或采取补救措施处理性能或成本变化问题。在审核过程中，产品保障管理集成产品小组应考虑以下主题：

① 协议履行趋势；
② 产品质量（如可靠性）；
③ 修理过程质量；
④ 回撤情况；
⑤ 公开行动物品；
⑥ 配置管理；
⑦ 分包管理。

6）开具发票

一般来说，在合同授予之后，基于性能的保障合同商就会获得使用批量定价支付的款项。在该付款方式下，基于性能的保障合同商获得的是整个履约期内（根据年度已协商的固定总价合同价值计算的）每月的月度增量。

3. H 节（特殊合同要求）

结构合理的基于性能的协议包含合同 H 节的特殊条款。

1）库存保管

在基于性能的保障协议中，合同商应承担政府财产（库存与设备）的保管责任，但是，政府仍拥有上述财产。

2）财务改善与审计准备

基于性能的保障协议必须遵守财务改善与审计准备规定，其中包括其合理实施库存评估的能力。合同商库存保管可能会使库存过程复杂化，所以，财务改善与审计准备依从性计划应纳入合同的特殊条款。

3）军方库存的使用

使用建制或商业来源的决策应属于采办策略制定过程的一部分。如果军方库存满足政府对质量和技术的要求，则基于性能的保障合同商应与军方合作，将军方库存的使用最大化。如果未来的采购将转向商业来源，则应调整其需求预测。合同商应定期（至少每年）与军方共同检查库存水平，以确保军方库存使用最大化，且军方在通过基于性能的保障协议从商业来源进行采购时，其所持有的库存未超出采办要求。

在最大化现有库存的使用之后，合同商应继续将军方库存作为允许和授权的供应来源。该方法可确保对现有军方库存最大限度和具有成本效益的利用，也可确保对上述库存进行合适的未来需求规划。

4）现场服务代表

在合适的情况下，现场服务代表可作为基于性能的协议的一部分。现场服务代表的保障范围包括但不限于设计接口、技术援助、备件维护、车辆维护、就地修理和就地无故障证据测试。如果在现场派驻服务代表，诊断问题根本原因，将可能减少将整个系统发至基地的需求、缩短解决问题周期。

2.11.3 结论

在本实施步骤结束时，基于性能的保障协议就应完成。特定的角色、责任、关系和协议奖励措施都需要在本协议的范围内正式化。协议应反映推荐的输出信息，从而确定合适的基于性能的保障替代方案。此外，协议还应包含用于来源选择和成果获得程度评估指标的价格与性能要求。协议的具体内容应获得所有利益相关方的认可，并与产品保障经理的项目持续保障策略保持一致。

2.11.4 通用子系统使用案例

通用子系统基于性能的保障指标在上文中完成界定，并纳入由通用子系统项目办公室发布的征求建议书。在起草征求建议书时，产品保障经理应与制订过类似基于性能的保障协议的项目管理办公室协商。

第 11 步：研发中的系统考虑因素
对于研发中的系统来说，为每个持续保障指标（包括关键使能技术）设立详细的评估标准是非常重要的一步。此外，还应在项目研发和测试的过程中，提供与持续保障相关的风险与风险缓解信息

2.12 执行与评估

2.12.1 简介

对性能的跟踪是基于性能的保障协议管理的关键步骤，所以基于性能的保障不可能是一项“发射后就置之不理”的工作。质量保证监督、定期审核与性能监控，以及利益相关方之间的紧密合作都有助于获得良好的基于性能的保障成果。如果想要满足性能目标，就应根据不断变化的作战人员需求或设计变更采取主动的纠正措施。执行基于性能的保障协议是一个迭代过程，其需要项目经理/产品保障经理对性能进行监控，并评估不断变化的环境，以获得预期的最佳成果。

基于性能的保障的主要实践方法
在各军种之间和项目经理、产品保障经理、业务与财务经理、合同与持续保障工程小组之间分享经验教训，有助于培养基于性能的保障专业骨干人员

2.12.2 过程

1. 质量保证监督

使用质量保证监督计划评估性能是一项非常重要的工作，其必须获得认可，并通常包含取样或审计要求。保障供应商应负责确保所有工作的质量，而政府则应负责监督和监控。标准质量保证监督计划应解决以下问题：

（1）评估的内容、时间和负责评估的人员；

（2）识别与处理质量问题的过程；

（3）质量保证监控人员。

质量保证是一项持续的活动，其主要用于确定所实施的工作是否满足或超出性能质量标准要求。该活动的目标是防止出现不符合标准的工作，而不是在事后对其予以纠正。质量保证过程的严格程度应与项目需求相匹配；其应为项目管理和控制的主要手段，重点关注见解而不是监督。质量保证监控人员应不受已评估工作的影响。项目应确保自身拥有监控报告管理过程的资源，仅是报告其评估标准不足以确保维持质量标准。

2. 独立评估

独立评估可为项目经理/产品保障经理提供对项目产品保障规划的客观评估，包含基于性能的保障检验的独立评估可强化项目保障，并以有成本效益的方式增强可保障性和可维护性。该评估应根据相关政策法规实施。评估可为项目管理办公室提供有关成功的保障项目组织和实施的见解，尤其是其基于性能的保障协议与持续保障策略。

3. 定期审核与报告

基于性能的保障项目应与利益相关方（包括项目办公室、关键"客户"代表、来自合同小组的代表和产品保障集成商/产品保障供应商）共同完成定期审核。最佳实践组织负责定期完成性能与成本报告，并通过其对项目进行主动管理。上述小组应每月进行正式的内部性能指标审核，并在必要时进行工作级别的审核，以确保充分监控关键操作指标。如果上述小组发现性能"偏离轨道"，则应通过每周的进展报告和会议来促进小组返回协议目标轨道。

对成功的见解
在管理基于性能的保障协议时，工作的重点应从管理特定的部件转至管理产品保障集成商/产品保障供应商及其所提供的服务。与内部和外部利益相关方进行有效的沟通也是成功管理供应商和基于性能的保障协议的关键

2.12.3 结论

考虑到执行成功的基于性能的保障协议是一个迭代过程，持续的报告、定期与关键利益相关方沟通和在规定的时间对协议性能进行评估就显得尤为重要。图 2-28 汇总了与管理基于性能的保障合同相关的最佳实践。

图 2-28　与管理基于性能的保障合同相关的最佳实践

2.12.4　通用子系统使用案例

通用子系统项目管理办公室签订了合同，开始计算履约期。产品保障经理要按月跟踪两个性能指标：客户等待时间和平均故障间隔时间，以确保原始装备制造商满足合同要求和快速识别潜在问题。同时，产品保障经理也在跟踪库存水平、采购交付周期和管理交付周期，以了解影响客户等待时间的根本原因。项目管理办公室已与原始装备制造商确定好用于审核合同履行情况和讨论履行过程中出现的问题的季度项目审核计划。产品保障经理认识到，对合同商性能的跟踪还有助于政府在合同再次协商阶段节约成本，因为项目管理办公室已对基于性能的保障协议的性能有了完整的了解。

第 3 章

合同签订

基于性能的保障最重要的方面之一就是主要利益相关者（如项目经理、部队供应商、产品保障集成商和/或产品保障供应商）之间经过协商签订的合同（或协议）。合同/协议正式规定了性能与保障方面的预期目标，以及实现想要获得的基于性能的保障目标所需的资源。

3.1 概述

3.1.1 定义

在所有基于性能的保障实施过程中，将已完成的、批准的且获得资金援助的产品保障/保障协议形成文件都是关键性的一步，其中，必不可少的就是项目经理、产品保障集成商和部队供应商之间签订与系统作战要求（如战备状态、可用性、响应时间等）相关的基于性能的书面协议（或合同）。项目经理或者产品保障提供者应该对满足系统性能要求所必需的保障评价指标做出规定。保障提供者可以是公共部门、私营部门或者是公私合作机构。

基于性能的协议（见图 3-1）建立了经过协商确定的性能基准条件，以及实现性能要求所必需的相应的保障，无论这些是商业保障提供者还是建制保障提供者提供。项目经理应该根据作战人员规定的性能目标协商规定的保障水平，以确保在达到预期的性能要求的同时，所花费的成本不超过可用的保障资金的限额。一旦利益相关者接受了性能、保障和成本，项目经理就可以跟用户签订基于性能的协议。该协议会对用户要求的作战保障与性能水平做出详细规定。此外，项目经理还可以跟保障提供者签订基于性能的协议，而该协议又会对满足作战人员要求的性能参数做出详细规定。基于性能的协议一般分为两类：用户协议（与部队供应商签订的与可用性相关的基于性能的协议）和保障提供者协议（针对来源的基于性能的协议，与企业签订的合同或者与某个建制保障提供者签订的协议备忘录/谅解备忘录）。

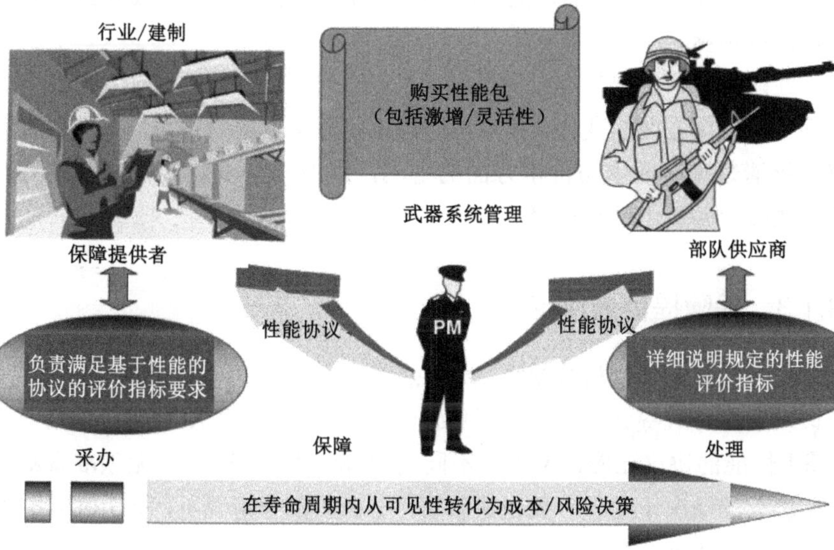

图 3-1　基于性能的协议

签订基于性能的协议的目的是确保所有的利益相关者（用户/作战人员、项目经理和保障提供者）在保障水平方面建立正式的关系。这不同于军方建制保障过程中常见的“尽力而为”的方法。凭借对性能目标的清晰描述、相应的保障要求以及实现上述两点所需的资源，基于性能的协议可以使各方清楚地理解规定的目标，以及在所有利益相关方之间完成上述目标所需的投入。

3.1.2　用户协议

项目经理和用户之间签订的基于性能的书面协议是项目经理整体基于性能的保障策略的核心部分。在通常情况下，协议会明确目标性能的范围、阈值、目标，以及基于性能的保障每个能力等级的目标价格（用户成本）。此外，协议还会对限制条件或边界条件做出规定，并反映正常的作战过程。在执行过程中，应该根据武器系统的资金分配确定执行性能等级。上述执行性能等级必须包含与被视为“补充”活动的激增和作战行动相关的特殊条款和条件。

用户基于性能的协议中规定了构成基于性能的保障工作基础的目标。一般来说，重点关注部分基于性能的结果评价指标（例如，武器系统可用性、任务可靠性、保障规模和/或全系统战备水平），可以带来更有效的解决方案。但是，在进行实际的基于性能的保障安排时，由于保障提供者缺乏对提供作战人员性能（如可用性）所必需的所有保障活动的控制，因此可能无法直接将作战人员性能目标作为保障评价指标。

基于性能的保障协议只有足够灵活，才能应对各类保障要求，适应该作战频度或执行年份拨款方面的变化，其中包括规定的激增或应急需求。基于性能的保障协议应该清楚说明成本与价格方面的考虑，以及与要求定义相关的伴随性风险、性能故障，并提供替代选择。

3.1.3 保障提供者协议

项目经理应该与建制机构签订基于性能的协议，然后与商业机构签订合同。协议应该以书面形式签订，并能够灵活处理执行年份拨款的使用及优先级修改的确认。基于性能的协议还应该反映出不同的保障级别，以确保在无须准备新的基于性能的协议的情况下对保障要求进行修改。在大部分情况下，基于性能的保障协议应该同时包含训练和应急作战频度。

1. 保障提供者

对于商业机构提供的保障，协议的形式大部分都是基于性能的合同。相应地，合同中会包含经确认符合作战人员要求的性能和保障评价指标。在大部分情况下，不会将最终的性能要求（如可用性）作为合同评价指标，因为合同商可能无法对所有带来系统可用性的保障职能产生总体影响或者对其进行控制，部分保障职能可能继续由建制机构或其他保障提供者实施。相应地，合同中应该包含对达到预期性能目标来说至关重要的最高等级的评价指标。为了激发合同商达到预期的评价指标，可以使用奖金、奖励条款和存款共享等合适的合同激励措施。

对于建制机构提供的保障，可以使用在结构上与协议备忘录、谅解备忘录或服务水平协议类似的基于性能的协议，来替代陈述和记录了用于建制保障的基于性能的协议条款的合同。但是，基于性能的协议与其他非基于性能的协议类型的协议备忘录/谅解备忘录的一个重要区别就是，基于性能的协议中包含经确认满足作战人员要求，且作战人员同意为其出资的性能或保障评价指标。与建制保障提供者签订协议的目的是对双方认可的保障级别和满足性能要求所必需的相关拨款做出正式规定。如同商业保障提供者一样，建制保障提供者也有一套需要监督、评估、激励且重点关注目标武器系统的性能评价指标。

基于性能的保障中的保障提供者，无法对其未直接行使或管理的职能负责。那么相应地，项目经理就可能需要挑选保障提供者可以负责的，且能够最直接作用于作战人员性能指标的评价指标的下一级指标。使用具有适当激励作用的性能范围来限定评价指标可以使保障的提供更加灵活，这也是我们建议的方式。很多现有的保障和财务评价指标都能与顶层作战人员性能目标相关联。这些指标包括但不限于“由于供应不能执行任务”（Not Mission Capable Supply，NMCS）、供应链成本与销售比、维护修理周转时间、基地循环时间以及协商的指定交付时间。在确定评价指标和评估性能的过程中，很重要的一点就是要清楚地说明可能会影响性能，但又在基于性能的保障提供者控制范围之外的因素。虽然，客观的评价指标构成了对基于性能的保障提供者性能的大部分评估，但产品保障要求中的部分要素可能更适合作战人员和项目经理团队进行主观评估。这一方法可以使我们更灵活地适应可能出现的与保障相关的意外事件。例如，我们可能需要在不同的客户优先级与整体的客观性能措施之间进行平衡。

2. 基于性能的保障合同

首选的基于性能的保障合同签订方法是签订包含与性能相关的激励措施的长期合同。如果可能通过激励措施实现最佳的行业保障，那么应该使用奖励合同。激励措施应该与军事部门定制的评价指标相关联，以反映其明确的定义和报告过程。奖励与刺激性合同应该包含定制的成本报告，以确保合适的合同管理，以及为未来的成本估算和价格分析提供帮助。基于性能的保障合同必须包含对评价指标的定义，并为行业提供固定的性能期限。基于性能的保障合同应该尽可能使用固定总价（如每个运行小时或系统运行小时的固定总价）。

对于某些初级阶段的基于性能的保障来说，缺乏与系统性能或维护成本相关的数据，或其他定价风险因素，就可能使成本型合同成为必需。所有基于性能的保障合同中都必须包含可以充分获取军方需求数据的条款。基于性能的保障合同应该尽可能采用竞争性采购，并尽可能将小型、弱势企业作为分包商。这类合同还可以通过与小型和弱势企业分包目标相关联的激励措施来发挥激励作用。

使用基于性能的合同就是使用一种长期合同，将激励因素与性能联系在一起。激励可以有多种形式，例如，续约，或者根据性能指标进行奖励或罚款，金额应该有固定的计算方法（例如，根据运行时间或其他单位定价）。这类合同所用的指标应该有足够高的级别，并直接与结果或作战需要的功能相关。顶层指标应该以部队对性能的要求为基础，尽可能简单、真实、易于量化，如可用性、可靠性和后勤保障。这样才能使政府和服务提供者的利益联系起来。

这类合同会鼓励合同商投入资金改进工艺，提高装备可靠性并最终延长装备的使用寿命，合同商检修次数减少但能获得更高的利润。只有严格定价合同才能使该方法发挥最大作用，激发服务提供者的聪明才智，努力提高装备效率和可靠性。相反地，如果在合同上预留足够的时间以实现投资回报，那么投资改善装备则只对服务提供者有吸引力。

3.2 合同分类

签订合同的目的是协商合理的合同商风险的合同类型与价格（或估算成本与费用），并为合同商提供以有效和经济的方式履行合同的最大动力。

3.2.1 合同类别

合同类别包括补给品合同、服务合同和施工合同。

（1）补给品合同。补给品合同适用于可识别的最终产品。产品可为独立部分（如油漆或木材）或整个系统（如计算机）。

（2）服务合同。服务合同与合同商完成可识别任务（如维修、运输等）所花费的时间和精力直接相关。

（3）施工合同。施工合同适用于不动产（如建筑物、飞机场与道路）的施工、改造、改良或修理。涉及施工合同的合同官员代表及其职责最为复杂。

3.2.2 合同类型

应使用不同的类型来划分满足各类任务目标所必需的补给品与服务合同。合同类型的变化依据如下所示：

（1）在履行成本方面合同商应承担的责任等级与期限；

（2）基于达到或超出规定标准，或者是完成或超额完成规定目标的目的，向合同商提供利润奖励的金额与性质。

在确定与特定采购相适应的最佳合同类型时，综合考虑上述因素以及各类规范的要求。表 3-1 中介绍了两种主要的合同类型：固定价格合同和成本补偿合同。

表 3-1　合同类型

固定价格合同	成本补偿合同
严格固定价格合同 带有经济价格调整的严格固定价格合同 固定价格加奖励费用合同 严格固定价格与投入水平合同	成本合同 成本加奖励费用合同 成本加奖金合同 成本加固定费用合同 工时与材料合同 工时合同

1. 固定价格合同

如果军方给出了明确要求，则应使用固定价格合同。除非做出修改，否则在整个合同期限内，价格始终保持不变。无论在合同履行过程中合同商成本是否增加，军方仅负责在授予合同时支付规定的款项。如果某个产品的价格曾经出现大幅提升，那么政府可选择使用带有经济价格调整的固定价格合同。带有经济价格调整的固定价格合同实质上仍是固定价格合同，因为合同中对限值和条件均做出了规定。

2. 成本补偿合同

如果军方无法给出充分、详细的要求信息，其就必须承担部分成本风险，使用成本补偿合同。在这种合同方式下，应补偿合同商的以下所有允许成本、可分配成本和合理成本，而不是向其支付预定款项：

（1）允许成本——法令或法规允许的成本。

（2）可分配成本——可增加价值，且与特定合同直接相关的成本。

（3）合理成本——谨慎的商家会选择支付的成本。

图 3-2 对严格固定价格合同与成本补偿合同的风险进行了对比。

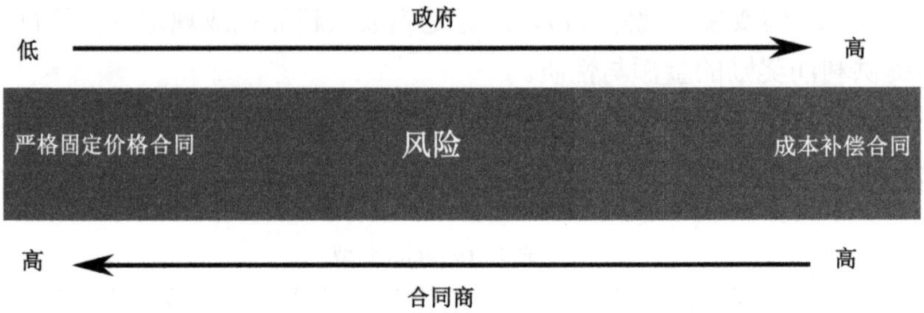

图 3-2　严格固定价格合同与成本补偿合同的风险对比

3.3　合同结构

通常情况下，合同均应符合统一合同格式要求。合同结构示例如图 3-3 所示。

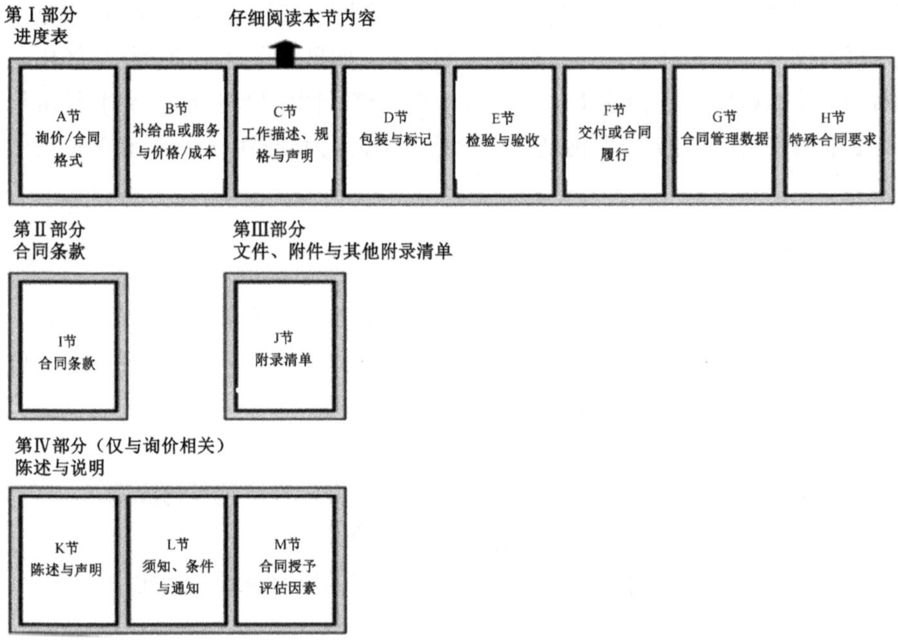

图 3-3　合同结构示例

3.3.1 进度表

A 节询价/合同格式中包含了基本信息。通常情况下，标准表格可用作密封投标的询价、报价和授予页面。任选表格可用作投标申请书。

B 节补给品或服务与价格/成本中对补给品或服务、规定的数量以及价格进行了简要描述。

C 节工作描述、规格与声明中包含与规定补给品或服务相关的详细描述。在服务合同中，C 节应包含目标声明、工作声明或履行工作声明。

注意：C 节（工作声明）中给出了对合同技术/履行要求的定义。

D 节包装与标记中给出了与包装、保存和标记相关的要求。

E 节检验与验收中包含与检验、验收、质量保证和可靠性相关的要求。

注意：如果检验/接收工作在合同官员代表的职责范围之内，则其必须根据检验计划对交付物进行检验，以确定交付物符合合同要求。签署接收报告之后便不得再拒收交付物。

F 节交付或合同履行中规定了交付或合同履行的时间、地点和方法。

G 节合同管理数据中包含所有规定的会计核算与拨款数据、规定的合同管理信息，或者是除询价表说明之外的其他说明。

H 节特殊合同要求中包含其他部分中不包括的特殊合同要求。

3.3.2 合同条款

尽管第 II 部分 I 节通常被视为标准信息，但其内容绝对不可忽视，因为其中包含与缔约各方权利和责任相关的条款。此外，第 II 部分还包含与采购相关的法律或法规规定的条款。第 II 部分的主要条款包括：

（1）变更条款。根据该条款的规定，只要变更在合同范围之内，则可在合同履行期间对其进行以下一项或多项变更：①图纸、设计或规格；②装运或包装方法；③交货地。如果变更导致合同成本或履行时间增加，则合同商有权对合同进行“公平调整”。

（2）便利终止条款。该条款允许政府在任何时间基于“其最佳利益”，无理由地（部分或全部）终止合同。如果使用了本条款，则合同商有权获得与合同履行或及时、有序终止规定合同部分相关的成本补偿。

（3）违约条款。该条款允许政府在合同商出现以下违约行为时终止合同：①未在合同规定的时限内交付补给品或提供服务；②未取得进展，进而导致合同无法顺利履行；③未能履行合同规定的其他重要条款。如果政府意欲根据第②或第③点所列情形终止合同，且当时距离合同规定的交付时间超过一定期限以上，则必须首先向合同商出具书面通知，允许其采取措施，对不足之处进行“补救”。如果合同商未对不足之处进行补救，则可认定其违约，并终止合同。固定价格合同的违约条款赋予了政府重新采购已终止的合同中规定的补给品或服务，以及向已终止合作的合同商收取超额费用的权利。

（4）合同条款与条件。该条款纳入了所有合同管理中的重要项目：变更、争议、发票开立、付款与终止。

3.3.3 文件、附件与其他附录清单

包含 **J** 节附录清单的第Ⅲ部分中列出了所有附件或附录的名称。最常见的附录包括：

（1）目标声明、工作声明或履行工作声明（如果未纳入 C 节）；

（2）军方提供的部件库存；

（3）安全要求；

（4）授予/激励费用计划。

3.3.4 陈述与说明

仅出现在询价部分且未转为合同内容的第Ⅳ部分由 K 节、L 节和 M 节组成：

（1）**K** 节陈述与声明中包含要求投标人、出价人或报价人提供陈述、证明或提交其他信息的询价条款。

（2）**L** 节须知、条件与通知中包含与指导投标人、出价人或报价人准备投标、报价和报价单相关的信息。

（3）**M** 节合同授予评估因素中包含与报价评估相关的因素和重要次级因素。该节还对政府关注的评估因素和次级因素进行了详细说明。

3.4 合同案例

重点介绍用户协议合同案例和保障提供者协议合同（均为美军的合同案例），分别为：美军联合攻击战斗机项目办公室和美国空军关于 F-35 联合攻击战斗机

项目初始小批量生产阶段（第 1 阶段）的基于性能的合同，以及美军通用地面站（AN/TSQ-179AV(2)）产品保障集成的基于性能的保障合同。

3.4.1　用户协议合同案例

美国联合攻击战斗机项目办公室和美国空军关于 F-35 联合攻击战斗机项目初始小批量生产阶段（第 1 阶段）的基于性能的合同见图 3-4。

2005 年 9 月 9 日

联合攻击战斗机项目执行军官，美国海军少将史蒂文·L·伊恩伍德（Steven L.Enewold）

日期

2005 年 9 月 6 日

空中战斗司令部需求主任，美国空军少将杰克·J·卡顿二世（Jack J.Catton Jr.）

日期

图 3-4　F-35 联合攻击战斗机项目的基于性能的合同

1. 参考文献

（1）《基于性能的保障：采购使用基于性能的标准》备忘录，负责采办、技术与后勤的国防部副部长（Under Secretary of Defense for Acquisition，Technology and Logistics，USD/AT&L），2004 年 8 月 16 日。

（2）《产品保障：购买性能的项目主管指南》，负责采办、技术与后勤的国防部副部长，2001 年 11 月。

（3）《设计和评估国防部武器系统的可保障性：增加可靠性和减少后勤规模指南》，国防部部长办公室（Office of Secretary of Defense，OSD），2003 年 10 月 24 日。

（4）国防部指示 DODI（DOD Instruction）5000.2《国防采办系统的运行》，2003 年 5 月 12 日。

2. 目的

美国国防部已经将联合攻击战斗机[①]（Joint Strike Fighter，JSF）项目确定为基于性能的保障项目。本合同的参考文献[1]～[4]和其他适用的指令和指导文件，为制定切实可行的基于性能的保障项目提供了相关指导。制定基于性能的保障项目时，不可或缺的步骤是制定基于性能的合同。这种合同中描述了联合攻击战斗机项目执行军官和作战人员（参与人员）一致确认的保障管理和性能标准。

基于性能的合同旨在确立和记录保障关系与标准，来反映在初始小批量生产（Low Rate Initial Production，LRIP）[②]阶段（第 1 阶段）作战人员对平台级（航空系统）基于性能的保障的需求，并适当地强调大批量生产阶段和生产后保障阶段。基于性能的合同所涵盖的性能包括了合同商与政府间的保障要求，并确认了作战人员的资源需求。根据经验教训和不断变化的需求，应当在签订各个初始小批量生产合同、生产合同和生产后合同前，由各个参与方和联合攻击战斗机项目执行办公室共同制定和批准预期的基于性能的合同。本合同第 4 节中的标准将在初始小批量生产阶段（第 1 阶段）进行评估。

基于性能的合同确立了联合攻击战斗机项目执行办公室和美国空军之间的关系，美国空军要参与初始小批量生产阶段（第 1 阶段）的工作。具体而言，基于性能的合同确立了用于保障成果的军事性能目标和标准。这些性能目标是整个 F-35 战斗机基于性能的保障政策的核心，也是保障 F-35 常规起落型飞机的所有基于性能的保障合同应具备的性能。性能目标一经确立，联合攻击战斗机项目执行办公室在美国空军的参与下，将与产品保障集成商（Product Support Integrator，PSI）和推进系统合同商（Propulsion System Contractor，PSC）一起，将这些性能目标转化为初始小批量生产阶段（第 1 阶段）的基于性能的保障合同。

3. 范围

本合同用于保障所有涉及 F-35 常规起落型飞机的战备完好性、可用性和可

---

① 联合攻击战斗机是 20 世纪最后一个重大的军用飞机研制和采购项目。其被定位为低成本的武器系统，这是因为目前先进战斗机成本不断高涨，美国及其他国家均感到，单纯依靠这样的高性能且高价格的战斗机组成战斗机部队，在财政上难以承受。因此美国各军种改变以往各自研制战斗机的传统，联合起来共同研制一种用途广泛、性能先进而价格可承受的低档战斗机。F-35 联合攻击战斗机是美国在 21 世纪使用的主力战斗机之一。

② 初始小批量生产是指系统（不包括舰船和卫星）以有限数量进行的生产，其目的是为使用试验和评价提供代表批生产的试件，建立初步生产基地，并使生产率有序增长，以便成功完成试验后进入大批量生产。

靠性的合同和协议备忘录。合同中涵盖了初始小批量生产阶段（第 1 阶段）后的所有交付保障服务，例如飞机维修、物资保障、报废管理、综合后勤保障、技术出版物、飞机初次投入使用、系统工程、配置激活、保障设备、培训、供应链管理、自主后勤信息系统（Autonomic Logistics Information System，ALIS）①、保障工程、机群管理、自主后勤操作（Autonomic Logistics Operations，ALO）和软件保障。根据本合同，需要完成所有基层级维修和供应数据收集工作。此外，还要收集相关的数据来评估飞机的单位时间飞行成本和后勤响应时间。

本合同所确认的标准主要着眼于初始小批量生产阶段（第 1 阶段）的保障要求，并适当地强调大批量生产阶段和生产后保障阶段。如果有必要，在初始小批量生产阶段（第 1 阶段）和后续的合同中，可以对本合同中的标准进行评估和修改，以确保对预期成果的测量。

4. 作战人员性能目标

2004 年 8 月 16 日，美国负责采办、技术与后勤的国防部副部长签署了《基于性能的保障：采购使用基于性能的标准》备忘录（参考文献[1]）。这一备忘录为性能目标确立了 5 个标准：①可用率；②操作可靠性；③单位时间使用成本；④后勤规模；⑤后勤响应时间。

作战人员还有另一个目标，即增加使用频率的能力。参考文献[2]《产品保障：购买性能的项目主管指南》中指出，“作战人员的关系”应当是“基于性能成果”，而不是基于“潜在能力”。因此，普遍认为测量增加使用频率的标准，在记录过去/实际的性能时存在困难，因为该标准要衡量的是难以定义和量化的“潜能”。但是，增加使用频率的要求可能是非常必要的，作战人员必须确保在接下来的阶段中能够满足这些要求。

本合同为所有参与方制定了常见的性能目标，并根据初始小批量生产阶段（第 1 阶段）的参与方（美国空军）和 F-35 常规起落型飞机的变型机，对性能目标进行了调整，也需要对在初始小批量生产阶段（第 1 阶段）执行的标准进行评估，来协助制定大批量生产阶段的参与方性能目标。大批量生产阶段的预计性能目标如下：

（1）战备完好性/可用性。用于展示：

① 自主后勤信息系统是用于收集信息、分析以及做出决定的信息系统。其可以获取有关飞行中飞机状态以及飞行员健康情况的信息，将获取的数据通过网络发送到相应用户，还能够及时跟踪备件在物资技术装备保障网络中的流通情况，控制 F-35 战斗机的供货和维护环节。

① 飞机/系统保障任务要求的战备完好性或可用性；

② 作战人员操作/保障规定系统的能力；

③ 迅速部署的能力。

（2）任务效果。用于展示在执行任务时的飞机/系统的可靠性。

（3）已完成的规定出动架次和飞行时间。用于展示作战人员能够满足计划出动架次和飞行时间要求的能力。

（4）后勤规模。衡量后勤规模增加还是减少的指标。

（5）军事工作量。用于展示作战人员在克服潜在的基于性能的保障不足时，为了达到性能目标而增加的工作量。

所有性能目标加在一起，可以详细地展示为作战人员提供的保障。

5. 作战人员性能标准

有关标准的定义、算法以及基本规则和假设的详细介绍，参见本合同附录 A。有关大批量生产阶段的标准以及最小飞行中队的要求，参见本合同附录 B。这些标准是从整个初始小批量生产阶段提炼出的信息。标准中的阈值、目标数和比例是根据下辖部队在整个报告周期中的总体性能而计算的。

在初始小批量生产阶段（第 1 阶段），参与方和联合攻击战斗机项目办公室应根据表 3-2～表 3-10 中“标准”下的阈值和目标值，尽力达到作战人员的性能目标。

1）战备完好性/可用性

表 3-2　飞机可用性

飞机可用性（Aircraft Availability，AA）/%（总计）	
标准	非部署
阈值	50
目标	75

表 3-3　能执行任务率

能执行任务的（Mission Capable，MC）/%（总计）	
标准	非部署
阈值	60
目标	80

2）任务效果

表 3-4　任务效果

任务效果/%（总计）	
标准	非部署
阈值	80
目标	90

3）已完成的规定出动架次和飞行时间

表 3-5　出动架次率

出动架次飞行率（Percent Sorties Flown，PSF）（总计）	
标准	非部署
阈值	90
目标	100

表 3-6　飞行小时率

飞行小时率（Percent Flying Hours Flown，PFHF）（总计）	
标准	非部署
阈值	90
目标	100

4）后勤规模

表 3-7　后勤规模

后勤规模变量（Logistics Footprint Delta，LFD）/%（总计）	
标准	非部署
阈值	0
目标	-1

5）军事工作量

表 3-8　每 1000 个飞行小时所需的同型装配

每 1000 个飞行小时所需的同型装配（Cannibalizations per 1000 flying hours，CANSPTFH）（总计）	
标准	非部署
阈值	10
目标	5

表 3-9　每飞行小时所需的维修工时

每飞行小时所需的维修工时 （Maintenance Manhours per Flying Hour，MMH/FH）（总计）	
标准	非部署
阈值	12
目标	8

表 3-10　每飞行小时所需的维修工时（单个飞机子系统）

标准	非部署
阈值	12
目标	8

6. 作战人员与联合攻击战斗机项目办公室资源

下文将介绍参与方与联合攻击战斗机项目办公室关于提供必要资源需求而签订的合同，这类合同使得联合攻击战斗机项目办公室可以与产品保障集成商和推进系统合同商一起支持基于性能的保障要求。参与方和联合攻击战斗机项目办公室应当识别和记录保障资金、人力、训练、设施、后勤、工程和其他保障要求所需的关键资源。具体而言，参与方和联合攻击战斗机项目办公室应确定单点联系人（Points of Contacts，POCs），以及单点联系人协调资源需求的作用和责任。

在初始小批量生产阶段（第 1 阶段），联合攻击战斗机项目办公室应计划授予一份成本加奖励/激励费用型基于性能的保障合同。基于性能的保障合同中将包括提供给参与方和合同商的奖励措施以及解决问题的办法，以确保实现作战人员的目标。此外，联合攻击战斗机项目办公室和参与方，应就在初始小批量生产阶段（第 1 阶段）测量基于性能的保障合同的评估基础（Basis of Estimate，BOE）的方法达成一致。

联合攻击战斗机项目办公室计划在初始小批量生产阶段的后续阶段，与产品保障集成商和推进系统合同商签订固定总价型基于性能的保障合同。评估该合同计划使用的方法包括每飞行小时费用（Dollars-per-Flying-Hour，$/FH）（就推进系统而言，测量参与方费用投入的评估基础为飞行时间（Time on Wing，TOW）），或者数量/使用功率。

7. 作用和责任

执行 F-35 战斗机的基于性能的保障合同时，具体的政府责任参见本合同附录 C。关键参与方和联合攻击战斗机项目办公室人员的作用和责任如下：

1）联合攻击战斗机项目办公室和参与方

（1）联合攻击战斗机项目办公室和空中战斗司令部（Air Combat Command，ACC）负责批准适合作为“系统健康”指标的性能指标和标准。这些指标和标准是保障机构和作战人员在合作过程中所取得的成果。但如果其中任意一方没有一套自己的专属目标，将无法取得这种共同的使用成果。如果双方实现了各自的目标，就可以实现整体目标。

（2）联合攻击战斗机项目办公室和空中战斗司令部将监督、分析和修订基于性能的合同目标以及相关的标准和报告结果，并在主要项目阶段/决策点根据需要修改标准。

2）联合攻击战斗机项目办公室

（1）为了制定和执行全球保障策略，联合攻击战斗机项目办公室将实施适用于操作所有 F-35 常规起落型、模型和系列飞机的、有效的、基于性能的保障合同。

（2）联合攻击战斗机项目办公室将在初始小批量生产阶段，将基于性能的合同的实施结果告知其他机构和参与方，以便取得最终标准。

3）参与方

（1）空中战斗司令部将（在初始小批量生产阶段，大批量生产之前）向联合攻击战斗机项目办公室说明以下内容：

① 空中战斗司令部需要在对基于性能的合同定期评审时，为联合攻击战斗机项目办公室更新这些数据：年度飞行时间综述、利用率和任务类型、训练和使用时间（Operating Time，OT）。

② 《完成任务所需的基本子系统清单》（Mission Essential Subsystems List，MESL）所规定的任务类型，这些任务需要在基于性能的合同的履约期（Period of Performance，PoP）内完成。

③ 配置位置。

④ 合同条款中，由参与方根据要求提供的数据/信息，在基于性能的合同中汇总为一个附录。

（2）参与方应当将增加使用频率的要求告知联合攻击战斗机项目办公室，要求中应包括高于“稳定状态”的飞行项目的比例及延长的前置时间。

（3）空中战斗司令部将为以下工作提供单点联系人保障：

① 为了优化供应商奖励措施，参与评估基于性能的保障合同的具体性能指标。

② 与联合攻击战斗机项目办公室协同解决和评估训练标准和其他相关问题。

③ 在初始小批量生产阶段提供人力需求保障、自主后勤操作或其他所需的保障。

④ 协调资金要求。

⑤ 协调后勤和工程要求。

（4）作为合同的一部分，参与方也必须满足以下要求：

① 在规定时间框架内上缴所要求的物品（规定时间框架参见基于性能的合同附录）。

② 在规定的飞行包线[①]范围内操作飞机/系统。

③ 遵守规定的维修要求。

④ 确保有足够训练有素的人员可以保障联合攻击战斗机行动。

8. 约束和边界条件

下文将介绍参与方和联合攻击战斗机项目办公室关系中的约束和边界条件。保障这一关系的条款和条件如下：

（1）约束和边界条件必须可以随着参与方的规划、项目、预算决定、项目性问题，或其他需要调整基于性能的合同的计划外的挑战，进行灵活的调整。

（2）约束和边界条件仅限于在常规使用周期中（部署训练、部署前、部署、重新集结和常规维修周期等）使用。

（3）约束和边界条件不适用于因作战行动或恐怖主义行动中的战斗损坏而对设备/系统产生的要求。多重灾难性伤亡和系统恶化的损坏，不属于支援保障性能目标的覆盖范围。

（4）自动化报告和数据收集系统是推动联合攻击战斗机项目取得成功的关键因素。当由合同商控制的自动化报告和数据收集系统停机时，合同商负责提供备选方案来收集、报告和恢复所需的数据，并将对参与方的影响降至最低。

（5）联合攻击战斗机项目办公室应当制定一套通用标准来深入了解 F-35 战斗机自主后勤系统的健康状况。参与方通过与联合攻击战斗机项目办公室协商，选择期望使用的标准和期望实现的数值范围。在初始小批量生产阶段，作战人员和联合攻击战斗机项目办公室将对所使用的标准进行评估。根据参与方与联合攻击战斗机项目办公室之间的协议，可以修改、删除或增加标准。联合攻击战斗机项目办公室还要在各个初始小批量生产阶段、生产阶段和生产后履约期之前，制定项目实施指示。

---

① 包线（Envelope）是以飞行速度、高度和过载等作为界限的封闭几何图形，用以表示飞机的飞行范围和飞行限制条件。

（6）本合同仅涉及初始小批量生产阶段（第 1 阶段）的保障要求（过时管理、技术更新和改进可靠性与可维修性（Reliability & Maintainability，R&M）），不包括后续研发要求。如果有必要，将使用另一份基于性能的合同来解决后续研发要求，因为这些要求需要不同的管理和财务机制。

（7）历史数据将被提交到空军知识机构。

9. 履约期

基于性能的合同的履约期开始于初始小批量生产阶段（第 1 阶段）第一架飞机的交付，结束于初始小批量生产阶段（第 1 阶段）最后一架飞机的交付。在初始小批量生产阶段（第 1 阶段）部署的飞机将被编入到参与方的总机群中。

基于性能的合同反映了在整个武器系统寿命周期中，参与方和联合攻击战斗机项目办公室之间的动态关系。同时，基于性能的合同的签署者或起草者将按年度或根据需要，对该合同进行评审和更新。

10. 合同的执行

基于性能的合同经签署后，联合攻击战斗机项目办公室会将各个性能目标纳入整个 F-35 战斗机的全球保障策略中。联合攻击战斗机项目办公室和参与方至少每半年要根据飞机交付情况举行一次会议：

（1）根据目标来对性能进行评估和评价；

（2）评审基于性能的合同的效果；

（3）提供建议来提升、修改、不断更新或延伸基于性能的合同。

合同附录 A　基于性能的合同中的标准定义、算法以及基本规则和假设

F-35 战斗机基于性能的合同标准用于回答我们试图衡量的各种作战人员性能目标中的关键问题。各个目标的具体标准参见下文。根据这些标准评估供应商的保障性能，可以看作在某一季度中按月份（或规定时间段）报告和评审的“机群报告卡”（不同于单个飞机或飞行中队级的标准）。以供应商洛克希德·马丁公司为例，假设包含自主后勤信息系统的保障性能管理系统（Sustainment Performance Management System，SPMS），是以一周 7 天、一天 24 小时的基础收集、计算和报告性能标准。（在初始小批量生产阶段（第 1 阶段），可能需要根据本合同条款 7 中的（4）的要求，跟踪外部自主后勤信息系统）。

A.1　战备完好性/可用性

作战人员要对下文中与战备完好性和可用性相关的关键问题进行决断。

- 在报告周期中，可以完成全部任务的飞机占多大比例？
- 在报告周期中，至少可以完成一项任务的飞机占多大比例？
- 在报告周期中，在指定的飞行员和维修人员中，受训和可执行任务的人员占多大比例？
- 对于作战部队，在报告周期中准备“部署”了多少天？——人员、飞机、零部件和设备等。

1. 战备完好性/可用性标准

飞机可用率是用于确保机群能够满足要求的标准。飞机可用性是基于可以执行任务的飞机（规定任务）和可以使用的飞机（处于拥有状态）。必须为每个任务制定《完成任务所需的基本子系统清单》/《完成任务所需的基本职能清单》（Mission Essential Function Lists，MEFL），以便自主后勤信息系统可以持续确定各个飞行系统的状态。

$$\text{飞行可用率}=\frac{\text{飞机处于可执行任务状态和可用状态的中小时数}}{\text{总可用机群时间（拥有+非拥有时间）}}$$

2. 飞机可用性基本规则和假设

（1）自主后勤信息系统是保障性能管理系统的子系统，保障性能管理系统可以在一周 7 天、一天 24 小时的基础上对飞机状态（例如，“上升”状态意味着可以执行任务，或者“下降”状态意味着不能执行任务）进行跟踪、收集和分类。

（2）仅关键故障（参见合同附录 B）被视为使飞机处于“下降”状态的“故障”事件。

（3）只有修理/重置关键故障的时间（加上延迟时间）被视为由于维修造成的停机时间。

（4）空中战斗司令部在保障初始小批量生产阶段（第 1 阶段）的请求建议（Request For Proposal，RFP）期间，会对初始小批量生产阶段（第 1 阶段）的详细任务类型和相关的《完成任务所需的基本子系统清单》进行规定。

（5）对于《完成任务所需的基本子系统清单》没有列出的因等待零部件而不能运行的系统，不属于“不可执行任务的”停机系统。

（6）对于“不可逆”事故，如结构性物资故障（舱壁），通常需要在基地级机构进行修理，所需的任何替换件的前置时间可能长达数月。这种罕见事故的发生，可能会降低飞机在履约期中所有评估的结果。由于初始小批量生产阶段（第 1 阶段/第 2 阶段）的机群规模较小，上述事故对评估的影响将是灾难性的。在实际使用中，出现上述事故的飞机会被移交给基地级机构，停机/拥有时间不会被计入使用部队。因此，如果发生上述事故，空中战斗司令部、联合攻击战斗机项目办公室和后勤管理（Logistics Management，LM）机构会“修正”合同中的飞机可用性标准值。

能执行全部任务率（初始小批量生产阶段（第 1 阶段）不适用）是指系统可100%执行规定任务的拥有时间比例。对于常规起落型飞机，可以根据 24 小时工作日来计算能执行全部任务率。必须为每个任务制定《完成任务所需的基本子系统清单》/《完成任务所需的基本职能清单》，以便自主后勤信息系统可以持续确定各个飞行系统的状态（这一定义是基于飞机的使用领域，而不是针对一组通用任务）。

$$\text{能执行全部任务率}=\frac{\text{可100\%执行规定任务的总时间}}{\text{总拥有时间}}$$

能执行任务率是指系统至少可以执行一项规定任务的拥有时间比例。对于常规起落型飞机，可以根据 24 小时工作日来计算能执行任务率。必须为每个任务制定《完成任务所需的基本子系统清单》/《完成任务所需的基本职能清单》，以便自主后勤信息系统可以持续确定各个飞行系统的状态。（这一定义是基于飞机的使用领域，而不是针对一组通用任务）。

$$\text{能执行任务率}=\frac{\text{至少可以执行1项规定任务的总时间}}{\text{总拥有时间}}$$

F-35 战斗机的自主后勤信息系统可以自动跟踪和记录飞机的能执行全部任务状态和能执行任务状态。在初始小批量生产阶段（第 1 阶段），可能需要一些人工干预来捕捉和计算数据。

3. 能执行全部任务的/能执行任务的基本原则和假设

（1）自主后勤信息系统是保障性能管理系统的子系统，保障性能管理系统可以在一周 7 天、一天 24 小时的基础上对飞机状态（例如，“上升”状态意味着可以执行任务，或者“下降”状态意味着不能执行任务）进行跟踪、收集和分类。

（2）飞机的总拥有时间为每天 24 小时，但分配给基地的飞机除外。

（3）出现以下情况（下文并非全部情况），飞机被视为处于“下降”状态。

- 在出动架次间进行调整，包括飞行后检查、保养和加油；
- 处在关键故障修理期间；
- 《完成任务所需的基本子系统清单》中的系统处于等待零部件而不能运行的状态；
- 因关键故障而停飞的飞机的任何延迟现象。

（4）关键故障（参见合同附录B）将被视为“故障”事件，并使飞机处于“下降”状态。

（5）只有修理/重置关键故障的时间（加上延迟时间）被视为由于维修造成的停机时间。

（6）低可侦测性（Low Observable，LO）修复用时被视为“下降”时间，无论该飞机是否计划在下次飞行时执行低可侦测性任务。

（7）空中战斗司令部在保障初始小批量生产阶段（第1阶段）的请求建议期间，会对初始小批量生产阶段（第1阶段）的详细任务类型和相关的《完成任务所需的基本子系统清单》进行规定。

（8）对于《完成任务所需的基本子系统清单》没有列出的因等待零部件而不能运行的系统，不属于“不可执行任务的”停机系统。

（9）对于“不可逆”事故，如结构性物资故障（舱壁），通常需要在基地级机构进行修理，所需的任何替换件的前置时间可能长达数月。这种罕见事故的发生，可能会降低飞机在履约期中所有评估的结果。由于初始小批量生产阶段（第1阶段/第2阶段）的机群规模较小，因此，上述事故对评估的影响将是灾难性的。在实际使用中，出现上述事故的飞机会被移交给基地级机构，停机/拥有时间不会计入使用部队。因此，如果发生上述事故，空中战斗司令部、联合攻击战斗机项目办公室和后勤管理机构会“修正”合同中的飞机可用性标准值。

毕业生评估调查评分（Graduate Assessment Survey Scores，GASS）（初始小批量生产阶段（第1阶段）不适用）是在毕业生评估调查中达到了规定总分的人员所占的比例。为了评估训练的效果，所有人员在完成了个人训练课程（Individual Training Course，ITC）培训的六个月内，要进行毕业生评估调查。此外，应当在基于性能的合同的履约期内提供反馈，以便在接下来的时间段内实施任何“课程纠正”措施。教官根据1～5的分值范围对学员执行规定任务的能力进行评分，然后将每项能力的得分相加得出总分。参与方希望规定比例的人员可以达到规定总分。评分要求分布如图3-5所示。在图3-5中，至少80%的人员的毕业生评估调查评分要介于4～5之间，至少85%的人员的毕业生评估调查评分要大于等于3（介于3～5之间）。

$$\text{毕业生评估调查评分}=\frac{\text{在毕业生评估调查中评分高于规定总分（0～5）的人数}}{\text{参与评估的总人数}}$$

每类人员的毕业生评估调查评分分值在0～5之间（如4～5，>3等）。

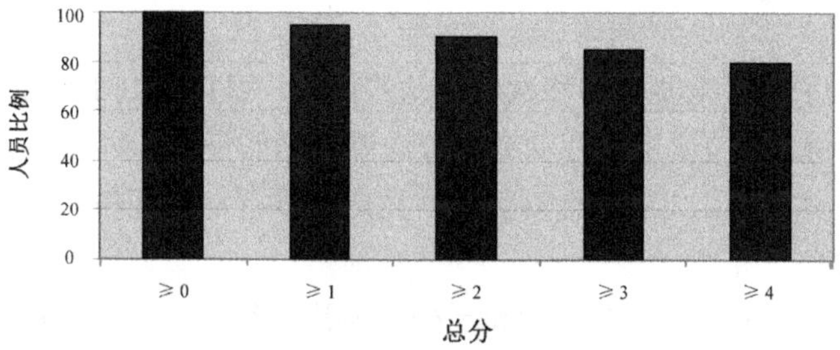

图 3-5　评分要求分布图

下面介绍准备部署天数（Days Ready to Deploy，DRD）（初始小批量生产阶段（第 1 阶段）不适用）。对于作战部队，拥有可用的（能执行全部任务和能执行任务）飞机和充足的训练有素的人员并不足以准备好部署和作战。作战部队还必须拥有充足的备件和保障设备。准备部署天数是在报告周期中，部队具有规定数量的备件和保障设备的天数比例（应当在每个初始小批量生产阶段开始前规定，包括前置时间和具体要求在内的准备部署天数）。因此，准备部署天数、能执行任务率和毕业生评估调查评分（不包括机群人力）共同构成了准备部署的准确图表。

$$\text{准备部署天数}=\frac{\text{作战部队拥有规定备件和全部保障设备的总天数}}{\text{报告周期总天数}}$$

A.2　任务效果

作战人员要对下文中与任务效果相关的关键问题进行决断：

预计任务的实际有效比例是多少？

“效果”指 100%成功完成任务中的所有预计行动。由于系统功能或能力的丧失，所分配任务不能完成时，才被视为无效任务。完成了任务中的大部分预计行动（少于 100%）时，不能完全取消该任务，而是必须给予“部分分数”。因此，如果完成任务中大于 70%、小于 100%的预计行动，该任务的得分为“1/2”。

1. 任务效果标准

任务效果是指所有任务中，全部成功完成（100%）或大部分完成预计主要行动（Primary Tasks，PTs）和次要行动（Secondary Tasks，STs）的比例分布。

任务效果=［1.0×（# 完成了全部预计行动的任务）
+0.7×（# 完成了≥1/2 主要行动和部分次要行动的任务）
+0.5×（# 完成了≥1/2 主要行动和没有完成次要行动的任务）
+0.2×（# 完成了<1/2 主要行动和≥70%次要行动的任务）
+0.0×（# 完成了<1/2 主要行动和<70%次要行动的任务）］
/（全部任务）

换言之：

- 完成了所有主要行动和次要行动的任务，可以得到100%的分数；
- 至少完成了1/2主要行动和部分次要行动的任务，可以得到70%的分数；
- 至少完成了1/2主要行动但没有完成次要行动的任务，可以得到50%的分数；
- 完成了不到1/2主要行动和至少70%次要行动的任务，可以得到20%的分数；
- 完成了不到1/2主要行动和不到70%次要行动的任务，得分为0。

2. 任务效果基本规则和假设

（1）在评判任务成功或失败时，只针对每个任务中的预计行动。

（2）由于外部“可保障性”原因（例如，因天气恶劣而中断飞行、飞行员决定中断起飞、“坦克行动”中坦克没有出现，等等）导致未完成的主要任务，将另行执行备选任务，备选任务随后会被指定作为主要任务来计算任务效果。如果由于外部“可保障性”原因导致主要任务和备选任务都无法完成时，这两项任务会在方程式的分子和分母中去除。

（3）由于外部“可保障性”原因导致行动（任务中的各个行动）未完成时，相应的行动将算作规定任务。

（4）预计行动数量和已完成行动数量将在飞行员的飞行后讲评中进行确定，并录入到自主后勤信息系统中。

A.3 已完成的规定出动架次和飞行时间

作战人员要对下文中与规定架次以及飞行时间相关的关键问题进行决断：

规定架次以及飞行时间的比例是多少？

在部署或和平时期进行规划时，作战人员应当提前制定月度具体出动架次或飞行时间要求。计划出动架次或飞行时间也称为规定出动架次或飞行时间。也需要对异常情况进行规定（例如，因天气恶劣而中断飞行和终止任务等）。

1. 规定出动架次标准

出动架次率是完成出动架次占规定总出动架次的比例。

$$出动架次率=\frac{完成的总出动架次}{规定的总出动架次}$$

2. 出动架次率的基本规则和假设

（1）空中战斗司令部（或美国空军代表）应当在报告周期开始前的一个月，

按照单位和机群来规定计划总出动架次。

（2）如果规定出动架次数量在报告周期中出现了变化（增加或减少），在标准计算中处理这些变化时，必须得到联合攻击战斗机项目办公室、空中战斗司令部和后勤管理机构的批准。

（3）飞机成功起飞并离开基地，就算一个架次。性能标准不会考量任务是否成功、部分成功或失败，这些因素由产品保障经理（Product Support Manager，PSM）负责。

3. 规定飞行小时标准

飞行小时率是完成的飞行小时占规定的总飞行小时的比例。

$$飞行小时率=\frac{完成的飞行小时}{规定的总飞行小时}$$

4. 飞行小时率的基本规则和假设

（1）空中战斗司令部（或美国空军代表）应在报告周期开始前的一个月，按照单位和机群来规定计划总飞行时间（与年度飞行时间规划相关）。

（2）如果规定飞行时间在报告周期出现了变化（增加或减少），在标准计算中处理这些变化时，必须得到联合攻击战斗机项目办公室、空中战斗司令部和后勤管理机构的批准。

（3）飞行时间指的是“起落架收起”到“起落架放下”的时间，不包括飞机在地面的运行时间。

A.4　后勤规模

作战人员要对下文中与后勤规模相关的关键问题进行决断：

后勤规模出现了哪些变化（增加或减少）？

如果工程调整需要增加保障设备的数量或规格，或者基于性能的保障方案需要增加推荐备件（Recommended Spare Part，RSP）工具包中的备件数量，那么后勤规模也会增加。如果技术或保障的改进使得所需的设备规格或数量降低，保障供应商会受到激励，从而减少后勤规模。

1. 后勤规模标准

后勤规模变量是指在上一个报告周期中后勤规模发生的变化（+或−）。在初始小批量生产阶段（第 1 阶段），后勤规模变量与 F-35 常规起落型飞机关键性能参数（Key Performance Parameter，KPP）相关，需要使用 C-17“环球霸王”III 运输机的等效载荷进行测量，需要为每一个初始小批量生产履约期制定后勤规模的基线。

$$后勤足迹变量=\frac{当前后勤足迹（C\text{-}17“环球霸王”Ⅲ运输机载荷量）}{上一个周期中的后勤足迹（C\text{-}17“环球霸王”Ⅲ运输机载荷量）}-1$$

在后续基于性能的合同中，后勤规模标准将被延伸，用于捕捉重量和容量的变化，并根据作战人员的情况进行调整。

2. 后勤规模变量的基本规则和假设

（1）在初始小批量生产阶段开始前的一个月，应当制定后勤规模的基线。

（2）“当前”的后勤规模将由联合攻击战斗机项目办公室和联合攻击战斗机自主后勤操作（保障业务的行动）机构共同决定。

A.5　军事工作量

作战人员要对下文中与军事工作量相关的关键问题进行决断：

为了实现性能目标，克服基于性能的保障缺陷需要哪些额外的作战人员资源？

通过这一标准可以衡量作战人员的工作量，尤其是要保证为了缓解供应问题而满足所需的出动架次，基于性能的保障方案不需要增加使用部队的工作量（例如，由于技术出版物缺陷而使用权变措施[①]，由于备件缺陷导致缺乏保障或测试设备，或者同型装配措施）。

1. 同型装配标准

每1000个飞行小时所需的同型装配（Cannibalizations per 1000 flying hours，CANSPTFH）指每1000个飞行小时中，需要采取同型装配措施的总次数。

每1000个飞行小时所需的同型装配=

$$\frac{报告周期中采取同型装配措施的总次数\times 1000}{总飞行小时数}$$

2. 同型装配的基本规则和假设

（1）同型装配将作为“万不得已”的解决方案。

（2）需要用自主后勤信息系统/保障性能管理系统记录所有的同型装配措施和依据。

3. 每飞行小时所需的维修工时标准

每飞行小时所需的维修工时是指每飞行小时所消耗的总维修工时。总维修工

① 权变措施（Workarounds）是指在监控风险的过程中，遇到以往未曾识别或被动接受的、目前正在发生的风险而采取的未经事先计划的应对措施。

时包括计划维修、非计划维修、检查和保养工时。既可以按照总量来收集和报告维修工时，也可以根据每个飞机子系统收集和报告维修工时，还可以进一步按照各个初始小批量生产阶段的履约期规定维修工时要求。

$$每飞行小时所需的维修工时=\frac{总维修工时}{总飞行小时数}$$

4. 每飞行小时所需的维修工时的基本规则和假设

（1）包括所有维修事件。

（2）总工时包括计划维修、非计划维修、检查和保养工时。

（3）所消耗的工时可以进行累计，但也可以根据上文中介绍的分类进行分解和管理。

合同附录 B　大批量生产标准

为了防止出现单个部队虽然没有达到目标，但总阈值却可以达标情况，各个部队的性能不可以低于表 3-11～表 3-21 的标准值。而且，由于确立的标准值针对的是整个时间段，期间每个月（或指定的分段时间）参与方的性能不能低于下文中的最小总量。

1. 战备完好性/可用性

表 3-11　飞机可用性

飞机可用性/%			
标准	训练	非部署	部署
阈值（每月最小总量）			
目标（每月最小总量）			
阈值（飞行中队最小量）			
目标（飞行中队最小量）			
阈值（总计）			
目标（总计）			
增加的使用频率			
阈值（每月最小总量）			
目标（每月最小总量）			
阈值（飞行中队最小量）			
目标（飞行中队最小量）			
阈值（总计）			
目标（总计）			

表 3-12　能执行任务率

能执行任务的/%			
标准	训练	非部署	部署
阈值（每月最小总量）			
目标（每月最小总量）			
阈值（飞行中队最小量）			
目标（飞行中队最小量）			
阈值（总计）			
目标（总计）			
增加的使用频率			
阈值（每月最小总量）			
目标（每月最小总量）			
阈值（飞行中队最小量）			
目标（飞行中队最小量）			
阈值（总计）			
目标（总计）			

表 3-13　能执行全部任务率

能执行全部任务的/%			
标准	训练	非部署	部署
阈值（每月最小总量）			
目标（每月最小总量）			
阈值（飞行中队最小量）			
目标（飞行中队最小量）			
阈值（总计）			
目标（总计）			
增加的使用频率			
阈值（每月最小总量）			
目标（每月最小总量）			
阈值（飞行中队最小量）			
目标（飞行中队最小量）			
阈值（总计）			
目标（总计）			

表 3-14 准备部署天数

准备部署天数/%			
标准	训练	非部署	部署
阈值（每月最小总量）			
目标（每月最小总量）			
阈值（飞行中队最小量）			
目标（飞行中队最小量）			
阈值（总计）			
目标（总计）			
增加的使用频率			
阈值（每月最小总量）			
目标（每月最小总量）			
阈值（飞行中队最小量）			
目标（飞行中队最小量）			
阈值（总计）			
目标（总计）			

2. 任务效果

表 3-15 任务效果

标准	训练	非部署	部署
阈值（每月最小总量）			
目标（每月最小总量）			
阈值（飞行中队最小量）			
目标（飞行中队最小量）			
阈值（总计）			
目标（总计）			
增加的使用频率			
阈值（每月最小总量）			
目标（每月最小总量）			
阈值（飞行中队最小量）			
目标（飞行中队最小量）			
阈值（总计）			
目标（总计）			

3. 已完成的规定出动架次和飞行小时

表 3-16 出动架次飞行率

出动架次飞行率/%			
标准	训练	非部署	部署
阈值（每月最小总量）			
目标（每月最小总量）			
阈值（飞行中队最小量）			
目标（飞行中队最小量）			
阈值（总计）			
目标（总计）			
增加的使用频率			
阈值（每月最小总量）			
目标（每月最小总量）			
阈值（飞行中队最小量）			
目标（飞行中队最小量）			
阈值（总计）			
目标（总计）			

表 3-17 飞行小时率

飞行小时率/%			
标准	训练	非部署	部署
阈值（每月最小总量）			
目标（每月最小总量）			
阈值（飞行中队最小量）			
目标（飞行中队最小量）			
阈值（总计）			
目标（总计）			
增加的使用频率			
阈值（每月最小总量）			
目标（每月最小总量）			
阈值（飞行中队最小量）			
目标（飞行中队最小量）			
阈值（总计）			
目标（总计）			

4. 后勤规模

表 3-18　后勤规模

后勤规模变量/%			
标准	训练	非部署	部署
阈值（每月最小总量）			
目标（每月最小总量）			
阈值（飞行中队最小量）			
目标（飞行中队最小量）			
阈值（总计）			
目标（总计）			
增加的使用频率			
阈值（每月最小总量）			
目标（每月最小总量）			
阈值（飞行中队最小量）			
目标（飞行中队最小量）			
阈值（总计）			
目标（总计）			

5. 军事工作量

表 3-19　每 1000 个飞行小时所需的同型装配

每 1000 个飞行小时所需的同型装配（总计）			
标准	训练	非部署	部署
阈值（每月最小总量）			
目标（每月最小总量）			
阈值（飞行中队最小量）			
目标（飞行中队最小量）			
阈值（总计）			
目标（总计）			
增加的使用频率			
阈值（每月最小总量）			
目标（每月最小总量）			
阈值（飞行中队最小量）			
目标（飞行中队最小量）			
阈值（总计）			
目标（总计）			

表 3-20　每飞行小时所需的维修工时（总计）

标准	训练	非部署	部署
阈值（每月最小总量）			
目标（每月最小总量）			
阈值（飞行中队最小量）			
目标（飞行中队最小量）			
阈值（总计）			
目标（总计）			
增加的使用频率			
阈值（每月最小总量）			
目标（每月最小总量）			
阈值（飞行中队最小量）			
目标（飞行中队最小量）			
阈值（总计）			
目标（总计）			

表 3-21　每飞行小时所需的维修工时（飞机子系统）

标准	训练	非部署	部署
阈值（每月最小总量）			
目标（每月最小总量）			
阈值（飞行中队最小量）			
目标（飞行中队最小量）			
阈值（总计）			
目标（总计）			
增加的使用频率			
阈值（每月最小总量）			
目标（每月最小总量）			
阈值（飞行中队最小量）			
目标（飞行中队最小量）			
阈值（总计）			
目标（总计）			

合同附录 C　政府责任

（1）作战人员：使用部队和测试部队的飞行员和基层级维修人员；

（2）所有石油、油料和润滑油（Petroleum, Oils and Lubricants，POLs），弹

药、炸药、烟火（不包括弹射座椅及备用弹射座椅的烟火），常见的备用任务设备（Alternate Mission Equipment，AME）和消耗性训练库存品；

（3）提供和维护政府广域网和局域网（Wide Area and Local Area Networks，WANs and LANs），包括无线网接入点和连接自主后勤信息系统；

（4）实际使用安全；

（5）在基地包装、搬运、储存和运输（Packaging, Handling, Storage, and Transportation，PHS&T）；

（6）提供合同商责任以外的其他常用基层级保障设备；

（7）为基层级保障设备提供预防性维修和有限性维修；

（8）管理和维护政府提供的软件与硬件；

（9）政府综合产品小组（Government Integrated Product Team，IPT）人员；

（10）飞行测试资产和设施；

（11）英国国防部（Ministry of Defence（United Kingdom），MOD）/美国国防部指令，司令部和当地使用与维修（Operations and Maintenance，O&M）程序；

（12）训练设施、飞行和维修教官；

（13）由于基层级维修和其他机构改变了所部属飞机的配置，因此需要在自主后勤信息系统中录入/完善数据；

（14）为了保证自主后勤操作和基于性能的保障效果，为联合攻击战斗机项目办公室和指定的服务代表提供设施和行政保障；

（15）政府设施的安全。

合同附录 D　术语表

术语表见表 3-22。

表 3-22　术语表

$/FH	Dollars-per-Flying-Hour	每飞行小时费用
AA	Aircraft Availability	飞机可用性
ACC	Air Combat Command	空中战斗司令部
ALIS	Autonomic Logistics Information System	自主后勤信息系统
ALO	Autonomic Logistics Operations	自主后勤操作
BOE	Basis of Estimate	评估基础
CPAF	Cost Plus Award Fee	成本加奖励费用

续表

CTOL	Conventional Take Off and Land	常规起落
DRD	Days Ready to Deploy	准备部署天数
FMC	Full Mission Capable	能执行全部任务的
FRP	Full Rate Production	大批量生产
GR&A	Ground Rules and Assumptions	基本规则和假设
IOC	Initial Operational Capability	初始作战（操作）能力
JSFPO	Joint Strike Fighter Program Office	联合攻击战斗机项目办公室
LFD	Logistics Footprint Delta	后勤规模变量
LRIP	Low Rate Initial Production	初始小批量生产
MC	Mission Capable	能执行任务的
MESL	Mission Essential Subsystems List	完成任务所需的基本子系统清单
MLE	Military Level of Effort	军事工作量
OSD	Office of Secretary of Defense	国防部部长办公室
PBA	Performance Based Agreement	基于性能的合同
PBL	Performance Based Logistics	基于性能的保障
PEO	Program Executive Officer	项目执行军官
POC	Point of Contact	单点联系人
PSC	Propulsion System Contractor	推进系统合同商
PSF	Percent Sorties Flown (or Hours)	出动架次飞行率（或飞行小时）
PSI	Product Support Integrator	产品保障集成商
PSM	Percentage of Successful Missions	成功任务率
PT	Primary Task	主要任务
SE	Support Equipment	保障设备
SPMS	Sustainment Performance Management System	保障性能管理系统
ST	Secondary Task	次要任务
TOW	Time on Wing	飞行时间
USAF	United States Air Force	美国空军
USD/AT&L	Undersecretary of Defense for Acquisition, Technology, and Logistics	负责采办、技术与后勤的国防部副部长

3.4.2 保障提供者协议合同实例

该实例为美军通用地面站（AN/TSQ-179AV(2)）产品保障集成的基于性能的保障合同（见图 3-6）。

1. 系统简介

编号为 AN/TSQ-179A(V) 2 的目标采办子系统，国家库存品编号为 5865-01-470-4744、册列项目编号为 Z26254，即通用地面站（Common Ground Station，CGS）。通用地面站可以接收、关联、处理、储存和演示空军联合监视目标攻击雷达系统（Joint Surveillance Target Attack Radar System，Joint STARS）

负责采办、后勤和技术的陆军副参谋长克劳德·M·博尔顿二世（Claude M. Bolton, Jr.）	日期	美国陆军通信与电子装备司令部司令、美国陆军管理员迈克尔·R·马祖切赫（Michael R Mazzuchhi）	日期
情报和电子战与传感器项目执行军官 爱德华·T·贝尔（Edward T. Bair）	日期	国防后勤局后勤行动局局长、美国陆军管理员 丹尼尔·G·摩根（Daniel G. Mongeon）	日期
陆军分布式通用地面系统项目经理、陆军航空兵上校 亨利·阿伯克龙比（Henry Abercrombie）	日期	陆军托比汉纳基地司令、炮兵上校 特雷西·埃利斯（Tracy Ellis）	日期
通用地面站/数据链接产品经理、陆军通信兵中校 克里斯托弗·哈维（Christopher Harvey）	日期		

图 3-6 美军通用地面站产品保障集成的基于性能的保障合同

E-8 机载平台的雷达数据。E-8 机载平台可以为通用地面站提供几乎实时的带有深度和广度的雷达“地面图像”，包括移动目标指示器（Moving Target Indicators，MTI）、固定目标指示器（Fixed Target Indicators，FTI）和合成孔径雷达（Synthetic Aperture Radar，SAR）图像。通用地面站也可以接收综合广播业务（Integrated

Broadcast Service，IBS）情报网络中的信号情报报告：战术侦察情报电子交换系统（Tactical Reconnaissance Intelligence eXchange System，TRIXS），战术信息广播业务（Tactical Information Broadcast Service，TIBS），战术相关应用程序（Tactical Related Application，TRAP）的数据传播系统（Data Dissemination System，TDDS）和战术数据信息电子交换系统-B（TActical Data Information eXchange System-B。TADIXS-B）。综合广播业务网络可以通过多种战术级和国家级收集平台/传感器传播情报信息。此外，通用地面站也可以接收指定的无人机（Unmanned Aerial Vehicle，UAV）、洛克希德 U-2 侦察机和低空侦察（Aerial Reconnaissance Low，ARL）与航空通用传感器（Aerial Common Sensor，ACS）所传输的图像和遥测数据，进行跨传感器追踪。通用地面系统的上述功能可以增强陆军司令员的目标锁定、战斗管理和情报报告能力。地面通用站还可以通过接收陆军、其他兵种和国家资产中的次要图像传播（Secondary Imagery Dissemination，SID）信息，对地面图像进行进一步补充。通用地面站可以通过接口连接战术射击指挥系统（Tactical Fire Direction System，TACFIRE）、高级野战炮兵战术数据系统（Advanced Field Artillery Tactical Data System，AFATDS）、全信源分析系统（All Source Analysis System，ASAS）和陆军战场指挥系统（Army Battlefield Command System，ABCS）网络中的其他战斗资产（Battle Field Assets，BFA′s）。

2. 适用文件

（1）《美国陆军实施指南草案——基于性能的保障》，2003 年 2 月 6 日。

（2）《AN/TSQ-179 (V)2 目标采办子系统通用地面站（最终草案）装备部署计划》，2002 年 6 月。

（3）国防部副部长 2004 年 2 月 4 日签署的备忘录，主题：《实施国防商业实践委员会向高级执行委员提出的关于持续提升基于性能的保障的建议》。

（4）2004 年 2 月 12 日签署的备忘录，主题：《工业基地保障合同》（Industrial base Support Agreements，IBSAs）。

（5）通用地面站终止计划，2004 年 4 月 6 日。

3. 范围

（1）本合同旨在加强通用地面站（AN/TSQ-179A (V) 2）、联勤工作站（Joint Services Work Station，JSWS）和相关设备的后勤保障、战备完好性和支援保障。

本合同着眼于促进陆军和陆军国民警卫队通用地面站的通信、处理过程和管理方向的提升。

（2）本合同中规定的标准允许通用地面站项目经理、客户和项目经理指定的产品保障集成方，对通用地面站武器系统的保障工作设定性能预期，并加深对通用地面站使用和战备完好性要求的理解。

（3）本合同中用于衡量产品保障的评估标准和方法，专门针对通用地面站武器系统的可保障性和持续性进行了调整。

（4）经确认，多个因素会对合同各方满足或超过本合同的预期要求的能力产生直接的负面影响。这些因素包括但不限于：

① 资金限制；

② 高级政策和决策；

③ 实际情况。

（5）本合同的基本着眼点是：

① 依照（In Accordance With，IAW）适用文件 1.1 来应用产品保障概念；

② 了解全寿命周期系统管理，并了解这一措施如何让作战人员受益；

③ 相互提议通用地面站寿命周期费用的控制措施；

④ 将每个武器系统在整个寿命周期中的使用率阈值维持在 75%。

使用率包括装备的所有预计可操作时段。使用率基于后勤保障系统的可靠性、可维修性和效率。可靠性的测量方法是平均操作时间加上装备运行状态下的平均待机时间（平均故障间隔时间，MTBM）。可维修性包括纠正措施和预防措施所使用的平均维修时间（平均维修时间，MMT）。后勤保障效率是后勤延迟时间加上任何行政延迟时间（平均后勤延迟时间，MLDT）。平均故障间隔时间基于所有维修措施，无论是纠正型还是预防型的措施。

$$\text{使用率}=\frac{\text{平均故障间隔时间}}{\text{平均故障间隔时间}+\text{平均维修时间}+\text{平均后勤延迟时间}}$$

评级系统编码：

绿色：评级周期中的总使用率大于等于 75%。

黄色：评级周期中的总使用率介于 65%～75%之间。

红色：评级周期中的总使用率小于等于 64%。

4. 约束条件、例外情况和边界条件

（1）本合同和后续产品保障合同所确立的性能标准，无法取代使用要求文件（Operational Requirements Document，ORD）中的高级项目目标。

（2）本合同和后续产品保障合同所确立的性能标准不可以与担保要求相冲突，或者重复担保要求。

（3）本合同中的条款可能会受到外部因素的影响，例如，陆军规划、程序、预算决策、项目性问题，和其他需要通用地面站产品经理对本合同进行修改和更新的无法预计的调整因素。

（4）使用率要求不包括丢失物资——上缴正进行修理的物资可能会丢失组件，有时是由于客户进行同型装配而造成的。替换费用几乎会超过修理费用。

（5）不可抗力因素：任何一方根据本合同履行义务时，如果由于超出任何一方合理控制范围的因素而造成了失误或延迟，任何一方都不必承担责任。这些因素包括但不限于：火灾、水灾、爆炸；战争、暴乱或骚乱；民事或军事机构行为、法令或限制；法律行为或法院命令；罢工、停工、怠工、罢工纠察、抵制或贸易纠纷；检疫限制或其他政府行为；自然事件、不可抗力，或超出任何一方合理控制范围的任何其他情况（不可抗力事件）。如果任何一方由于不可抗力事件而无法履行义务，相应的义务应延至不可抗力事件被解除后再重新生效。如果某一方由于不可抗力延迟了性能保障，应当立即向另一方发送书面通知。

（6）由产品保障集成商能力之外的因素导致的所有黄色或红色评级，将视具体情况进行明确说明和处理。

5. 一般合同条款

（1）通用地面站产品经理同意以下条件：

① 由陆军托比汉纳基地作为通用地面站产品保障集成方。

② 担任可保障性综合产品小组（Supportability Integrated Product Team，SIPT）联席主席。

③ 用所有可行途径协助提升对陆军通信与电子装备司令部司令所管理的通用地面站物资的保障。这有助于提升对作战人员的保障。

④ 支持可降低总拥有成本（Total Ownership Cost，TOC）并可以提升影响武器系统保障的过程与政策的倡议措施。

⑤ 协调项目性工作，确保为所有可保障性综合产品小组成员提供充足的资金。

（2）通用地面站/数据链接产品经理的单点联系人：

克里斯·金斯洛（Chris Kinslow）

综合后勤保障经理、通用地面站产品经理：

国防部交换网络：992-7534

（3）产品保障集成方项目管理办公室同意以下条件：

① 与部队协调获取数据，及时测量通用地面站的使用率。

② 与作战人员协调系统级的通用地面站标准。

③ 将确认通用地面站的使用率和降低使用与保障（Operations & Support，O&S）费用作为本合同的首要标准。

④ 担任通用地面站可保障性综合产品小组会议的联席主席，并为需要产品保障的集成方提供相应的管理保障的其他会议担任联席主席。

⑤ 与相应的产品保障供应商（Product Support Providers，PSPs）签署产品保障协议。

⑥ 确保供应商符合性能标准的要求。

⑦ 为通用地面站项目经理提交的行动物资提供协同响应（由可保障性综合产品小组完成）。

（4）陆军通信与电子装备司令部的单点联系人：

约翰·赛尔斯（John Sells）

陆军托比汉纳基地产品保障经理：

国防部交换网络：795-7585

6. 基于性能的合同的基本原则

（1）项目经理根据《通用地面站终止计划》中的 3.6 节“后勤”，将陆军托比汉纳基地指定为产品保障集成方。陆军托比汉纳基地的通用地面站产品保障集成方负责协调和执行通用地面站的保障任务。陆军托比汉纳基地负责管理对通用地面站的总体保障。陆军托比汉纳基地通用地面站项目管理办公室直接与全寿命周期系统管理员（Total Life Cycle Systems Manager，TLCSM）和陆军分布式通用地面系统/通用地面站项目经理对接工作。

（2）应当最大限度地利用《工业基地保障合同》（Industrial base Support Agreements，IBSAs）中规定的现有硬件和软件保障设施。在制定《工业基地保障合同》前，将由产品保障集成方执行相关职能。

（3）通用地面站可保障性综合产品小组负责提供冲突解决方案。超出了可保障性综合产品小组能力范围的问题，需要由相应机构的指挥链和可保障性综合产品小组与冲突的另一方进行协调。

（4）产品保障集成方和各个产品保障供应商之间应当签订单独的产品保障协议以及协议备忘录。

（5）通用地面站项目经理可以通过基于性能的保障季度报告与产品保障集成方沟通评估事宜，该报告需要每半年提交一次。

①这种性能监督过程完全适用于通用地面站项目经理对陆军采办执行基于性能的保障报告要求；

②通用地面站项目经理负责撰写基于性能的保障季度报告。

（6）产品保障集成方负责对产品保障供应商进行每半年一次的评估。基于性能的保障季度报告中的信息仅供基于性能的保障合同签署人、签署人的领导和负责管理该合同的指定人员等官员使用。

（7）产品保障集成商需要根据与各个产品保障供应商协商确定的性能标准，来跟踪监督后者的性能。

这种性能监督过程完全适用于陆军装备司令部执行基于性能的保障报告要求。

基于性能的保障季度报告旨在使用测量标准对通用地面站的健康发展进行最佳预测，并识别影响使用率的任何系统性问题。

（8）对评估标准进行的任何调整，都必须经过受影响的各方的一致批准。受影响的各方有必要签订调整协议。

应当在本合同中以附件形式注明对评估标准进行的任何调整。

7. 资金机制

（1）作为全寿命周期系统管理员，陆军分布式通用地面系统/通用地面站项目经理要负责协调提交保障行动的项目目标备忘录（Program Objective Memorandum，POM），以确保系统性能目标的可用性和战备完好性。

（2）陆军通信与电子装备司令部后勤准备完好性中心（Logistics Readiness Center，LRC）负责为指定备件保障计算资金预算，并提交给可保障性综合产品小组进行批准。

（3）陆军通信与电子装备司令部后勤准备完好性中心将根据标准行动

OPS29 过程，为本合同计算由陆军托比汉纳基地通信与电子装备司令部提供的年度保障资金。

陆军通信与电子装备司令部后勤准备完好性中心与电子战（Intelligence and Electronic Warfare，IEW）机构，负责提供拨款预算。在将预算提交给陆军装备司令部和陆军部之前，该机构需要与通用地面站项目经理和产品保障集成方协商预算事宜。服务水平取决于资金可用性和相应的协商结果。

（4）陆军通信与电子装备司令部后勤准备完好性中心需要为系统的硬件和备件保障制定年度资金要求。

陆军通信与电子装备司令部后勤准备完好性中心负责对备件保障资金事宜进行协商，在将预算要求提交给更高级别的机构之前，该中心需要与通用地面站项目经理和产品保障集成方协商预算事宜。其服务水平取决于资金可用性。

（5）陆军通信与电子装备司令部软件工程中心（Software Engineering Center，SEC）需要为系统的软件保障制定年度资金要求。

陆军通信与电子装备司令部软件工程中心负责对软件保障资金事宜进行协商，在将预算要求提交给更高级别的机构之前，该中心需要与通用地面站项目经理和产品保障集成方协商预算事宜。其服务水平取决于资金可用性。

（6）国防后勤局需要为系统的消耗性补给品保障制定年度资金需求。

国防后勤局负责对消耗性补给品事宜进行协商，在将预算要求提交给更高级别的机构之前，国防后勤局需要与通用地面站项目经理和产品保障集成方协商预算事宜。其服务水平取决于资金可用性。

8. 总结

本合同代表了通用地面站项目经理和陆军托比汉纳基地美国陆军通信与电子装备司令部产品保障集成商之间的伙伴关系，二者的唯一目标是加强通用地面站武器系统的后勤保障、支援保障和任务战备完好性。本合同的最终目标是实现长期后勤保障态势，来总体保障和全面响应通用地面站的作战任务要求。这两个目标都是为了给作战人员提供最佳保障。

9. 履约期

本合同的履约期为 7 年，经美国陆军通信与电子装备司令部司令签署后生效。为了保证效率，本合同必须为动态文件。基于性能的合同应在整个武器系统寿命周期中，随着系统的提升和要求而变化，以反映作战人员、政府和工业机构之间的动态关系。同时，基于性能的合同的签署者将按年度或根据需要对本合同进行评审和更新。

10. 生效日期

本合同中的政策和条款，经美国陆军通信与电子装备司令部司令、情报和电子战与传感器项目执行军官签署后，立即生效。

11. 附件

基于性能的保障季度报告见表 3-23。

表 3-23　基于性能的保障季度报告

<table>
<tr><th colspan="2">基于性能的保障季度报告</th></tr>
<tr><td>项目执行军官：情报和电子战与传感器</td><td rowspan="2">报告周期：</td></tr>
<tr><td>项目经理：陆军分布式通用地面系统</td></tr>
<tr><td>系统/子系统/组件：AN/TSQ-179A(V)2 通用地面站</td><td>采办类型：I</td></tr>
<tr><td colspan="2">基于性能的保障决策是基于：____商业案例分析____企业架构____ 最佳值选择 ____其他 （具体填写）</td></tr>
<tr><td colspan="2">上次报告后得到的经验教训：（简要介绍在报告周期中总结的任何经验教训）</td></tr>
<tr><td colspan="2">本报告周期中的实施措施：（上一次报告后，为进一步实施基于性能的保障采取了哪些措施？）</td></tr>
<tr><td colspan="2">对上一次报告后进行的基于性能的合同调整进行概述：（请填写在本报告周期中，对基于性能的合同进行的任何调整）</td></tr>
<tr><td colspan="2">上一次报告后，增加/删除的性能测量标准：（请填写在本报告周期中，对性能测量标准进行的任何调整）</td></tr>
<tr><td colspan="2">对上一次报告后的争端解决经验进行概述：（请填写在上一次报告后所使用的争端解决方式，或对争端解决过程进行的任何调整）</td></tr>
<tr><td colspan="2">与陆军基于性能的保障相关的其他信息：</td></tr>
<tr><td>单点联系人姓名：</td><td>单点联系人联系方式：</td></tr>
</table>

3.5　基于性能的保障合同示例

3.5.1　征求书/合同格式

征求书/合同格式包含与招标或提案相关的基本信息，其中包括联络点，示例如图 3-7 所示。

征求书、要约和授予

1. 根据国防性质的问责制，本合同为额定定价订单（依据联邦法规法典第15部分第700条款） | 评级 | 页数 1 | 总页数

2. 合同编号 GSS456-02-C-0004 | 3. 征求书编号 | 4. 征求书类型 □ 密封投标（投标邀请书） □ 协商（需求建议书） | 5. 发布日期 | 6. 需求/购买编号

7. 发布部门 代码

弗吉尼亚州阿灵顿杰弗森戴维斯公路123456号通用子系统项目办公室，
邮编：22202

8. 投标地址（如果与第7条不同）

注：在密封投标征求书中，“要约”和“要约人”的意思是“投标”和“投标人”。

征求书

9. 在日程表中所提供补给品或服务项目的密封报价原件和____份复印件将在第8条中指定的地址接收，如果随身携带，则存放于______，直到当地时间_______。

注意——延迟提交、修订和撤回：参见L章节，第52. 214-7或52. 215-1条款。所有报价均受征求书文件中包含的一切条款和规定限制。

10. 更多信息请联系： | A. 姓名 | B. 电话（免费电话） 地区代码 号码 分机 | C. 电子邮件地址

11. 目录

(X)	章节	描述	页数	(X)	章节	描述	页数
		第一部分 进度计划				第二部分 合同条款	
	A	征求书/合同形式			I	合同条款	
	B	补给品或服务项目和价格/成本				第三部分 文件、证明和其他附件清单	
	C	技术要求/技术规范/工作说明			J	附件清单	
	D	包装和标记				第四部分 身份合格证明和须知事项	
	E	检查和验收			K	要约人的身份合格证明、证明书和其他说明	
	F	交付或履约					
	G	合同管理所需数据			L	要约人应遵守的规定、须知和注意事项	
	H	合同的特殊要求			M	评估合同授予的因素	

要约（必须全部由要约人完成）

注：如果征求书包括第52. 214-16条款——最短中标期，则第12条不适用。

12. 遵照上述规定，经签字人签署同意，如果本报价自收到上述报价起____天内被接受（一般是60天，除非要约人设置了不同的期限），则在规定时间内，以每项物品对应的价格供应部分或全部物品，在指定地点交货。

13. 即期付款折扣（参见第I章第52.232-5条款） | 10个工作日（%） | 20个工作日（%） | 30个工作日（%） | 工作日（%）

14. 确认修订（要约人确认收到要约人招标修改及相关的具有编号和日期的文件） | 修订编号 | 日期 | 修订编号 | 日期

15A. 要约人的姓名和地址 代码 机构
美国某大街6789号ABC
公司，邮编：10111

16. 授权签署要约的人的姓名和名称（勿连写）
ABC公司合同官

15B. 电话号码 地区代码 号码 分机

□ 15C. 检查汇款地址是否与上述地址不同，按计划填写地址

17. 签名

18. 要约日期

授予（由政府完成）

19. 已接受条目 | 20. 数量 | 21. 会计与拨款

22. 除了公开竞争以外的授权：
□《美国法典》第10卷第2304 (c) 条款 □《美国法典》第41卷第253(c)条款

23. 提交发票的地址显示在（复件4份，除非另有说明） | 条目

24. 管理经由（如果与第7条不同）

25. 付款 代码

26. 合同官姓名 (勿连写)
通用子系统合同官

27. 美利坚合众国
(合同官签名)

28. 授予日期

重要提示：授予将以此形式或以标准形式26、或经其他授权的正式书面通知。

经授权可在本地复制
旧版本不可用

标准表格33（修订版9-97）
根据联邦总务署联邦采办条例（联邦法规法典第48部分）第53.214(c)条款规定

图 3-7 征求书/合同格式示例

3.5.2 补给品/服务与价格/成本

包含用于识别补给品或服务在合同中的名称（如物品编号、国家库存品号和文字说明）、数量和价格的合同项目（Contract Line Items，CLINS）。示例见表3-24、表3-25

表 3-24 补给品/服务与价格/成本示例

<table>
<tr><th>项目</th><th>补给品或服务</th><th>数量</th><th>单位</th><th>单位成本/价格</th><th>项目总额</th></tr>
<tr><td>0001</td><td>通用子系统组件后勤保障
合同类型：固定总价合同</td><td>60</td><td>Mo</td><td>100000美元</td><td>6000000美元</td></tr>
<tr><td colspan="6">描述数据：根据执行工作说明（Performance Work Statement，PWS），合同商应提供所有基地级项目保障</td></tr>
<tr><td>0002</td><td>合同数据
合同类型：固定总价合同</td><td>1</td><td>Lo</td><td>网络保障项目</td><td>网络保障项目</td></tr>
<tr><td colspan="6">描述数据：合同商应根据合同 J 节后附的合同商数据要求清单（Contractor Data Requirements List，CDRL）7.1 节中的规定提交数据</td></tr>
</table>

表 3-25 补给品/服务与价格/成本（子系统）示例

<table>
<tr><td>1001</td><td>通用子系统组件后勤保障出口阶段
名词：合同项目选项
合同类型：固定总价合同</td><td>1</td><td>Lo</td><td></td><td>2000000美元</td></tr>
<tr><td colspan="6">描述数据：根据执行工作说明，合同商应确保将所有执行责任转移至政府</td></tr>
<tr><td>2001</td><td>通用子系统组件后勤保障正面需求激增变化
名词：合同项目选项
合同类型：限时订单与物资订单</td><td>12</td><td>Mo</td><td>网络终端设备30000 美元</td><td>网络终端设备360000 美元</td></tr>
<tr><td colspan="6">描述数据：符合执行工作说明需求变化范围过程要求</td></tr>
<tr><td>3001</td><td>通用子系统组件后勤保障超出最大需求激增量
名词：合同项目选项
合同类型：限时订单与物资订单</td><td>待定</td><td>Mo</td><td>金额待定</td><td>网络终端设备金额待定</td></tr>
</table>

注意：以下与本节相关的合同条款在此给出全文。

其他合同条款全文：

B001 合同类型：固定总价合同（1997 年 2 月）（定制）；

总价：6000000 美元；

适用项目：0002 仅适用于固定总价合同项目。

B002 选项（2000 年 4 月）

政府可要求合同商完成合同项目 1001、2001 和 3001 中规定的工作。

（1）合同军官应在履约期之前的 360 天内或之前（但不得迟于合同到期日之前的 360 天），向合同商提供执行选项 1001 工作的书面意向书。

（2）合同军官应在预计的需求激增期开始之前的 20 天内，向合同商提供执行选项 2001 和/或 3001 工作的书面意向书。

3.5.3　描述/规格/工作说明

包含具体描述 B 节各项要求的工作说明（Statement of Work，SOW）、目标说明（Statement of Objectives，SOO）或执行工作说明（Performance Work Statement，PWS）。示例如下：

1. 合同商职责

合同商应负责合同期内以单一价格确定的与组件相关的工作。合同商必须对项目进行管理，确保执行工作说明规定的组件的可用性和可靠性。该执行工作说明的范围包括满足和超出可用性和可靠性性能指标要求所需的产品保障集成、供应保障、维护、持续保障工程和训练。此外，执行工作说明的范围还包括完成性能指标规定的所有任务所必需的必要基础设施，如仓库、装卸、包装基础设施和信息技术。合同商还应负责完成本合同规定的所有基地级项目保障工作。

规定的物资管理工作包括接收回撤物品、交易汇报、资产跟踪、供应保障、仓储以及申请处理。合同商必须具备与归政府所有的热成像系统（包括根据合同保护资产所需的人员、设备、保险和设施）储存和与装卸要求相当的储存和装卸能力。合同商设施内储存的所有物资的权限归政府所有，其中包括基于完成本合同的目的而采购的新物资和修理用物资。

在合同期内，合同商可全权决定是否采办归美国政府（U.S.Government，USG）库存控制点所独有的消耗性零部件库存，该库存被视为合同商提供的物资（Contractor-Furnished Material，CFM）。上述采办的依据是合同商与美国政府库存控制点签订的与上述库存获取、可用性和付款相关的直接协议。即使合同商与美国政府库存控制点签订了协议，合同商仍应遵守所有合约性质的可用性要求和交付要求。

在本合同终止之后，每个可修理项目中都应有一部分以准备好发放（Ready for Issue，RFI）的状态或其他状态归还给政府。所有归政府所有的组件库存都应归还。上述库存中的库存品必须有一部分处于准备好发放状态。处于该状态的库存品（使用合同附件中给出的公式计算）应在无附加费用且不考虑政府是否决定签订后续的基于性能的保障合同，或恢复至传统的合同保障，或是停止提供保障的情况下提供给政府。

（1）合同商应根据 C 节中从合同授予部分开始的内容规定满足可用性性能要求。

（2）合同商应根据授权和需要，以最快的方式使用紧急运输。

（3）合同商应完成本协议规定的基地级修理或大修，或组件更换工作。合同商还应全权决定是否对组件进行修理或更换。

（4）合同商应收集和分析数据，并向政府报告实际的可用性和可靠性性能指标。

（5）合同商应提供必要的工程保障，以确保在无须额外费用的情况下，解决与满足本执行工作说明中给出的执行要求相关的技术问题。

（6）合同商应负责交付项目数据与报告。

（7）合同商应指定一名负责共同完成项目管理审核工作的项目经理联络人。

（8）合同商应负责提供组件修理/大修所需的所有零部件，上述零部件的所有权将转移至政府前方作战基地（Forward Operating Base，FOB）。所有为此处基于性能的保障提供支持的物资都应储存在合同商设施内，且仍归政府所有。合同商无须负责并非由其提供的硬件损坏所导致的修理和维护，以及物资准备工作。组件过早损坏，进而导致其需要额外修理的，应由协议双方达成一致，对其进行补充价格调整。

（9）合同商应负责报废工作，因为其与商业修理活动相关。报废导致的任何问题都不得作为对指标或交货时间表进行公平调整或免于执行其规定的理由。

（10）合同商应负责维护与国防部订购系统连接的接口。上述系统可使申请在国防部系统内自动转向合同商。

（11）合同商应负责维护专用的互联网网站。该网站应允许合适的缔约方进行数据交换及报告可用性和可靠性指标。政府与合同商应就电子访问所需的安全等级达成一致。

（12）合同商从政府后勤经理处收到书面许可之后，应根据授权使用报废硬件进行修理开发。

2. 政府职责

（1）政府应指定采购合同军官和产品保障经理，以便及时做出项目决议，并管理与基于性能的保障相关的合同。

（2）政府应负责提供发送给合同商的已准备好发放和未准备好发放的与组件相关的装配服务记录（Assembly Service Records，ASR）及相关历史维护记录。

（3）基地应提供在修理/更换输出来源地完成政府检验/验收工作的质量保证人员。

政府应允许合同商获取所有的最新技术出版物、后续的修改信息及技术订单。如果政府对技术出版物进行了修改，或对保障设备进行了改造，且合同商可证明上述修改和改造已导致工作的延误，则合同商可申请指标豁免。

3. 项目管理

合同商应指定一名项目经理。该项目经理拥有完成项目性能要求所需的权限。项目经理应为合同商与政府之间就项目进行沟通的唯一联络人。合同商项目经理的职责包括但不限于：

（1）项目经理应负责与采购合同军官/产品保障经理共同制订至少每半年一次的项目审核会议计划，并为其提供保障。

（2）项目经理应与采购合同军官和产品保障经理共同调整项目需求和信息。

（3）项目经理或其代表应随时与政府保持联系。此外，项目经理还应确保及时解决业务和技术问题。

4. 项目管理审核

项目经理、产品保障经理和采购合同军官应负责确定项目审核委员会的形式、频率和地点。项目审核委员会主要审核合同商绩效、行动项目和其他未完成的项目相关工作。所有相关行业和政府的利益相关方都应参与上述审核。产品保障管理集成产品小组的议程应包含以下主题：

（1）可用性状态；

（2）产品质量；

（3）物品回撤；

（4）开放式行动项目；

（5）配置管理；

（6）数据与报告访问；

（7）分包合同管理。

5. 性能要求

合同商应满足以下性能指标，并负责在电子媒介上维护可用性数据。下列指标应由政府审核和验证。根据发放小组和急需程度标识，对申请的可用性交付时限要求做出了规定，见表 3-26。

表 3-26　交付时限

发放小组	急需程度标识	向政府发货人交付产品的时限
1	A	2 天
2	B	3 天
3	C	10 天

对每个适用的通用子系统组件的可用性交付时限都应进行以下评估：

可用性交付时限=“申请满足日期”－“申请收到日期”

其中：“申请满足日期”指的是合同商设施收到组件修理或更换申请的日期。只要在以 24 小时计算的一天的任何时间收到申请，都应视为申请在该日收到。工作日指的是除周六、周日和法定节假日以外的正常营业日。在周末或假日收到的申请应视为在下一个工作日收到。在周末或假日满足的申请应视为在前一个工作日满足。“申请收到日期”指的是经过修理的组件或新组件已在发动机/模块生产线投入使用的日期。

适用于上述可用性交付时限公式的说明如下：

（1）申请中只能含有一个国家库存品号码，且申请只能用于一个发放单位。

（2）如果经过的时间未达到上述时限，或与上述时限相当，则应视为申请已按时满足。

6. 指标报告

（1）客户等待时间（Customer Wait Time，CWT）：从提出申请到收到所有（包括本地零售）物品所用的平均时间。

（2）客户等待时间要求：合同商必须在上文给出的交付时限（85%的时间）内交付所需的物品，以满足可用性要求。如果合同商未满足交付要求，则政府可保留合同规定的所有权利，并采取相应的补救措施。

（3）平均故障间隔时间（Mean Time Between Failure，MTBF）：通用子系统的平均故障间隔时间是其可靠性的度量。平均故障间隔时间的计算方法为：某个物品的总功能寿命÷特定时间间隔内该类物品的总故障数（需要采取修复性维护措施）。

（4）平均故障间隔时间性能要求：合同商应至少维持 900 小时的平均故障间隔时间。如果合同商未满足该要求，则政府可保留合同规定的所有权利，并采取相应的补救措施。

7. 需求变化范围

需求模式的变化可能通过需求激增或负面需求激增来影响基于性能的保障范围。需求激增/负面需求激增的定义如下：

正面需求激增：所有（非单个）组件需求量增加，以至于总年度需求量超过 105%。例如，在以下假定中，需求激增每三年发生一次：Y_1=106%、Y_2=107%、Y_3=108%。在该示例中激增量分别为 1%、2%和 3%。

负面需求激增：所有组件的需求量减少，使得总需求量低于总年度基线需求的 90%。例如，在以下假定中，负面需求激增每三年发生一次：Y_1=86%、Y_2=87%、Y_3=88%。在该示例中负面需求激增量分别为 Y_1=−4%、Y_2=−3%、Y_3=−2%。

正面/负面需求激增值应根据协议在每个履约年度进行计算，计算方法为对比预测需求与实际年度需求。如果组件需求由于任何原因（例如，由于作战条件、作战节奏，或供应/维护链变化）激增，则正面和负面需求激增的货币值应通过正面或负面需求激增的绝对值乘以每次需求变化的价格。只要每个年度履约期最后一个月的实际需求数据已记录，所有正面/负面需求激增调整数就都可在合同履行的年度年末进行清算。应调节正面需求激增范围，以解释授权的激增量和激增范围。

如果确定在规定的年度履约期内会出现需求激增的情况（总计需求预计会超过年度基线需求的 105%），合同商应在 45 天之内书面通知采购合同军官。无论在适用的可用性交付时限内，申请是否已真正满足，超过 105%的激增量都应 100%纳入可用性指标计算。

政府可自行决定是否在需求激增范围在 105%～110%时为合同提供补充资金。如果政府规定了上述激增范围，则可根据合同采用选项 2001，以涵盖固定的激增需求量和规定的需求激增期限，其价格随需求的变化而变化。只有在授权的情况下，才能针对正面激增的累积部分支付款项。合同商应在使用激增授权选项的年度履约期结束时出具单独的激增发票。如果基于性能的保障协议履约期需求已达到105%，且政府未继续订购补充需求，则合同商有权停止相关申请。

此外，也应在每个年度履约期的期末对负面激增需求调整数进行清算。在下一年年度对账工作完成之后的付款阶段，应使用代表负面需求激增货币值的贷款进行支付。

如果是合同履约期的最后阶段，所有需求激增调整数都应在最后一次季度订购的最后一个月通过政府补充付款或货币退款的方式清算。此外，如果在合同履约期内重复出现需求激增或者需求激增的状态长期存在，则政府与合同商还可一致同意在必要时对年度需求预测进行调整。与基于性能的保障协议的履行相关的固定年度价格不能改变。与需求变化相关的合同总金额的任何变化都必须使用每次需求变化的价格进行计算。调整数仅适用于特定的年度履约期。

根据预测，子系统基线运转小时数为每年935小时，且在整个合同周期内，其每年会增长5%。表3-27给出的分段需求变化具体描述了每年的预计运转小时数，以及90%～110%的预期需求可能发生变化的范围（考虑了最大激增量）。所有超出90%～105%范围的值都应视为激增值，并用于合同商奖励、指标性能调整与付款调整。

表3-27　分段需求变化

日历年度	数量（小时数）	最小分段（90%）	最大分段（105%）	最大激增量（110%）
2014	935	842	982	1029
2015	982	883	1031	1080
2016	1031	928	1082	1134
2017	1082	974	1136	1190
2018	1136	1022	1193	1250

在任何情况下，都不得要求合同商满足超出最大激增量的需求。如果政府要求基于性能的保障必须超过最大激增量，则应根据合同执行选项3001，以满足激增需求。该选项会对具体的范围期限进行描述。该选项可在合同履约期内的任何时间使用。实际的报价应在选项执行之前获得双方的一致同意；应将每次需求变化时的价格作为参考。在任何情况下，政府都不得将选项3001作为未确定的合同行动。

8. 指标报告与奖励措施

在合同履约期内，合同商应满足所有申请的要求。如果超过85%的客户等待时间阈值，合同商会获得奖金；反之，如果未达到上述阈值，则合同商会受到处罚。同样地，平均故障间隔时间可靠性超过 900 小时的会受到处罚。在维持良好性能的每个评估期内，合同商都会获得相应奖励（以评估期内记录的平均年度指标百分比为依据），见表 3-28。如果性能低于合同预定目标，限制因素就会发挥作用。平均指标性能百分比应四舍五入至最近的整数，以确定适用的交付奖励或处罚。

表 3-28 指标报告与奖励措施

客户等待时间	奖励	客户等待时间	处罚
95%	+5%	80%	-3%
90%	+3%	75%	-5%
85%	—	70%	-7%
平均故障间隔时间	奖励	平均故障间隔时间	处罚
1500 小时	5%	800 小时	-3%
1200 小时	3%	700 小时	-5%
900 小时	—	600 小时	-7%

9. 客户等待时间与平均故障间隔时间指标性能评估期

首个客户等待时间与平均故障间隔时间指标评估期开始于 2014 年 1 月 1 日，结束于 2014 年 12 月 31 日。在通用子系统中，合同商应在规定的时限内维持最低 85%的客户等待时间指标。首个评估期的结果（交付奖励或处罚）应用于适合首个履约期的价格。所有剩余的评估期应与日历年度保持同步，且应确定适用于履约年度的交付奖金或限制价格调整数。上述交付奖励或处罚金额应与下个日历年度的初始发票金额共同确定。

表 3-29 汇总了所有评估/应用期和发票日期。

表 3-29 评估/应用期和发票日期

评估/应用期	发票日期
2014 年 1 月 1 日—2014 年 12 月 31 日	2015 年 1 月
2015 年 1 月 1 日—2015 年 12 月 31 日	2016 年 1 月
2016 年 1 月 1 日—2016 年 12 月 31 日	2017 年 1 月
2017 年 1 月 1 日—2017 年 12 月 31 日	2018 年 1 月
2018 年 1 月 1 日—2018 年 12 月 31 日	2018 年 12 月

注：2018 年 12 月的发票中应包含适用于 2018 日历年度履约期的交付奖励或处罚。

10. 单一零件要求

合同商应负责识别、选择、订购和储存为所有修理或大修提供保障的单一零件。用于本项目保障的单一零件应根据最新修订的图纸和规格要求进行制造。

11. 分析条件检验

政府可不定期要求整体拆除特定的组件，并对其进行检验，以验证其磨损程度和故障模式。在整个合同期限内，每个组件可能接受检验的概率不超过2%。政府可要求在不对本合同带来附加成本的情况下进行补充拆卸、检验和评估。本数据收集过程应尽可能不对生产造成干扰。此外，评估文件还应包含规定的与报废或存在问题的零部件相关的临时尺寸和外观检验情况。

12. 数据与报告

合同商应根据数据要求交付数据。

13. 合同退出阶段要求

1）简介

退出阶段是在合同完成或终止之后，确保在政府主导下将性能责任有序、高效地转移。退出阶段的起始点应为开始退出阶段的出资选项的生效日，或者是合同商从政府处收到终止通知之后（以先到的时间为准）。在退出阶段，合同商应遵守所有合同要求，并采取所有必要的预防措施，确保不对作战人员的战备完好性带来不利影响。合同商和政府应尽一切可能缩短退出阶段持续的时间。预计退出阶段会与履约期的最后阶段保持同步，除非采购合同军官或退出阶段的产品保障管理集成产品小组另有规定。

2）退出阶段产品保障管理集成产品小组

在退出阶段开始之前的12个月内，采购合同军官应向合同商发出书面通知，告知其政府有退出阶段的意向。政府与合同商应建立联合退出阶段产品保障管理集成过程小组（Product Support Management Integrated Process Team，PSM IPT）。退出阶段产品保障管理集成过程小组应负责在合同未另外做出规定的情况下，出于将基于性能的保障项目要素有序过渡至由政府控制的目的，确定时间表、里程碑和性能要求。如果联合退出阶段产品保障管理集成过程小组未就上述事宜达成一致，则采购合同军官应保留最终确认权，并单方面确定与退出阶段相关的时间表、里程碑和性能要求。

3）对设备和政府供应财产（Government-Furnished Property，GFP）的数据要求

在退出阶段开始后的 30 天内，合同商应根据采购合同军官的指示，在退出阶段结束时以书面形式提供的当前状况和预期状况信息，具体如下：

（1）应由合同商负责归还的任何政府供应财产的数量和状况。该清单中应包含所有归政府所有的，以及政府有权享有其所有权的特殊工具和测试设备，以及任何其他政府供应财产和政府供应物资（Government-Furnished Material，GFM）。

（2）在合同期满时可用的政府供应物资的数量和识别号。

（3）所有修理用单一零件清单和其在过去的 24 个月里使用的数量。

4）政府供应物资/政府供应设备（Government-Furnished Equipment，GFE）

合同商应负责根据退出产品保障管理集成过程小组里程碑和时间表的规定，将所有政府供应物资、所有政府供应设备，以及特殊工具/测试设备交付至获得修理服务的来源或任何其他由采购合同军官确定的站点。

5）技术数据

合同商应负责传输所有的技术数据，其中包括在本合同履行期间所做的配置变更记录，以及当前配置技术数据包（Technical Data Package，TDP）。技术数据包应反映设备零部件编号的所有变化、工程图纸的更新、修理程序、继续修理所必需的测试程序、备件生产以及本合同项下的物品保障。

政府对数据所享有的权利已在《国防联邦采办条例》（Defense Federal Acquisition Regulation，DFAR）中做出规定。

第 252.227-7013 条　技术数据权——非商用物品

第 252.227-7015 条　技术数据权——商用物品

3.5.4　包装与标记

本节主要介绍了与包装、保存和标记相关的要求（如有）。本合同应包含对可修理配件包装和标记的描述。示例如下：

注意：与本节相关的合同条款在此全文给出：

（1）本条款中所使用的“危险品”术语的定义可参见本合同的危险品识别与物资安全数据条款。

（2）合同商应根据《危险通信标准》（《美国联邦法规》第 29 卷第 1910.1200

条）的规定，为需要根据本合同交付的任何危险品的物品包装（部件容器）贴上标签。上述标准规定，危险警示标签应符合标准要求，除非危险品受以下法令的标签粘贴要求约束：

①《联邦杀虫剂、杀菌剂和灭鼠剂法案》；

②《联邦食品、药品与化妆品法案》；

③《消费品安全法案》；

④《联邦危险物质法案》或《联邦酒精管理法案》。

(3) 要约人应根据本条款（2）节①～④条中的任意一条法案，而不是《危险通信标准》的规定，列出本合同危险品识别与物资安全数据条款给出的清单中需要粘贴标签的危险品。如果对上述条款中未列出的危险品粘贴标签，应予以解释，表明其标签粘贴符合《危险通信标准》的规定。

(4) 明显已中标的要约人应在合同授予之前，同意提交一份未在本条款（3）节列出的所有危险品危险警示标签的复印件。此外，要约人还应同时提交标签和根据本合同危险品识别与物资安全数据条款的规定需提供的物资安全数据表。

(5) 此外，合同商还应遵守军用标准-129 装运与储存标记（包含本合同期限内所采用的修订版）条款的规定。

3.5.5 检验与验收

本节主要介绍了检验与验收的地点、质量保证与可靠性要求。在本合同，我们期望看到有关可修理零部件的检验/验收和质量信息。示例如下：

I. 注意：以下引用的是与本节相关的合同条款：

A. 《联邦采办条例》合同条款

52.246-02 补给品检验——固定总价（1996 年 8 月）

52.246-04 服务检验——固定总价（1999 年 9 月）

52.246-16 与补给品相关的职责（1984 年 4 月）

B. 《国防联邦采办补充条例》合同条款

252.246-7000 物资检验与接收报告（2008 年 3 月）

II. 注意：以下给出了与本节相关的合同条款全文：

其他合同条款全文

E007 检验与验收权限（1998 年 4 月）（定制）

所有合同附件的检验与验收工作都应由合同军官代表完成。

检验与验收条款

补给品/服务的验收地点见表 3-30。

表 3-30　验收地点

合同项目	检验地点	检验方	验收地点	验收方
0001	政府设施	政府	合同商设施	政府
1001	政府设施	政府	政府设施	政府
2001	政府设施	政府	合同商设施	政府
3001	政府设施	政府	合同商设施	政府

3.5.6　交付或执行

本节详细说明了对时间、地点与交付或执行方式的要求。在本合同中，我们期望看到有关运输、所有权、损失风险和运输监护的具体交付说明。示例如下：

注意：以下引用的是与本节相关的合同条款：

《联邦采办条例》合同条款

F-1	52.211-17	超额数量交付	（1989 年 9 月）
F-2	52.242-15	停止工作命令	（1989 年 8 月）
F-3	52.242-15	停止工作命令（1989 年 8 月）——替代方案 I	（1984 年 4 月）
F-4	52.242-17	政府工作延误	（1984 年 4 月）
F-5	52.247-29	原产地船上交货价格	（1988 年 6 月）
F-6	52.247-34	目的地船上交货价格	（1991 年 11 月）

F-7 0002 项——在此提供的数据应根据适用附件、合同数据要求列表和国防部表格 1423 中列出的时间表交付。

在此提供的所有补给品都应根据标题为"目的地船上交货价格"的条款说明，在位于以下地点的检验设施内，或靠近该检验设施的位置免费交付给政府：

弗吉尼亚州阿灵顿市杰弗逊 • 戴维斯路通用子系统仓库 A，邮编：22202

合同商应负责提供组件修理/大修所需的所有单一零件。为本次基于性能的保障协议提供保障的所有物资应储存在合同商设施内。上述物资仍属于政府财产。

0001 项——合同商应在 2018 年 12 月 31 日之前根据执行工作说明交付所有的补给品与服务。

0002 项——合同商应根据所附的合同数据要求列表规定交付数据。

3.5.7 合同管理

本节包含规定的会计与拨款数据，以及规定的合同管理信息。在通常情况下，该部分还应包含政府合同军官、政府合同军官代表的姓名和地址及有关发票开立的说明。示例如下：

I. 注意：以下引用的是与本节相关的合同条款：

A. 《国防联邦采办补充条例》合同条款全文

252.232-7006 广域工作流付款说明（2013 年 5 月）

II. 注意：以下为与本节相关的合同条款全文：

A. 《国防联邦采办补充条例》合同条款全文

252.201-7000 合同军官代表（1991 年 12 月）

(a) 定义。“合同军官代表”指的是根据《国防联邦采办补充条例》第 201.602-2 条的规定指定的个人。根据合同军官的书面授权，该代表应负责完成具体的技术与管理工作。

(b) 如果合同军官指定了一名代表，其应向合同商发送一份书面任命函的复印件。该任命函应对合同军官代表代替合同军官行使权限的范围予以说明。合同军官代表无权做出任何可能影响价格、质量、数量、交付或合同任何其他条款或条件的承诺或变更。

发票开立

对于履约期为五年，价格为 600 万美元的固定总价合同，经费使用汇总如表 3-31 所示，包含无任何限制因素的每个履约日历年度的基本发票金额。

根据执行工作说明和执行合同项目 0002 选项的要求，2015 年、2016 年、2017 年和 2018 年每年的首笔付款，以及合同履约期满时的最终付款，都可用于申请相关条款规定的奖励/处罚。合同商应在其履约期满时为合同项目 0001 选项开立发票。

表 3-31 经费使用汇总

日历年度	月度付款	月数	合计
2014	100000 美元	12	1200000 美元
2015	100000 美元	12	1200000 美元
2016	100000 美元	12	1200000 美元
2017	100000 美元	12	1200000 美元
2018	100000 美元	12	1200000 美元
2014—2018 年合计			6000000 美元

3.5.8　特殊合同要求

本节包含I节合同条款中不含的特殊条款和条件。此外，本节还可包含仅与采购相关的书面条款。示例如下：

注意：以下为与本节相关的合同条款全文：

其他合同条款全文

选项（1997年5月）（定制）

政府保留根据规定的条件执行以下选项的权利。如果执行了某个选项，则合同中受影响的章节（如B节、F节、G节等）都应进行相应的调整。

政府供应财产（2003年2月）

根据政府财产条款的规定，政府应将其供应财产清单中所列的财产，以船上交货价格提供给合同商。参见供本合同履行之用的附件2——政府供应设备清单。在本完成合同之后，合同商应从负责合同管理的政府财产管理人员处获得财产报废说明。

项目编号	国家库存品号	零部件编号	数量	交付日期

参见附件2——政府供应设备清单

对出版物、手册和标准的重大修改时的排除条款

对所有组件都应根据下文给出的维护文件的规定进行检验、修理和测试。上述文件自合同签订之日起适用。合同商应提交由于政府修改维护基线文件而导致的重大修改建议。在获得各方一致同意之后，合同商应有权对合同价格做出调整。

重大修改指的是对列出的维护基线文件所做的修改，该修改预计会导致合同商承担额外费用（上述修改的价值在剩余的合同履约期内进行评估）。上述费用指的是由于政府强制性地变更工程、配置或修理过程而导致的，与单位修理或更换成本预期增长相关的费用。注意：本条款不受“需求变化范围”的影响。

库存保管

合同商应负责维护、保护、解释和报告日常库存状态。此外，相关的财产也应在政府负责的财产记录系统中予以记录。临时国防部指示5000.2规定，项目经理应负责制定和实施产品保障策略。该策略可用于解决“政府负责的财产系统”问题。上述系统根据《美国法典》第40卷第524条的规定，记录了政府拥有的所有财产（无论其是由政府、合同商还是第三方持有和管理）。

政府回撤指标

政府应负责包装回撤资产，并将其运至主可修理件清单（Master Repairable Item List，MRIL）规定的地点。对于质量低于 150 磅，且发放尚未准备就绪的物品，归还时间应平均为 40 天（从准备好发放的资产交付之日算起）；而对于质量至少为 150 磅的物品，归还时间则应为 44 天。

如果在任何合同年度内，某个物品的归还时间超过了上述平均值，且合同商可证明以下情况，则该物品可排除在客户等待时间指标计算之外。

（1）在任何 90 天的期限内，某个发放尚未准备就绪的物品的归还时间超出平均值限制，从而对合同商满足客户等待时间指标的能力造成了不利影响；

（2）归还的废弃物品虽然满足项目保障需求的能力但未达到政府要求，并导致对合同商满足客户等待时间需求的能力造成不利影响。

激增/需求变化范围

合同商应将激增需求量控制在预测基线标准的 100%～105%。超过预测基线标准 105%的激增需求应获得选项 0002 的授权。

政府库存

合同商应在合同期限内，单独负责维持满足本合同性能指标所需的库存水平。合同商可自行决定是否使用等级为 F 的废弃品或等级为 D 的资产的新部件或修理件来满足申请要求。合同商应在为基于性能的保障合同采购相同的部件之前，尽可能地使用现有的物品。该要求符合 2010 年 12 月 20 日制作的助理国防部长办公室备忘录中“最大限度地利用政府库存”条款的规定。该条款包含在基于性能的保障协议内。

配置管理

合同商可制作、准备、提交由政府批准的配置修改意见，以改进合同所含设备的可靠性、可用性和可维护性。

3.5.9 一般条款

本节包含法律或法规规定的条款，以及合同其他章节未包含的且获得认可的补充条款。本节所包含的条款受合同类型、合同中的供应/服务/建设特性以及商业性的约束。示例如下：

I. 注意：以下引用的是与本节相关的合同条款：

A. 《联邦采办条例》合同条款（见表 3-32）

表 3-32　《联邦采办条例》相关合同条款

52.202-01	定义	2004 年 7 月
52.203-03	退伍金	1984 年 4 月
52.203-05	与酬金相关的契约	1984 年 4 月
52.203-06	与针对政府的分包商销售相关的限制条件	2006 年 9 月
52.203-07	反回扣程序	2010 年 10 月
52.203-08	取消和收回用于非法或不当活动的资金	1997 年 1 月
52.203-10	非法或不当活动价格或费用调整	1997 年 1 月
52.203-12	对影响特定联邦交易的付款的限制	2010 年 10 月
52.203-13	合同商商业道德与行为准则	2010 年 4 月
52.204-04	再生纸双面打印或复印	2000 年 8 月
52.204-07	重要合同商注册	2008 年 4 月
52.204-09	合同商人员身份验证	2007 年 9 月
52.204-10	报告管理层薪资水平与一级分包合同授予情况	2010 年 7 月
52.209-06	在禁止、暂停或建议禁止与合同商签订分包合同时保护政府利益	2010 年 12 月

B. 《国防联邦采办补充条例》合同条款（见表 3-33）

表 3-33　《国防联邦采办补充条例》相关合同条款

252.201-7000	合同军官代表	1991 年 12 月
252.203-7000	与前国防部官员报酬相关的要求	2009 年 1 月
252.203-7001	有关人员欺诈或从事其他与国防合同相关的严重犯罪活动的禁令	2008 年 12 月
252.225-7012	对国内特定商品的优惠	2010 年 1 月
252.225-7016	滚珠轴承和滚柱轴承采办限制条件	2010 年 12 月
252.226-7001	印第安人成立的组织、归印第安人所有的经济型企业，以及夏威夷土著成立的小型企业	2004 年 9 月
252.227-7013	技术数据权——非商用物品	1995 年 11 月
252.227-7014	与非商用计算机软件和非商用计算机软件文件相关的权利	1995 年 6 月
252.227-7016	投标或建议信息权	2011 年 1 月
252.227-7019	对声称的限制条件的验证——计算机软件	1995 年 6 月
252.227-7030	技术数据——拒绝支付	2000 年 3 月
252.227-7037	对技术数据限制性标记的验证	1999 年 9 月
252.232-7003	付款申请电子提交和报告接收	2008 年 3 月

续表

252.235-7004	受试者保护	2009 年 7 月
252.237-7010	有关合同商人员审讯被拘留者的禁令	2010 年 11 月
252.242-7004	物资管理与会计系统 仅适用于固定总价合同项目	2009 年 7 月
252.243-7001	合同修改定价 仅适用于固定总价合同项目	1991 年 12 月
252.243-7002	公平调整申请	1998 年 3 月
252.244-7000	商用物品和商用组件分包合同（国防部合同）	2010 年 11 月
252.247-7023	补给品海上运输	2002 年 5 月

II. 注意：以下给出了与本节相关的合同条款全文：

A. 《联邦采办条例》合同条款全文

52.211-15 国防优先级与分配要求（2008 年 4 月）

这是可为国防、应急准备和能源项目提供保障的额定顺序。合同商应遵循国防优先级和分配系统规则（《美国联邦法规》第 15 卷第 700 条）中的所有规定。

52.252-02 引用的条款（1998 年 2 月）

本合同引用了多条条款。合同军官可根据要求提供上述条款的完整文本。此外，还可登录网址：http://farsite.hill.af.mil/，了解某个条款电子版本的全部内容。

52.252-06 条款的授权差异（1984 年 4 月）

(a) 本征求书或合同中所使用的任何带有授权差异的《联邦采办条例》（《美国联邦法规》第 48 卷第 1 章）条款都会在条款日期之后加上“存在差异”字样。

(b) 本征求书或合同中所使用的任何带有授权差异的《国防联邦采办补充条例》（《美国联邦法规》第 48 卷第 2 章）条款都会在条例名称之后加上“存在差异”字样。

B. 《国防联邦采办补充条例》合同条款全文

252.223-7008 有关六价铬的禁令（2011 年 5 月）

(a) 定义。如本条款所示——

“均质材料”指的是无法以机械的方式分解为不同材料，且成分自始至终均匀的材料。

均质材料包括塑料、陶瓷、玻璃、金属、合金、纸、木板、树脂和表面涂料。

均质材料不包括以化学方式修饰基底的转化涂层。

“以机械的方式分解”指的是材料在原则上可通过机械方式（如旋拧、切割、压碎、研磨和打磨过程）分离。

(b) 禁令。除非合同军官另有规定，否则合同商不得根据合同提供任何以下交付物或建筑材料——六价铬的重量百分比大于 0.1%的均质材料；或者需要在后续的交付物或建筑材料持续保障阶段清除或再次使用六价铬材料。

本禁令不适用于作为生产过程的副产品产生的六价铬。

(c) 如果要求在交付物或建筑材料中加入六价铬，则合同商应向合同军官提交申请。

(d) 分包合同。合同商应将本条款所述的物质加入所有用于补给品、维护、修理服务或建筑材料的分包合同，其中包括商用物品分包合同。

3.5.10 附件清单

本节给出了合同附件清单。通常情况下，执行工作说明或规格说明附在合同之后或在 C 节中引用。合同军官应负责列出所有附件的名称、日期和页数。附件清单示例如表 3-34 所示。

表 3-34 附件清单示例

文件	页数	日期	名称
附件 A	××	20××年 3 月 9 日	合同数据要求清单

仅作为示例：表 3-35 所示为合同或任务/交付订单中可能出现的附件。

表 3-35 合同或任务/交付订单中可能出现的附件

附件 1	不适用	2002 年 10 月 1 日	国防部表格 DOD Form 254 合同保密等级规范
附件 2	不适用	2002 年 10 月 1 日	政府供应财产
附件 3	不适用	2014 年 1 月 1 日	与发放准备就绪相关的规则

3.5.11 陈述、证明和其他要约人声明

合同商的陈述和证明（例如：其是否为小型企业）只能通过引用的方式包含在合同内。因此本节仅用于征求建议书，而未包含在本合同内。

3.5.12 说明、条件与发送给要约人的通知

注意：本节和 M 节仅适用于来源选择阶段，其不属于合同的组成部分。产品保障经理必须在从项目启动到持续保障的整个过程中积极参与来源选择，以确

保在选择成功中标的合同商时考虑了所有后勤因素。

I. 概述

要约人应提交由以下三部分组成的单独建议：

第 I 部分——技术建议——正本一份和副本四份，其中应包含评估所需的所有数据和信息，且不含任何与要约定价相关的参考。

第 II 部分——过往业绩建议——正本一份和副本四份，其中应包含评估所需的所有数据和信息，且不含任何与要约定价相关的参考。

第 III 部分——价格建议——正本一份和副本四份，其中应包含评估所需的所有数据和信息。

II. 建议内容

第 I 部分——技术建议——合同商必须对项目进行管理，以提供执行工作说明中描述的组件可用性和可靠性。执行工作说明的范围包括满足和超出可用性和可靠性性能指标要求所需的产品保障集成、供应保障、维护、持续保障工程和训练。此外，执行工作说明的范围还包括完成性能指标规定的所有任务所必需的所有必要基础设施，如仓库、装卸、包装基础设施和信息技术。合同商还应负责完成本合同规定的所有基地级项目保障工作。

第 II 部分——过往业绩建议——要约人应在过去三年其所签订的直接相关或类似合同中描述其过往业绩。负责描述类似合同的要约人应提供可证明合同与征求建议书要求相似性的详细解释。要约人应提供以下与其过往业绩相关的信息：

（a）合同编号。

（b）联邦、州或本地政府，或执行合同的商业实体的名称和参考联络点。

（c）合同的价值（美元）。

（d）实施工作的详细描述。

（e）所使用的分包商（如有）名称，以及分包合同的工作范围描述。

（f）执行合同过程中出现的任何质量、交付或成本问题及其数量、类型与严重性，所采取的补救措施，以及补救措施的有效性。

（g）上文所述的合同还应提供以下信息：在满足工作说明要求的过程中为识别和最小化风险所采取的行动和使用的技术与方法，以及在降低风险的过程中所采取的行动和使用的技术与方法的实际成功率。

第 III 部分——价格建议——在征求文件上填写所有的价格/成本。

M 节——合同授予评估因素

注意：本节和 M 节仅适用于来源选择阶段，其不属于合同的组成部分。产品保障经理必须在从项目启动到持续保障的整个过程中积极参与选择，以确保在选择成功中标的合同商时考虑了所有后勤因素。

评估标准与合同授予的依据

政府希望与符合条件、可靠且技术能力过关的要约人单独签订合同。经政府认定，该要约人符合征求建议。要约人的建议书应以 L 节标题为“建议书提交”的征求建议条款中规定的格式制作，且包含对该条款所有内容的回复。只有根据征求建议的规定制作的建议书才能进入评估阶段。评估过程会将技术业绩和过往业绩置于同等重要的位置进行考虑，且两者的价值应与成本或价格大致相当。政府保留将合同授予除最低报价要约之外的其他要约人的权利。

技术

政府将对合同商提供的组件满足执行工作说明规定的可用性和可靠性要求的能力进行评估。这其中包括合同商提供产品保障集成、供应保障、维护、持续保障工程和训练服务，以满足可用性和可靠性性能指标要求的能力。此外，政府还会对合同商的计划进行评估。根据计划，合同商应提供所有必要的基础设施，如仓库、装卸、包装基础设施和信息技术，以完成满足本合同性能指标要求所需的所有基地级项目保障任务。

过往业绩

政府将对要约人过往业绩的质量进行评估。该评估独立于合同军官的责任认定，也与其存在区别。对要约人过往业绩的评估可作为评估要约人和其他竞争者成功满足征求建议书相关能力的一种方式。

政府保留从所有来源获取过往业绩评估信息的权利，其中包括政府外部来源。缺乏相关过往业绩历史的要约人会收到有关其过往业绩的中性评级。但是，如果过往业绩被评定为中性，则无相关过往业绩历史的要约人的建议书可能就不会被政府视为对其最为有利的建议书，因此，将其与其他要约人的建议书对比时，就很可能成为落选的一方。要约人必须提供 L 节标题为“建议书提交”的条款所规定的过往业绩评估信息，或者是陈述其无相关过往业绩、直接相关业绩或类似业绩。未能提供过往业绩信息，或者是声明其无相关过往业绩、直接相关业绩或类似业绩的要约人将被视为无资格获得合同。

除了收到的其他信息之外，政府还可使用红色/黄色/绿色（Red/Yellow/Green，RYG）来评估过往业绩。红色/黄色/绿色项目通过联邦供应分类（Federal Supply Class，FSC）来积累供应商数据。政府将针对本采购中所包含的所有物品的联邦供应分类来考虑红色/黄色/绿色项目数据。红色/黄色/绿色项目分类汇总如下：

- 绿色=低风险
- 黄色=中等风险
- 红色=高风险
- 中性=无风险

价格

政府会评估价格的可负担性和合理性。

价格因素

价格因素无颜色评级。政府会采用《联邦采办条例》15.404 中给出的一种或多种技术来对每个要约人的价格建议进行评估。政府会根据成本因素，综合考虑建议书中的信息、其他来源（如国防合同审计局和国防合同管理局）的信息，以及过往业绩评估小组获取的信息。价格分析指的是评估建议价格的过程，该过程无须评估建议价格的成本要素、费用或利润。

可负担性

可负担的建议书不会给国防采办大学带来进行不可接受的预算平衡的压力。所有不可负担的建议书，包括优秀的建议书，都可能被软件保障机构排除在合同授予的选项之外。

合理性

政府会根据《联邦采办条例》15.404-1（b）价格分析的规定确定价格的合理性。

第 4 章

合同管理

合同签订的过程通常分为三个阶段——合同规划（预授予与询价）、合同订立（评估与授予）以及合同管理。图 4-1 中给出了合同签订过程的主要阶段。合同官员代表或其指定的个人可参与本过程所有阶段的工作。例如，即使是在合同官员准备其代表任命/指定函之前，被指定的个人也可根据其管理部门的要求，为合同签订过程的预授予/询价和评估/授予阶段提供专业技术服务。第三阶段——合同管理部分介绍了合同官员代表的职责要求。

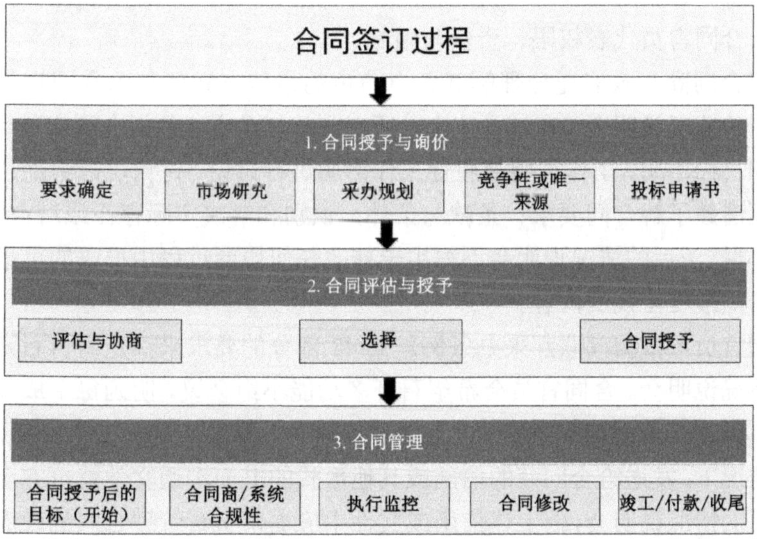

图 4-1　合同签订过程

合同管理指的是政府官员在合同授予之后所进行的活动，其中包含政府和合同商之间，在从合同授予、竣工、政府验收、付款、争议解决到合同收尾的整个过程中所进行的所有交易。合同管理的核心就是在预期的成本范围内，准时获得质量合格的补给品与服务。虽然在合同管理过程中，应优先考虑合同的法律要求，但合同官员和其代表也必须通过自身能力与判断来保护政府利益。

4.1 合同授予后的情况说明会

下面主要从会议准备、会议召开、会议主题等方面，介绍合同授予后的情况说明会。

4.1.1 会议准备

在合同双方开始履行合同之前，合同官员必须首先确保其充分了解以下内容：

（1）合同条款与条件；

（2）安全要求；

（3）价值工程条款；

（4）检验、验收与发票与付款程序；

（5）合同官员代表权限、责任与限制。

确保合同商与政府充分理解其各自角色的最佳方式就是由合同官员召开合同授予后的情况说明会。在该会议上，所有利益相关方（包括合同官员代表）会对合同和目标声明、工作声明或履行工作声明进行讨论。讨论可以帮助合同商和政府相互清楚了解合同要求、条款与条件，识别和解决实际存在或潜在的问题。但是，合同授予后的情况说明会不得用于修改任何协商过程中形成的可最终导致合同授予的最终协议的内容。

合同官员可根据《联邦采办条例》第 42 部分的要求来决定是否召开合同授予后的情况说明会。合同官员会希望召开多功能小组会议，明确每个成员的角色与职责，因为在合同授予之后，上述人员的角色与职责可能会发生细微的改变。在部分情况下，发送给合同商的信函或其他形式的书面沟通文件就可完全取代合同授予后的情况说明会，但上述信函或文件中应提供负责管理合同的政府代表信息以及重要的合同要求。

4.1.2　会议召开

合同授予之后应尽快召开情况说明会，且该会议必须在工作启动之前召开。通常情况下，情况说明会计划召开的日期和时间应首先获得合同商的认可，然后再对其他出席者可接受的日期和时间进行调节。政府出席人员应包含在成功签订合同后享有既得利益的所有人员。

4.1.3　会议主题

所有出席者可通过合同授予后的情况说明会充分了解与合同相关的所有问题，而合同商则可通过会议了解：政府希望获得合同规定的补给品或服务；合同商应负责交付补给品或服务；且政府将投入人力和资源确保自身遵守合同的规定。在情况说明会结束之后，合同官员会制作问题汇总报告，以便存档。上述会议还可用于确保所有人员充分了解所有政府参与人员在合同履行过程中应承担的角色和其所享有的权限。例如，所有人员必须了解，仅合同官员有权修改合同。

最后，合同授予后的情况说明会也是一种讨论正式或非正式合作协议、合同商衡量标准的使用，以及过往合同履行信息的重要性与使用的方式。合同商必须了解，其也是多功能小组的成员之一，且其角色与职责也与小组其他成员相同。

4.2　合同商问责

应建立专门的信息系统，用于跟踪合同商人员的活动以及验证独立合同商人员，并通过名称、地点与合同，对所有相关人员进行跟踪监控。该信息系统还可用于跟踪合同商负责保管的军用设备的使用情况和与其相关的管理责任。合同商负责输入员工数据。数据库会不断演变，并最终纳入安全功能、网络服务以及其他权威数据源。

所有合同商均应持有授权委托书。授权委托书由信息系统生成，并由合适的政府机构合同官员或合同官员代表（由合同官员授权）提供数字签名。应急合同商人员应随身携带和出示授权委托书。官方证明必须随授权委托书一同出示。

4.3 合同修改

在合同授予之后，很多因素都会对其造成影响：有的机构可能减少或增加补给品或服务的数量；合同履行级别可能发生变化；以及各类意外事件的出现。合同修改指的是合同条款的书面变化。仅合同官员有权在其职责范围内代表政府进行合同修改。

4.3.1 合同修改理由

例如，合同可基于以下理由进行修改：

（1）添加或删除资金信息；

（2）校正错误；

（3）行使选择权；

（4）更改交货日期或履约期；

（5）更改合同任何部分的任何条款和条件（包括附录）；

（6）添加或删除合同范围内的补给品或服务；

（7）更改需求或需求地点信息（包含新要求）；

（8）暂停工作或部分终止工作。

4.3.2 合同修改类型

合同修改类型有两种：单边修改和双边修改。

1. 单边修改

在合同官员签字确认之后，即可对合同进行正式的单边修改。单边修改无须合同商签名或许可。有以下情况时可做单边修改：

（1）发布修改后的订单。

（2）实施增量资金活动。

（3）执行合同之前授权的条款或条件（行使选择权、停止工作订单或终止合同）。

（4）做出行政管理方面的变更。行政管理变更均为对合同条款和条件或工作价格无影响的简单变更。例如，修改合同官员或合同官员代表姓名、更新付款办公室信息，或更正资金引用信息。

2. 双边修改

双边合同修改应首先由合同商签字，然后由合同官员签字确认。双边修改可用于双方协商发布修改后的订单而导致的公平调整，以及反映双方基于修改合同条款和条件的目的而签订的其他协议。有以下情况时可做双边修改：

（1）变更合同条款和条件；

（2）协商公平调整；

（3）执行补充协议，该补充协议反映了双方基于修改条款的目的而签订的其他协议的内容；

（4）确定修改后的订单。

4.3.3　合同可选项

合同可选项赋予了政府在初始合同已确定的范围之外超额订购补给品或服务期的权利。通常情况下，合同可选项会建立附加补给品或服务的数量、价格与交货时间表。政府会在以下情况下行使选择权：①确定补给品或服务的数量、数量范围或附加需求超出了基础合同规定的采购范围；②附加需求可能在基础合同的履行期内最终确定和获得资金支持。选择权可通过单边修改行使。只有在以下情况下，才能对合同可选项进行选择：

（1）合同商收到政府行使选择权的意向书之后；

（2）合同官员做出修改之后；

（3）可选项满足合同已确定价格的现有需求时；

（4）资金充足时；

（5）行使选择权是满足政府需求、价格和其他应考虑因素要求的最有利方式时。

在合同可选项方面，合同官员代表的职责应为在合同授予之前，确保各方知晓与可选项选择相关的需求。在行使选择权时，合同官员代表可协助合同官员评估可用的选项、确定持续的需求、确定可选项是否符合政府最佳利益要求，以及对现行定价进行市场研究。

4.3.4 合同变更

变更条款将政府合同与其他合同区别开来。这些条款赋予了合同官员在一般合同范围内进行以下变更的权利：①规格（针对补给品）或规定服务描述（针对服务合同）；②交货地或合同履行地；③运输或包装方式（针对补给品）；或履行时间（针对服务）。从法律层面来看，超出合同范围的变更属于合同官员未授权执行的新采购，因此合同商无依照变更条款行事的义务。

注意：大部分未经授权的承诺或建设性变更意见都来自“依照上级指示行事”的合同官员代表。政府不对其雇员未经授权的行为承担责任。做出未经授权的承诺或建设性变更的合同官员代表可能由于其行为承担经济责任。

4.3.5 建设性变更

无合同变更权限的雇员所做的声明、所采取的行动或不作为均应视为建设性变更。如果上述行为所导致的结果是合同商实施了超出合同范围的工作，则根据合同规定，这些行为对政府具有约束力。建设性变更可以是口头或书面行为，或者是被合同商视为与书面变更指令具有相同效力的（拥有权限的）政府官员不作为。以下情况可能导致建设性变更：

（1）需求文件内容不充分或存在缺陷；

（2）双方未就合同要求达成一致；

（3）在合同履行期间，政府未给予相应的配合（例如：未及时响应申请，或者未出面接受服务）；

（4）规格解释存在缺陷或解释不当，或存在误导信息；

（5）检验过于严格；

（6）未识别政府方面的原因导致的延期；

（7）错误的技术指导；

（8）加快合同履行速度，使其在合同进度表规定的时间之前完成。

合同官员代表可通过以下行为，帮助合同官员解决建设性变更问题：

（1）向合同官员提供所有相关文件；

（2）识别合同出现的实际变更；

（3）在合同商根据变更情况提交了建议书之后，负责准备技术分析/评估报告；

（4）协助合同官员进行协商；

（5）为合同商提供与正确通知和变更处理相关的指导。

4.3.6　技术评估

在收到合同商的修改建议书（包括未经授权的承诺批准函）之后，合同官员代表应根据要求准备与建议书技术部分相关的文件分析报告。该报告可作为合同官员谈判用的支持文件和合同变更事项记录。在实施技术评估时，合同官员代表应考虑以下情况：

（1）确定变更的技术有效性；

（2）确定是否有必要实施提议的解决方案；

（3）考虑满足政府要求的技术指标；

（4）评估成本与交货暗示的含义以及技术指标（影响）；

（5）审核建议的估算依据；

（6）审核劳动力类型、简况与建议金额；

（7）分析其他直接成本（差旅、材料等）；

（8）进行权衡分析，评估技术指标与建议成本。

4.4　竣工验收

4.4.1　验收

验收应由合同官员负责，但合同官员也可将该职责分配给其代表完成。验收可在交货前、交货时或交货后进行。但一般而言，不得在政府合同质量保证措施实施之前验收补给品或服务。在合同商提供的服务或补给品验收之前，合同官员代表必须通过审核或检验确定其可验收性。除了与合同收尾工作相关的行政管理事项之外，合同官员对收到的补给品或提供的服务所做的最终验收即为合同商履约行为的最终意见。除非合同另有规定，否则合同商不对最终验收完成之后的不合格工作承担责任。因此，合同官员代表必须确保根据合同条款和质量要求，对根据合同实施的工作进行评估。如果合同的履行未满足质量要求，则合同官员代表应负责识别缺陷，并告知合同官员。验收的证明文件包括检验后的验收证明、收到的报告表格，或者是商业运输单据、装箱单。

最终验收的例外情况包括：

（1）潜在缺陷；

（2）欺诈；

（3）相当于欺诈的重大错误。

潜在缺陷指的是验收时不易发现的缺陷。政府应负责证明有缺陷的材料和工艺有可能导致产品故障。此外，潜在缺陷还适用于设计和制造合同；在上述合同中，合同商必须在无须政府承担任何费用的情况下更换所设计的产品。

4.4.2 文件验收

通常情况下，合同官员代表都是指定的代表政府完成补给品或服务验收工作的官员。合同官员代表对相关文件（按照规定格式）进行验收。

4.4.3 不符补给品或服务验收

仅合同官员可授权不符补给品或服务的验收。政府可以以下任意一种方式对不符补给品或服务进行处理：

（1）首选和最佳方式应为要求合同商对不符物品或服务进行改进。

（2）仅次于第一点的方式应为接受不符补给品或服务。这种方式仅适用于次要缺陷。请注意，合同官员代表不得接受不符补给品或服务。仅合同官员有权做出此类决策。

虽然合同规定的政府权利不得放弃，也不得基于合同商的利益对合同进行修改，但考虑以下因素，可基于政府的最佳利益选择接受不符补给品或服务：

① 急需补给品或服务，且与合同商的交货期相比，从其他渠道获得补给品或服务的时间更长。

② 从其他渠道获得补给品或服务的可能性。

③ 任何其他相关的事实与情况。

如果想要接受基本满足政府需求，但未达到合同要求的工作，则合同官员代表必须向合同官员提供接受工作的书面建议、工作未满足合同要求的所有事项描述，以及合同商完成合同所需的时间估算。合同官员可通过正式的修改延长合同完成日期，以便于合同商对存在缺陷的工作进行改进。

（3）第三种可能采取的方式为合同官员拒收不符补给品和服务，并终止合同（请注意，合同官员代表无权终止合同）。

4.5　发票与付款

现金流是所有公司正常运营的根本保证，因此合同商需要获得其提供的补给品或服务的报酬，以支付自身经营费用与员工薪酬。此外，及时向合同商支付款项也可激励其继续与政府合作。

注意： 合同官员代表应确保发票及时支付，并根据合同条款审核发票的准确性和一致性。

以下为与发票和付款程序相关的重要术语：

（1）发票。发票指的是与政府接受的补给品或服务相关的账单。

（2）发票支付。发票支付指的是政府针对其接受的补给品或服务支出相应的款项。

（3）立即支付。所有询价与合同必须对付款程序、付款到期日以及发票延迟付款的罚息做出规定。除非合同明确禁止，否则合同商有权获得根据所有适用的合同要求，部分交付的补给品或部分履行的服务款项。提供上述补给品或服务的价格应根据合同条款计算。

在审核付款要求的过程中，合同官员代表应熟悉以下内容：

（1）合同编号/订单编号；

（2）办公地点与联络点；

（3）合同商品品种编号结构（合同商品品种编号用于识别合同规定的单个补给品或单项服务）；

（4）检验/验收；

（5）目标声明、工作声明或履行工作声明；

（6）履约期/交货日期。

4.5.1　有效发票内容

以下为有效发票的最低要求：

（1）完整的合同编号，包括交货单/任务单编号（如适用）；

（2）合同商名称与地址；

（3）发票日期；

（4）发票编号；

（5）所提供的服务/补给品描述；

（6）所提供的服务/补给品数量；

（7）“供应明细表”中规定的分配单位；

（8）合同规定的制造商部件编号（如适用）；

（9）每个商品品种的单价与增加的总额；

（10）发票总额；

（11）装运编号（如适用）；

（12）合同规定包含运输成本（包裹邮递、联合包裹服务等）的“预付与补充”项为单独项目时的邮费与运输费（如适用）；

（13）合同规定的认证，如合格认证、合同管理官员（Administrative Contracting Officer，ACO）确认等。

（14）纳税人识别号；

（15）任何其他合同要求。

错误或无效发票应在七日内寄回。

合同商应以电子方式提交付款申请，但条款中有列出例外情况。如果是应急合同，则应注意以下两种例外情况：

（1）军方（或政府）无法以电子表格的形式接收付款申请或进行确认。

（2）负责管理合同的官员已确认并以书面形式证明，对于合同商来说，采用电子方式提交信息属于不合理的负担。

4.5.2 凭证与发票审核

合同官员应负责根据合同和本地政策/指南中给出的条款和条件，对发票付款过程进行监控。

合同官员代表可核准固定价格合同发票。但对于成本补偿合同、工时与材料合同以及工时合同，合同官员代表仅可审核发票，但不得批准开立发票。仅合同官员有权批准最终付款申请。

注意：合同官员代表必须了解本地财政办公室与发票正确开立相关的程序与要求，并向合同官员咨询其他详细信息。

注意：向合同商付款即暗示工作正在根据合同要求实施。因此，合同官员代表必须确保政府获得其付款后应获得的物品或服务。合同官员代表必须通过月度报告审核、现场考察和监督审核的方式来对合同商的履约过程进行监控，其中至关重要的一点就是合同官员代表必须详细、按时审核所有账单。

注意：如果合同官员代表在合同履行过程中或发票审核过程中发现任何问题，其必须通过合同官员向国防合同审计局予以反映，以便于审计人员在凭证核准过程中对这些问题进行合理考虑。

合同官员代表对凭证或发票的核准即暗示，据合同官员代表所知，工作或物资的性质、类型和质量均与合同项下的工作进度相符。换句话说，合同官员代表应协助合同官员确保履行合同的款项根据合同条款和条件的要求予以支付。

以下列出了部分典型的发票问题：

（1）夸大工时或工时数据不真实；

（2）未经证实的其他直接成本，如无法与具体任务挂钩的不良描述；

（3）未经授权的超时费用；

（4）错误或不实的劳动范畴；

（5）管理人员小时数与工人小时数不成比例；

（6）重复发票或错误发票；

（7）数学错误；

（8）合同/任务单编号错误；

（9）价格错误（建议价格与协商价格）；

（10）合同商品品种编号与合同商品品种次级编号错误；

（11）无针对缺陷发票的联络点；

（12）无日期；

（13）装运信息错误/遗漏；

（14）无汇款地址；

（15）未提供立即付款折扣。

4.6 合同收尾

下面主要介绍合同收尾工作和合同管理注意事项。

4.6.1 合同收尾工作

合同收尾工作主要由合同官员负责，但合同官员代表也应为其提供必要的协助。如果出现争议或诉讼，合同官员代表的协助便不可或缺。合同只有在完成收尾工作之后才能终止。及时完成合同收尾工作包含以下内容：

（1）允许所有受影响的机构集中精力应对当前和未来的要求；
（2）允许免除超额资金支付义务；
（3）识别补充资金需求。

合同官员代表应负责将上述记录归入正式的合同文件，而合同官员则应在其代表的协助下，确保完成以下事项：

（1）提供服务；
（2）交付和验收物品；
（3）付款和收款；
（4）处理财产和保密信息；
（5）解除合同商债务、义务和索赔；
（6）分配合同商退款与贷款；
（7）完成管理工作；
（8）免除超额资金支付义务；
（9）合理记录合同文件。

4.6.2 合同管理注意事项

合同管理注意事项见表 4-1。

表 4-1 合同管理注意事项

合同管理	
应	不应
• 请注意，合同官员代表为本国政府的代理人，其仅具有合同官员指定的权限。 • 获得代表合同商的人员姓名。 • 了解合同商人员的特定权限。与贵方有商业往来的人员是否具有使合同商承担义务的权限？ • 确认所有的政府批准或许可是否及时做出	• 接受未达到合同要求的物品或服务。 • 假定对政府有利，但存在歧义的合同语言解释。请注意：如果合同商的解释合理，则应以其解释为准。 • 除非合同履行情况存在不足或缺陷，否则不应拒绝付款。 • 在未充分检验的情况下接受补给品或服务。 • 对合同要求做出任何变更、修改、删除或补充。合同管理工作应通过合同官员完成。 • 自动考虑所有无理的合同商索赔请求。应确保合同管理公平、公正

第 5 章

合同支付

基于性能的支付是基于特定的、可测的行动的完成情况，或基于合同双方事先规定并评估的完成情况而进行的筹资。所谓筹资，是指政府在接受补给品或服务之前，授权合同商支付的款项。一项合同（或无限期交付合同下的单个订单）可使用按进度支付或基于性能的支付，但不能同时使用。在同一项合同或单个订单中，不允许一个项目使用按进度支付，而另一个项目使用基于性能的支付。但是，可以修改合同或单个订单，将合同筹资方法从按进度支付更改为基于性能的支付，但两种类型不能同时使用。

5.1 基本要素

下面主要从基于性能的支付的概念、局限性、预期优势、确定使用时机方面，介绍基于性能的保障的基本要素。

5.1.1 概念

基于性能的支付是基于特定的、可测的行动的完成情况，或基于合同双方事先规定并评估的完成情况而进行的筹资。

基于性能的支付是：

- 合同筹资的常用方式；
- 出故障时可以完全恢复。

基于性能的支付不是：

- 接收的产品或服务的支付。
- 部分交货的支付。
- 只基于发生成本的支付。
- 奖励协议。

可以根据可量化的结果（如实现可量化的性能，完成规定的行动）来确定基于性能的支付。为便于理解，本节把“行动”作为基于性能的支付的基础。基于性能的支付可以建立在整个合同或项目的基础上。当建立在项目的基础上时，每项基于性能的行动都必须与特定的项目相关联。

5.1.2 局限性

如果基于性能的支付以总合同为基础，那么合同中的基于性能的支付共计不能超过合同价格的 90%；如果以项目为基础，那么支付共计不能超过项目价格的 90%。需要注意的是，90%是能够提供的最高值，而非基于性能的支付筹资的默认值。为了进行基于性能的保障筹资，合同方必须确定并同意采用哪些行动来表明真正的进展情况、如何确定他们的完成情况以及各自将具有哪些筹资价值。这些行动、完成标准和筹资价值必须明确地体现在合同中。因此，基于性能的支付需要一定的预先准备时间和双方的共同努力。同时，由于基于性能的保障需要在支付前对行动的完成情况进行核实，所以，这种支付方式需要在执行合同的过程中进行监管。

5.1.3 预期优势

首次引入基于性能的支付时，有以下潜在优势：

（1）技术与规划焦点优化；

（2）监管费用减少；

（3）合同商参与范围拓宽；

（4）预计合同商的资金流动情况将得到改善。

经证明，一些宣扬的优势是夸大的、无法实现的或者不可衡量的，但是，资金流动情况能够得到改善已被证明是真实的，并且是商议资金双赢协议的绝佳时机。

1. 技术与规划焦点优化

考虑到建立基于性能的支付协议所需的前期工作，以及在合同执行期间完成基于性能的支付行动所需的关注，基于性能的支付将加强对技术和计划实施情况的关注。如果结构合理，基于性能的支付可以增强合同商的动力，迅速有效地完成整个工作。但是，如果基于性能的支付计划由意义较小的事件组成，即完成标准不足或行动评估标准不足的行动，那么，该计划不能反映它们成功执行合同的相对价值，基于性能的支付协议可能会无意中误导合同商。

2. 监管费用减少

由于基于性能的支付行动值是事先确定的，因此，基于性能的支付不需要政府对合同商的会计系统进行监督。由于不对合同商的会计系统进行整体监督，且不局限于特定的合同，因此能产生预期的优势。除非某合同商没有其他需要政府认为充分的会计系统的合同（例如：成本型合同或使用按进度支付的合同），否则基于性能的支付无法减少对会计系统的监督。多数经授权使用基于性能的支付筹资的合同商具有仍然需要对其会计系统监督的合同。由于在执行合同期间，在合同签订前和行动完成情况核实前，完成基于性能的支付都需要付出大量工作，因此，减少监管费用的预期是被夸大了。

3. 合同商参与范围拓宽

预计基于性能的支付筹资的可用性将吸引那些由于缺乏适当会计系统而无法追求政府合同的合同商。国防工业基础似乎没有因基于性能的支付而显著增强，这是可以理解的。现有的只从事非政府工作的公司通常提供商业物品或服务，当考虑与现有防务合同商一起使用基于性能的支付时，这种潜在的优势并不适用。

4. 预计合同商的资金流动情况将得到改善

与按进度支付相比，利用基于性能的支付，可以改善合同商的资金流动情况，这是已经实现的优势。如上所述，基于性能的支付总额可以等于合同价格的 90%，而按进度支付是大商业合同成本的 80%。先前的指南认为这仅对合同商有利，并且从很大程度上来说，目前为止，只有合同商已经获得了这种好处。但是，如果能够合理地构建基于性能的支付，资金流动情况的改善为双方创造了双赢资金协议的可能。正如下文所解释的那样，双赢资金协议主要潜力在于，它应该让双方都渴望使用基于性能的支付。

5. 以较低的交易价格获得良好的资金流动情况

从合同商的角度来说，资金流动情况的改善具有重大意义，因此对于合同商来说，与使用按进度支付的、价格较高的合同相比，具有较少利润的（较低价格的）基于性能支付的合同是一份更好的资金协议。双赢交易机会的关键在于了解资金在衡量政府成本方面的时间价值，并使合同商从改善的资金流动情况中受益。如果双方对资金时间价值有完全一致的看法，那么与改善的资金流动情况相关的双赢就不可能实现。幸好，合同商的资金时间价值远远大于向政府提供的资金时间价值。

如果缺少政府筹资，合同商必须使用自己的资金支付交付前产生的全部合同费用，并且筹集这些资金需要支付费用。政府筹集资金的成本取决于政府借钱的成本。合同商还必须获得所需的资金，以支付政府合同在最终交付和政府付款之前产生的费用。这一资金需求通常称为营运资金。绝大多数政府固定价格合同资金都用于与上市公司签订的合同。虽然这些公司通过借贷（债务）和销售股票（权益）筹集资金，但营运资金需求所需的资金通常是通过短期借款获得的。从贷方的角度来看，企业比政府的风险更大，因此，公司的短期借贷成本大于政府的成本。由于合同商的资金时间价值高于政府的资金时间价值，因此，基于性能的支付提供的加速资金对合同商的经济利益高于对政府的成本，并为谈判双方商议互利且较低的合同价格奠定了基础。

5.1.4　确定使用时机

如果合同签订后 6 个月才能开始交付，那么对于价值超过一定金额（如 1000 万元）以上的合同，大型企业可使用传统的合同筹资。在确定基于性能的支付是否适用于合同时，合同官员应首先考虑与基于性能的支付相关的收益是否超过建立和管理它们所需的时间和精力。因此，通常不对较小的合同使用基于性能的支付，因为管理工作很容易超过任何获得的经济利益。由于基于性能的支付需要双方就协议的所有方面达成协议，因此，如果在选择行动、确定确认其完成情况的措施或方法或确定评估方法方面遇到困难时，就应该引起注意，考虑基于性能的支付是否适用于该合同。很明显，如果无法就这些合同达成一致意见，那么在该合同中不能使用基于性能的支付。以下是在决定基于性能的支付是否适用于特定采办情况时需要考虑的一些事项。

1. 生产合同

使用基于性能的支付的理想情况是，有成熟、稳定的生产程序，其制造、组装和测试过程已经相当完善。在理想情况下，合同商已经完成了一个或多个生产批次，从而很容易识别行动及其时间。初始的生产合同不会让人产生对行动的时机或由这些行动驱动的资金流动需求的相同程度的信心。因此，需要更多的努力来确定行动，建立完成标准和有价值的行动，但是基于性能的支付仍然适用于大多数初始的生产合同。

2. 服务合同

基于性能的支付很少适用于固定价格服务合同。与通常为大量客观行动提供机会的生产合同（例如：接收物资和完成组件组装或制造阶段）不同，服务合同通常较少涉及客观的新阶段。

3. 研制合同

如果认为固定价格合同（固定价格加奖金或厂家定价）适用于研制合同，那么有一系列的行动可以使用基于性能的支付。例如，在工程与制造研制（Engineering and Manufacturing Development，EMD）合同中，主要的活动是完成初步设计评审（Preliminary Design Review，PDR）所证明的设计（如果尚未在技术开发阶段完成）和关键设计评审（Critical Design Review，CDR）。显然，在工程与制造研制过程中，初步设计评审和关键设计评审都是重要的新阶段，但是仍未确定每项成功完成的标准。基于性能的支付行动或新阶段应与完成阶段相关联，而非行动或新阶段的初始阶段。在初步设计评审和关键设计评审中，审查过程中产生的每个行动项目的决议对审查的最终成功至关重要。因此，不应将初步设计评估或关键设计评估的启动用作行动标准。然而，从合同商的角度来看，行动决议并非总是一个简单的客观核实过程，而且通常需要政府人员对其进行进一步的审查和协调，这使得成功完成行动的时间更加难以预测。在初步设计评审之前，最常见的行动与提交多种计划有关，这些计划也可能是合同上关键设计评审的交付。这些行动对资金流动需求的重要性、时间和关系并不容易评估。如前所述，将现金支付与具体行动联系起来，将使合同商的焦点集中于最早完成这些事件。因此，特别是在研制合同中，必须注意确定行动和相关的完成标准，合同商不会以牺牲质量来尽早获得筹资支付。在开发合同中使用基于性能的支付的另一个复杂因素是难以确定开支概况的可靠性，因为在同一项工作中不会有先前合同的支出历史。

4. 未确定的合同行动

尽管未禁止未确定的合同行动阶段使用基于性能的支付，但建议对未确定的合同行动按进度支付，而在确定价格的阶段可以考虑使用基于性能的支付。导致双方推迟定价的相同的因素会影响在未确定的合同期间建立基于性能的支付的能力。此外，在签订合同的前几个月通常不会出现有意义或客观可衡量的基于性能的支付行动。在未确定的合同行动阶段进行按进度支付将在这个阶段为合同商提供充分的合同筹资，并允许双方有时间在确定合同行动之前适当确定基于性能的支付协议。

5. 竞争性招标

尽管未禁止在竞争性招标阶段使用基于性能的支付，但这可能需要政府和每个利益方进行详细讨论，以便就基于性能的支付行动、完成标准和评估达成一致。因此，建议征求意见书中的“建议定价”和“合同授予”以传统的按进度支付筹资为基础，但如果合同官员认定其实际可行，那么政府愿意与利益方修订合同，使用基于性能的支付，合同商也同意使用基于性能的支付。

5.2 基于性能的支付规划

不能仅因为选择一项《联邦采办条例》条款，就把基于性能的支付列入合同中。基于性能的支付的成功执行，需要双方预先投入大量的时间和精力。基于性能的支付协议，与所有影响价格的因素类似，直到协商完成才能最终确定下来，但是双方不应等到商议开始后才着手启动基于性能的支付程序，那样，就会延迟协商的完成时间，到时，基于性能的支付将变得不实用。如果合同商计划使用基于性能的支付，那么需要在提交提案前尽快通知政府，从而开始初步讨论，政府也能声明其需要合同商提供的信息。通常，合同商提交完整的基于性能的支付协议，并提议行动和时间、行动完成标准和行动价值，以此作为讨论的起点。建议征求建议书指导合同商提供拟议的基于性能的支付协议，并作为费用提案的一部分。虽然合同商提出了基于性能的支付的协议，但是，双方也必须了解需要采取的步骤以及将参与基于性能的支付过程的人员和组织。

5.2.1　基于性能的支付步骤

基于性能的支付步骤，主要包括：

（1）确定基于性能的支付行动；

（2）为每项基于性能的支付行动建立完成标准；

（3）获取并评估合同商的支出概况；

（4）通过特殊的条款将基于性能的支付协议纳入合同。

下面将详细论述每个步骤。为了帮助政府评估基于性能的支付，在基于性能的支付中，合同商和政府人员各自需要如下人员参与：

（1）合同商人员。合同商需要合同人员、项目管理人员、技术人员与资金人员的参与。

（2）政府人员。与合同商类似，政府也需要合同人员、项目管理人员、技术人员与合同定价人员的参与。

5.2.2　确定基于性能的支付行动

较大的合同可能需要综合的总计划（Integrated Master Plan，IMP）和综合的总进度表（Integrated Master Schedule，IMS）。综合的总计划是基于项目的计划，可以成为潜在的基于性能的支付行动的首要来源。综合的总进度表为每个综合的总计划项目需要完成的任务提供更详细的基于日程表的时间表。综合的总进度表将确定所选基于性能的支付行动的预期时间。综合的总进度表比综合的总计划更详细，也是潜在的基于性能的支付行动的来源。虽然综合的总进度表在执行期间不断更新，但综合的总进度表仍然是行动时间的最佳依据。在计划的早期阶段，综合的总计划和综合的总进度表非常重要。随着项目全面投产，确定了正式的综合的总计划和综合的总进度表，但它们可能不会像制造过程和物资需求一样重要。即使合同不需要正式的综合的总计划或综合的总进度表，合同商也必须制订需要完成的任务和执行这些任务的最佳顺序。

几乎每一个重要的项目（无论是生产一个物品、提供一项服务还是进行研究）都有一个计划，确定必需的步骤，从而顺利完成全部工作。因此，可用于基于性能的支付目的的最初候选行动集合不应要求创建程序计划的文档中未列出的步骤。在特殊情况下，可能需要确定一些独特的基于性能的支付行动，但这应该是罕见的情况，因为每个基于性能的支付行动必须代表合同规定的工作。选择付款行动需要双方认真讨论。虽然用于基于性能的支付的所有行动都不必位于整个项目的计划的“关键路径”上，但每项行动都应成为代表执行与之相关的合同或项目所要求的工作的有意义的重要步骤。基于性能的支付行动有两种：可分割的行动（如独立的行动）、累积的行动（如非独立的行动）：

- 可分割的行动不要求完成其他的行动；
- 累积的行动要求事先或同时完成其他事件才能成功完成。

一套典型的基于性能的支付行动通常包含这两种类型，如生产原型专用测试设备（Special Test Equipment，STE）。完成专用测试设备的初始设计不依赖于其他行动，符合独立行动的条件。但是，原型的最终测试将是一项累积行动，因为它必须遵循设备的生产顺序。合同中基于性能的支付进度表应确定每项行动属于可分割行动或累积行动。对于累积行动，支付进度表还应确定在成功完成每个累积行动之前必须完成哪些项目或满足哪些条件。

在确定行动频率和估值时，合同商的预期资金流动需求应该是决定性因素。基于性能的支付分析工具的另一个优势是能够评估纳入或排除任何行动的财务影响。行动数量越多，双方所需的管理工作就越多。在任何情况下，双方都不应选择无意义的工作或行动的基于性能的支付行动，不应仅为了提供每月资金流动机会而建立基于性能的支付行动。在有效的基于性能的支付行动较少且行动之间的时间较长的情况下，不建议使用基于性能的支付。签订合同（包括发布采购订单）或修改合同、行使选择权、时间推移或其他此类事件（如启动会议、后续会议、进入项目等），也不应被视为基于性能的支付的行动或标准。此外，不能在接收物品付款时进行基于性能的支付，对于分包合同交货，可能产生主要的基于性能的支付。

合同包含足够的基于性能的支付行动并不少见，但在合同的前几个月很少或不使用基于性能的支付。如果前几个月没有取得重大成就，合同商的支出也往往相对较低。如果需要向合同商提供流动资金，只要行动的价值与其程序重要性相符，就可以采取重要性较低的行动。例如，生产合同中的早期工作通常与供应商的物资和部件订购有关。尽管部件的订购并不像接收或装配部件那样完全展现出进步情况，但如果在该时间段内没有其他有意义的行动，那么它可以用作早期的基于性能的支付行动。这一前提是，由合同商的支出情况的评估以及基于性能的支持分析工具验证确定，当时确实存在真实的资金流动需求。

5.2.3 建立行动完成标准

一旦选择了候选的行动，就必须尽可能清楚准确地对其定义，包括指定的完成日期，以便客观地确定它们的完成情况。理想情况下，这些行动的定义以及用于确定其完成情况的衡量指标或其他指标应该确保对于是否需要制定基于性能的支付的问题，不存在任何争论或不确定性。所有完成标准都应该在支付前指定政府核查。

无论是行动定义还是完成情况如何确定或衡量，都需要着重强调客观性和清晰度。需要记住的是，为了使用基于性能的支付，合同官员必须确定基于性能的支付实用，并且合同商必须同意使用。因此，双方必须达成明确的定义，就使用的衡量指标达成一致意见，并对如何获得合格的支付达成一致。

一般来说，将基于性能的支付行动定义为诸如“开始测试”之类的工作的开始并不可取。行动可以提前启动，如果由于产生问题而停止时，在问题解决后重新启动。有效的“行动进入”必须有明确的“进入标准”，要求成功完成开始行动过程所必需的其他行动或任务。如果此类行动涉及完成另一个或另外几个基于性能的支付行动，则必须将其认定为累积行动。但是，除了先前基于性能的支付行动之外，在开始“行动进入”之前需要成功执行的任何其他任务必须符合能够进行支付的进入标准。合同管理机关尤其能够对合同商已建立的工作方法和质量流程提供独特见解。

1. 什么是“完成”，完成情况是否具有灵活性？

成功完成基于性能的支付行动包括在规定的完成日期内，合同商达成行动既定目标并得到政府核实。在生产上述示例中讲到的原型专用测试设备时，将初始测试的完成标准定义为：在将设备交付给政府之前，合同商相关的管理层批准初始设计的阶段。如果相关的政府官员同意初始设计完成，那么可以付款。但是，在最终测试过程中，在合同商生产出设备前，并且政府已经核实生产和最终测试已完成前，不允许付款。另外，当一个行动成功完成时，在预定的完成日期进行付款。如果行动未能在预定的日期内完成，则付款会相应延迟；相反，如果行动完成时间早于预期，则提前付款。

在某些情况下，虽然“良好”的基于性能的支付行动可以清楚地识别出来并被充分定义，但是对于完成情况，可以有不同。例如，在飞机生产合同中，其中一个基于性能的支付行动可能是飞机尾部的完成。如果尾部已经完成并进行相应的检查，但是表面的某处丢失了少量的低成本的铆钉，可能会出现一个问题，即该行动是否已成功完成。尾部是否已“完成”而能够得到付款？答案并不绝对。如果尾部可以移动到最终装配区域，从而可以与机身配合，并且可以安装铆钉而不会影响其他正在进行的装配工作，那么可以合理地得出结论，为了授权支付尾部完成的行动，事件“基本上”完成。特别是在早期的生产环境中，有些小规模的工作不按顺序或在“站外”完成，这种情况并不少见，但由于可能会对效率产生不良影响并有延长交付进度的风险，应始终以减少此类工作为目标。在未完成的工作确实很小并且在不干扰或影响其他工作效率的情况下，不应拒绝付款。

需要注意的是，不能对行动进行如此广泛的界定，以免无法要求合同商及时提供工作。例如，当 90%的工作完成时，将行动定义为完成，可能会产生问题。事实上，5%的未完成工作可能并非微不足道。有时最后 5%的工作可能需要相当多的时间来完成，特别是当其必须按顺序完成时。由于筹资需求和行动价值取决于行动计划进行的时间，因此如何预测 90%的行动将会完成？某项目或主进度表确定行动完成日期，而不是完成 90%或 95%的工作的日期。

2. 注意意外的后果

尽管基于性能的支付并非奖励性支付，但是与向合同商大量支付现金相关的任何行动对于合同商来说都非常重要。在私营部门，“现金为王”一词经常用来描述资金流动的重要性。在理想情况下，基于性能的支付应该强化合同商的动力，以高效、及时的方式进行工作，以获得筹资支付。但是，不完整的完成标准不仅可能使潜在的良好的基于性能的支付行动变得毫无意义，而且可能会产生工作效率低下这样的意外后果。

上述机尾部案例显然是一个重要的行动，在一个主要的生产程序中，其可能价值上千美元。如果不科学地确定支付条件，可能趋向于简单地将“尾部到达最终装配区域”定义为尾部成功完成。但是，除非确定了何时能够将尾部恰当地转移到最终装配区的标准，否则，合同商为了尽快收到付款可能会促使尾部过早地移动，从而使得重要的“离站”尾部工作需要在最终装配区域进行。建立基于性能的支付完成标准不仅需要对基本的生产过程有真正的了解，还要具备能够影响合同商行为的资金激励因素。

需要注意的是，基于性能的支付是一种合同筹资的方式，将付款与完成的进度相连。批准或允许为行动付款不代表政府接受了最终行动。最后，应该事先与负责管理基于性能的支付进度表的人员（如合同管理军官）取得联系，以审查完成标准，以保证管理方面不存在任何问题。

5.2.4 支出概况的重要性

由于基于性能的支付的目的是协助支付合同费用，而且每项行动的基于性能的支付金额在前期确定，因此，合同商按月提供预计要产生的合同费用支出概况变得尤为重要。

1. 支出概况

开支概况代表合约期内的预期筹资需求。合同商应准备解释和保障每月支出。政府必须评估支出概况的合理性。支出概况与责任终止进度表或档案不同。在行动的早期，责任终止的重要性始终大于支出，因为它反映了合同商在任何时间点终止合同时应负责的未来成本。合同商需要筹资来支付支出，而非责任终止。历史已经证明，很难极其精确地预计月度支出，除非同一行动的先前的合同已发生过类似情况。在使用按进度支付时，这种精确度的缺失是无关紧要的，因为它们是基于每月发生的实际成本而不是每月预测的成本。但是，在使用基于性能的支付时，支出概况的准确性会严重影响整个基于性能的支付协议的合理性。

2. 评估支出概况

当合同用于生产并且合同商根据以前的合同生产了同样的物品时，合同商应该能够通过提供每个先前合同的实际成本，来证明拟议的支出概况的合理性。具有确定的时间节点（从订货到交货的时间）和稳定的生产流程的项目，从一个批次到下一个批次应显示出相当一致的支出概况（例如：前 6 个月合约成本的 10%，12 个月约 25%等）。政府有权获得先前合同的实际成本，并将此作为待定合同的成本或定价数据。获得这些先前的合同的实际成本后，合同官员也可以确定待定合同的支出概况的合理性。

如果没有相同或类似行动的先前的合同，那么开支概况的可靠性就难以确定。首先检查合理性违反合同商的成本提案。大多数成本提案将按合同商的财政年度（通常是日历年）分摊成本。对于所有需要经认证的成本和价格数据的成本提案，提议的支出概况中的每月支出应该与合同商的年度建议成本一致。如果支出概况与年度提案一致，那么下一步就是评估每年的预计月度价值。在一年内出现不寻常的峰值或前期支出时应引起注意。

如前所述，如果没有基于先前相关合同的实际成本的支出概况，那么即使高度相信总成本的合理性，双方也很难准确地预测每月的支出。历史表明，即使支出概况与年度成本提案保持一致并且月度价格看起来合理，且即使工作如期完成，但是月度和年度实际成本很有可能与支出概况显著不同。按照支出概况，如果实际支出的时间晚于预测时间，那么合同商可以在行动早期收到远远超过其成本的支付款项。

为了衡量合同商预测实际支出时间的平均能力，可以要求合同商提供使用基于性能的支付的先前合同的实际月度支出和预测月度支出。在没有先前的基于性能的支付合同的情况下，可以要求合同商按其他类似的固定价格合同的年度提议成本与实际成本。从政府的角度来看，如果数据显示实际支出始终比预测或提议的要晚，那么有理由怀疑目前的支出概况也是支付时间较早。如果政府与合同商对支出概况具有明显不同的观点，那么基于性能的支付筹资不适用。

5.2.5 建立基于性能的支付行动价值

在双方已经就将用于引起筹资支付的行动达成一致之后，并就如何衡量或确定其完成情况达成一致后，下一个关键步骤是为行动本身制定价格或百分比值。所有合同筹资的根本目的是协助合同商支付履行合同时产生的费用。很明显，合同商在任何时候都不会有超过其实际成本的“需求”。

合同官员必须确保基于性能的支付“不会导致合同中合同商投资的水平过低或过于负面”。显然，基于性能的支付无意让政府为合同产生的所有合同费用提供资金。禁止“负面级别”的合同商投资，意味着基于性能的支付在结构上与预付款不同。

应确保无论是何项目，在合同执行的任一阶段，累积的基于性能的支付不会超过合同或交付项目的累积的费用。尽管这种条款能够确保基于性能的支付不会产生负面的合同商投资，但是并不意味着政府无须评估支出概况的合理性，而是为政府解决支出概况问题时提供了更高的灵活性。

对基于性能的支付行动估值的出发点应是，对已评估的月度基于性能的支付行动的进度表的支出概况进行对比。

虽然支出概况本无须商定，成本限制条款确实提高了灵活性，但重大的分歧可能导致无法就行动价值达成一致。例如，如果政府认为支出概况是较早地支付，那么政府希望为早期基于性能的支付行动支付少量金额，而为合同商的提案支付较多。如果合同商认为该支出概况是正确的，那么会认为早期的基于性能的支付行动的金额显著减少是不恰当的。

1. 基于性能的支付行动的“价值”

除筹资需求之外，金额必须与性能行动或性能标准的价值相称，应该假定该金额可以小于但不能高于在此期间产生的预期成本，但是，行动的价值并不限于执行该特定项目或任务的成本。了解到这一点极为重要，因此，为了使合同商得到全部预期成本，有必要为合同中的每项离散任务建立一个基于性能的支付行动。

基于性能的支付行动被确定为具有代表性的新阶段，反映了完成该特定新阶段以及该时间段内所有的活动所需的全部工作量。

2. 可分割的行动

一旦完成可分割的行动，就可以支付，而且这些行动何时进行以及行动的预期顺序都存在重大差异。由于分配给每个项目的金额超过了执行特定行动的成本，并且金额以预期产生的时间为基础，因此在没有成本限制条款的情况下，行动的早期执行可能会导致较早地付款。通常合同商提前完成所有任务并交付最终产品或服务符合政府的最佳利益，但是基于性能的支付不应被用作超出合同要求的激励因素。此外，提前完成可分割的行动可能不会对交付日期产生有利影响。例如，根据生产过程后期对部件的需求，可能会在合同的第三个月为“订购部件”建立一个基于性能的支付行动。尽早订购部件可能不会加速生产过程。此外，如果根据预计在第三个月产生的支出对行动进行估价，那么早期执行的项目可能只会导致向合同商支付尚未执行的其他活动的费用。如果着重关注特别的可分割的行动的时间，合同的基于性能的支付进度表最好确定这些行动“不早于”付款日期。

5.2.6　基于性能的支付合同——特殊条款

一旦双方同意了基于性能的支付行动，那么行动完成标准和行动价值的信息需要以特殊条款的形式登记在合同中。特殊条款必须包含基于性能的支付进度表。进度表通常为表格的形式，包含如下方面：

（1）行动编码；

（2）行动名称或行动描述；

（3）行动价值；

（4）累积的或可分割的行动；

（5）先前的行动编码（累积的行动）；

（6）项目（如果基于性能的支付以项目为基础）；

（7）资金类型；

（8）行动完成标准。

基于性能的支付进度表通常也包括每个行动预期的完成时间。使用行动编码，尤其是在累积行动的情况下，能够更方便地指代该行动。所有行动的价值必须以金额或总合同价格的百分比（如果以总合同为基础）或作为项目价格的百分比（如果以项目为基础）列出。所有价值必须以金额表示，或者所有数值必须以百分比表示。

如果基于性能的支付是以项目为基础建立的，则必须标识与行动相关的项目。当涉及多个资金引入时，必须列明资金来源行动完成标准是多样的，并且可能不适合列入表格式的进度表中，因此可在条款中单独列出，或者作为条款引用的附件列出。标准必须直接标识出来，或通过参考合同中的附件标识出来。

5.3 处理基于性能的支付

合同官员必须根据合同确定要求付款的行动或性能标准是否已成功完成。除非指定的行动或性能标准已按照合同成功完成，否则合同官员不得批准基于性能的支付。由于基于性能的支付是一种合同筹资方式，因此应尽一切努力尽快处理付款申请。合同商的基于性能的支付申请可能的提交频率不会多于每月一次。但是，这并不意味着每月的申请不能包括多个行动的付款。支付申请必须明确指出每月提交的某个或多个项目，并且必须参考适用的合同条款，以便明确要支付的金额。审查提交至审查/批准办公室的支付申请，予以拒绝并退还给合同商，或批准并转交给军方或政府相关部门。

5.3.1 清算

基于性能的支付是筹资支付，而不是交货支付。政府通过扣除因合同商交付已完成的合同上的项目而应付的款项来清偿基于性能的支付。如果因违约而终止，任何未清算的基于性能的支付必须退还给政府。合同官员必须指定适用于在合同期内交付的清算费率或金额，并将该信息纳入合同中。

5.3.2 财产所有权

正如传统的按进度支付一样，当使用基于性能的支付时，政府将对所有根据合同采购或生产的财产拥有所有权。这样做的目的是在部分或全部交付合同所要求的货物或服务之前，保障政府付款的资金利益。当合同已经完成并且所有的交付都已完成且被接受时，未交付给政府的所有财产的所有权归还给合同商。

第 6 章

常见问题解答和错误理解与认识

6.1 常见问题解答

6.1.1 基于性能的保障相关问题解答

问题：基于性能的保障的含义是什么？

回答：基于性能的保障就是一种基于成果的保障策略。该策略可在降低使用与保障成本的同时，交付满足作战人员需求的完整、可负担的产品保障解决方案。涉及行业时，产品保障成果应通过基于性能的协议获得。该协议可满足作战人员需求，并激励产品保障供应商通过创新降低成本。

问题：哪些属性表明设备是基于性能的协议的合适选择？

回答：在进入库存之后需要维护、修理和大修的每个系统、子系统和组件都应接受评估，以确定基于性能的保障是否合理。很多但并非所有系统、子系统和组件都是很好的基于性能的保障备选项。

表明基于性能的保障合适的属性包括：

（1）单个设备的年度持续保障预算超过一定金额（如 200 万元）；

（2）一系列设备（如雷达、前视红外雷达）的年度持续保障预算超过一定金额（如 200 万元）；

（3）设备性能未满足作战人员需求；

（4）设备已达到潜在的持续保障供应商可合理估计故障可能性的成熟度等级。

表明设备不适合基于性能的保障协议的属性包括：

（1）在故障率完全无法预测的情况下，高度复杂或新技术设备进入库存；

（2）在部署基于性能的保障合同之后的 2～3 年内设备退出库存。

问题：如果本人并非项目保障人员或者不在项目管理组织内，为什么本人需要参与基于性能的保障过程？

回答：基于性能的保障协议的执行需要拥有丰富知识储备（包括合同、法律、财务、装备保障和项目管理知识）的跨职能小组参与。如果没有上述小组成员的参与，协议可能会出现结构不合理、延误或最终无法执行的问题。

问题：制定基于性能的保障产品的保障管理集成产品小组章程的目的是什么？

回答：制定基于性能的保障章程的目的是识别预期的成果、确定基于性能的保障方案的利益相关方和参与人员的角色和职责。

问题：为什么商业案例分析需要大量的原始数据？

回答：为确保给出与当前持续保障策略的挑战、机会和预算相关的全面、公正的见解，获得格式可满足有效分析要求的广泛数据就显得尤为重要。

问题：何时适合将原始设备制造商引入基于性能的保障方案？

回答：将原始设备制造商引入基于性能的保障方案的时机应视具体情况而定。在尝试评估加入原始设备制造商的合适时间时，必须考虑供应商所需的各类输入信息，以及需要审核上述信息的特定阶段。此外，根据采办环境（竞争性环境和唯一来源环境），也会存在对各当事方允许讨论范围和内容的限制条件。例如，在试图评估原始设备制造商将特定维护数据特许给某个第三方的行动方案时，有必要尽早从原始设备制造商处获得反馈意见，以确定数据是否可用或者是否需要获得许可。无论如何，对成功实施策略来说很重要的一点就是建立与所有相关方进行合作沟通的流程。

6.1.2　商业案例分析相关问题解答

问题：什么是产品保障商业案例分析？

回答：商业案例分析是评估各类产品保障替代方案效益、成本和风险的过程。商业案例分析应记录每个替代方案满足作战人员需求的方式、交付成本和潜在风险。商业案例分析的结果可帮助项目经理确定特定的产品保障解决方案，以及在合适的情况下，提供可支持基于性能的保障协议的数据（工作范围、性能目标、指标、角色与职责）。术语商业案例分析未对特定的分析水平做出强制要求。

问题：为什么商业案例分析如此重要？

回答：因为商业案例分析可以帮助项目经理/产品保障经理制定和分析有成本效益的产品保障策略。产品保障经理必须开展合适的成本分析，验证产品保障策略，其中包括规定的成本效益分析。此外，产品保障经理还应在每次变更产品保障策略之前或每隔五年（以先到的时间为准）对产品保障策略商业案例分析进行重新验证。

问题：在一般情况下，产品保障商业案例分析需要多长时间准备或完成？

回答：相对简单的低价值组件分析可能需要数天或数个星期，子系统商业案例分析需要六个月或更长的时间，而最复杂的平台级商业案例分析则需要 18 个月或更长的时间。进行商业案例分析所需的时间取决于接受评估的替代方案的复杂性。商业案例分析可为项目经理和产品保障经理提供评估和选择保障替代方案所需的信息。商业案例分析不得超过决策确定的工作范围或成本要求。每个替代方案的成本、效益和风险都应进行清楚的对比，以帮助项目经理选择可以最低的使用和保障成本满足作战人员需求的替代方案。

问题：商业案例分析的负责人是谁？

回答：产品保障经理应负责完成产品保障商业案例分析，但是，持续保障司令部也可针对其管理的商品或其提供的服务开展商业案例分析。任何希望决策过程有条不紊地执行的个人都应将商业案例分析纳入其工具包。

问题：项目经理/产品保障经理如何确定与基于性能的保障协议相关的成本节约（避免）部分？

回答：项目经理/产品保障经理通过商业案例分析记录与工作范围和推荐的基于性能的保障协议客观陈述/执行工作说明中确定的履约期相关的成本。然后，将上述估算成本与使用成果相同的当前产品保障解决方案成果进行对比，得出公平、合理的持续保障选项预期成本值。

最后，政府的合同成本决定了其是节约了成本还是避免了成本的产生。

成本应在合同级别进行评估。替代方案不得与需求降低导致的附加费用处罚共同评估。不确定的合同行动（Undefinitized Contract Action，UCA）不得用于评估基于性能的保障协议的节约部分，因为合同条款、规格或价格在行动开始执行之前未获得认可。

6.1.3　合同订立策略与奖励措施相关问题解答

问题：结构合理、可执行的基于性能的保障协议的构成是什么？

回答：成功的基于性能的保障协议具有以下属性：

（1）可确保获得产品保障成果的客观、可评估的工作描述；

（2）合适的合同期限、条款和可促进规定成果交付的定价策略；

（3）与预期作战人员成果和成本降低目标相关的可管理的指标数量（通常为 3～5 个）；

（4）获得规定成果的奖励措施和成本降低方案；

（5）政府与商业产品保障集成商和供应商之间分担风险、共享报酬；

（6）产品保障经理的主动管理，以及产品保障经理、产品保障集成商与产品保障供应商之间频繁、透明的互动。

问题：什么是管理基于性能的保障协议的最佳实践？

回答：对性能的跟踪是基于性能的保障协议管理的关键步骤，基于性能的保障不可能是一项“发射后就置之不理”的工作。质量保证监督计划、定期审核与性能监控以及利益相关方之间的紧密合作，都有助于获得良好的基于性能的保障成果。项目经理/产品保障经理必须与其行业对手建立信任关系，并维持公开、坦诚的沟通渠道。

问题：哪些实践和程序会对成功的基于性能的保障的实施带来不利影响？

回答：对基于性能的保障协议的不利影响来自：

（1）指标过多；不属于产品保障集成商或产品保障供应商职责范围，但会耗费其资源进行跟踪的“信息性质的”指标；相互矛盾的指标。

（2）事无巨细地对产品保障集成商和产品保障供应商进行管理，以至于最终影响其执行能力（例如，由于政府的差旅计划受到限制而否决必需的产品保障集成商/产品保障供应商差旅安排）。

（3）人员过剩，批准过程烦琐（例如，人员层级过多、同行评审和批准不适用于非基于性能的保障协议）。

（4）将基于性能的保障协议视为无须产品保障经理主动管理的“发射后就置之不理的”协议。

（5）成本回收率的应用。

问题：基于性能的保障的最佳合同类型是什么？

回答：固定总价合同的各类变体都属于首选的类型，因为其为产品保障集成商和产品保障供应商产品和过程的改进及成本的降低提供了最多的奖励。在难以确定供应商交付成本或风险时，带有最高限价和分红性质的固定总价加奖励费用合同就是合适的选择。但是，基于性能的保障协议也可使用成本加奖励费用合同并成功执行，特别是在风险无法合理量化或向产品保障集成商或产品保障供应商转移风险的成本超出政府可接受范围的情况下。有效的基于性能的保障协议的关键在于无论是否存在担保的成本补偿，使用奖励措施激励产品保障供应商/产品保障集成商实施预期行为及获得预期成果。

问题：合适的基于性能的保障协议期限是多长时间？

回答：基于性能的保障协议期限必须确保供应商可收回在改进产品或简化满足政府需求过程方面的投入。

（1）复杂子系统原始设备制造商（如发动机原始设备制造商）希望获得五年到七年期合同。该履约期可确保其有充足的时间识别影响可靠性或改进过程的问题、设计补给措施、部署经过改进的子系统、实施改进程序和收回投资。

（2）在系统改进方面，投资需求不高的简单子系统和组件时可使用期限较短的协议。

但是，没有任何原始设备制造商会做出在履约期内无法收回成本的投资。一年期或两年期合同无法激励产品保障供应商在可降低成本的性能改进方面投入资金。

问题：多年期合同和多个年度合同的区别是什么？

回答：下文给出了每种合同类型的主要特性。

- 多年期合同：

（1）在无须执行可选项的情况下有超过一年购买的需求；

（2）如果合同中止，超过一年的投资可以收回。

- 多个年度合同：

（1）合同针对多个年度；

（2）只有第一年“受保障”；

（3）如果合同中止，投资无法收回。

问题：对建制性质的基于性能的保障产品，保障供应商的激励措施是什么？

回答：激励产品保障供应商组织提高能力，确保具有稳定的工作量或增加工作量；激励工作人员避免其设施被基地关闭与重组委员会关闭。与商业性质的企业共同建立公私合伙企业，确保建制性质的产品保障供应商指标与项目指标保持一致，从而改进各项流程，提高建制设施的能力。上述经过改进的流程和能力可能会导致建制设施的工作量增加。之后，产品保障供应商应继续提高生产能力，满足项目指标要求，并获得更多的工作机会。与其商业竞争对手相比，公共领域的产品保障供应商在获得奖励时会面临不同的挑战和限制条件。法律规定，商业性质的产品保障集成商无须对政府产品保障供应商所提供的额外性能给予奖励。所有提供给建制产品保障供应商的奖金或奖励都必须来自司令部授权的基金（通常金额有限）。

问题：哪些奖励措施可以称之为合适的基于性能的保障奖励措施？

回答：基于性能的保障项目最佳实践会使用可促进对客户和供应商均有利的行为实施。奖励措施应考虑协议的范围、系统的复杂性和使用的环境。实际应用中不存在通用的合同和奖励模板，但是，基于性能的协议可充分利用各类奖励措施，如奖励费用和授予期限。

问题：在选择性能奖励措施时应考虑哪些因素？

回答：选择性能奖励措施时的考虑因素包括：

（1）确保奖励措施的依据是性能目标或标准，且奖励真实、可评估和可获得；

（2）奖励与工作和合同价值相匹配；

（3）在提供任务完成值的同时，根据最大的总体影响制定奖励措施，避免出现意外；

（4）谨慎提出要求，因为这些需求很可能无法满足（无法负担或并非必需）。

问题：如何处理基于性能的保障协议的节约部分？

回答：组件层级可将节约的部分用于满足最紧急的资金需求，或者将该资金投入相同的项目，以加速采办过程的完成，或是资助成本降低方案，或满足关键资金需求。

6.1.4　资金策略

问题：经常听到“金钱颜色”的说法，该术语的含义是什么？

回答：“金钱颜色”是美国基于性能保障中常用的一个术语，指的是不同类型的拨款。下文给出了其主要类别、整体范围和法律规定的时间期限。

- **研究、研发、测试与评估拨款**——涵盖了研究、研发、测试与评估活动和相应的开支。政策允许增加资金，资金的有效期为两年。
- **采购拨款**——针对每个部件所需的金额超过 250,000 美元或与其相当的成品、所有中央管理物品、初始备件和与特定生产工作（如产品组装、质量保障）相关的劳动力采购。政策要求全额资助，资金有效期为三年。
- **使用与维护拨款**——针对金额低于 750,000 美元的补充备件、燃料、文职人员工资、建设项目，以及单位成本低于 100,000 美元的差旅安排、非中央管理成品。政策要求按年支付，资金有效期为一年。

- **军事人员（Military Personnel，MILPER）拨款**——针对军事人员的开支。政策要求按年支付，资金有效期为一年。
- **军事建设（Military Construction，MILCON）拨款**——涵盖了金额大于 750,000 美元或与其相当的建设项目。政策要求全额资助，资金有效期为五年。

拨款类型中还包含周转基金（Working Capital Fund，WCF），这是一种无期限、可循环的基金，可保障合同使用多年履约期。这类合同无须国会的多年期合同授权，这就大大简化了合同执行过程。资金按每年递增的方式用于长期合同，这就减少了必须在规定时间内支付的金额。

问题：如何通过拨款和周转基金来影响基于性能的保障合同的执行？

回答：各军种通过周转基金或直接拨款的方式来资助基于性能的保障合同。周转基金适合于基于性能的保障供应、基地级维修和运输活动。由周转基金提供资助的基于性能的保障协议可促成长期合同的授予，并充分利用现有的供应链程序。同样地，对于通过供应与财务系统相互影响的作战人员来说，由周转基金资助的基于性能的协议清楚易懂。

对于完全在现有的军种供应链和正常的需求生成过程之外使用，或者是涵盖了超出供应、维护和运输活动范围的完整系统的基于性能的保障合同来说，直接拨款是最合适的资金来源。拨款类型取决于寿命周期阶段活动（一般来说指的是研发阶段的采购和研究、研发、测试与评估和持续保障阶段的使用与维护）。

6.1.5 指标相关问题解答

问题：性能评估标准的关键考虑因素是什么？

回答：作战人员要求的性能成果必须转化为协议的性能指标。这些指标必须适合指定的责任等级，符合分配给产品保障集成商或产品保障供应商的成果要求（使用可评估的单位和时间框架）。最高级性能成果和协议所含的指标之间的区别如下所示。

（1）**性能成果：**要求（一般由客户做出规定）；

（2）**性能评估标准：**一般为数学方程式；

（3）**性能指标：**带有单位和条件的评估标准。

问题：什么样的指标可称为良好性能指标？

回答：良好性能指标应具有以下特点：

（1）为可实现和改进性能的关键指标；

（2）与系统级目标相关；

（3）与范围和责任相适应；

（4）可反映合同商控制的过程；

（5）专用于某个计量单位；

（6）专用于某个可接受的范围或阈值；

（7）能激励预期的长期行为的实施；

（8）易于理解和接受；

（9）易于搜集数据和验证；

（10）可轻松评估；

（11）可提供及时的反馈。

问题：合适的性能指标计量单位有哪些？

回答：每个项目必须针对特定的系统需求确定合适的指标。一般来说，项目都会使用以下一个或多个指标：

（1）**时间：**交付时间、进度依从性、每个飞行小时的成本；

（2）**准确率：**大部分为百分比；

（3）**错误率：**性能标准允许的错误数量百分比；

（4）**里程碑：**预定日期之前完成的百分比；

（5）**成本：**每小时、年度和寿命周期成本。

问题：我是否也可以使用性能阈值？

回答：阈值适用于所有情况。有时阈值和目标可与奖励措施共同使用，以确保达到更高的性能水平。

- 在单个期间内进行评估：

（1）时间；

（2）数量（每月有至少 6 个来自基地的准备发放资产）；

（3）百分比（5%不能执行任务的补给品）。

- 在多个期间内进行改进：

（1）产品（每个季度质量的改进率为 3%）；

（2）过程（12 个月内增加 10%的效率）；

（3）成本（降低之前财年的保障成本）。

问题：是否可将上述最高级寿命周期持续保障成果指标纳入合同，或者说是否应该使用定制的、更低等级的指标？

回答：最高级的持续保障成果指标和更低等级的指标都可纳入合同。基于性能的保障策略最关键的要素之一就是根据系统的操作角色定制指标，确保指标与保障供应商的责任范围同步。平台和协议的具体内容会对是使用最高级成果指标还是更低等级的指标，又或者是同时使用两者做出规定。

问题：与奖励/处罚措施相关的关键性能指标的合适数量是多少？使用过多关键性能指标的不利影响（如有）是什么？

回答：一般来说，有效的指标数量应为3～5个。如果使用“太多的指标”会导致协议将重点放在活动而不是成果上，进而对产品保障集成商或产品保障供应商在资源使用方面的灵活性产生影响。此外，指标数量过多也会潜在地削弱奖励措施的影响力，因为指标之间可能相互抵消。

6.1.6 产品保障协议相关问题解答

问题：什么是产品保障协议（Product Support Arrangement，PSA）？

回答：术语“产品保障”和“产品保障协议”的定义为：

- **产品保障**——部署和维护主要武器系统、子系统和组件战备完好性和使用能力所需的保障功能包，其中包括与武器系统战备完好性相关的所有功能。
- **产品保障协议**——与主要武器系统、子系统或组件所需的持续保障性能或与后勤保障相关的合同、订单、任何类型的其他合约性质的协议，或者是政府内任何类型的协议或非合约性质的协议。该术语包括以下协议：

（1）基于性能的保障；

（2）持续保障；

（3）合同商后勤保障；

（4）寿命周期产品保障；

（5）武器系统产品保障。

问题：产品保障协议的目的是什么？

回答：产品保障协议有助于产品保障策略的制定。产品保障协议必须记录：

（1）可接受的武器系统性能目标范围；

（2）满足性能水平所必需的相应保障；

（3）付款条款与条件、补救措施和其他合同条件。

6.1.7　产品保障集成商相关问题解答

问题：作为一名产品保障经理，什么才是管理下级产品保障集成商和产品保障供应商的最佳方式？

回答：基于信任与产品保障集成商或产品保障供应商建立合作性质的商业协议。有关在商业协议中融入信任因素的最佳实践为产品保障经理与行业之间的密切沟通，以及尽可能在工作层级解决问题。虽然合同规定得非常清楚，但依靠法律和合同语言来解决项目面临的所有问题可能会对商业关系造成破坏。政府项目管理办公室和产品保障集成商/产品保障供应商之间共享相同的需求和满足上述需求的最佳方式是维持合作和相互信任。请注意，沟通、合作、公开和信任应是相互的。

问题：产品保障集成商如何承担产品保障层级的各类角色和职责？

回答：产品保障经理可将特定的持续保障责任委托给一个或多个产品保障集成商，由其根据法律规定，整合产品保障供应商所提供的供应服务，以获得规定的作战人员成果。

问题：产品保障经理和产品保障集成商是否可为同一人（或者来自相同的组织）？

回答：可以。目前对产品保障经理根据产品保障解决方案指定产品保障集成商的问题没有做出特别规定。根据所管理的项目和活动的复杂性，产品保障经理可将所有确保产品保障顺利实现的责任维持在组织范围内，或者将各类产品保障责任委托给一名或多名产品保障集成商。

问题：是否可指定多名产品保障集成商？

回答：可以。目前不存在对产品保障经理可指定的产品保障集成商数量的限制，但一般来说，获得特定责任范围分配的产品保障集成商的数量应与武器系统子系统或组件，或者是特定集成产品保障要素保持一致。例如，可以指定一名产品保障集成商负责整个武器系统的工作，或者两名产品保障集成商负责飞机机身和推进系统的工作，或者如上所述，为武器系统的多个子系统或组件指定多名产品保障集成商。每个产品保障集成商都应负责获得其持续保障职责范围内规定的性能成果。

问题：在产品保障集成商的角色中，术语“集成”的具体含义是什么？

回答：“集成”指的是协调若干个产品保障要素活动，以确保向作战人员交付有效且具有成本效益的产品保障解决方案。产品保障要素包括：

（1）产品保障管理；
（2）设计接口；
（3）持续保障工程；
（4）供应保障；
（5）维护规划与管理；
（6）包装、装卸、储存和运输；
（7）技术数据；
（8）保障设备；
（9）训练与训练保障；
（10）人力与人员；
（11）设施与基础设施；
（12）计算机资源。

寿命周期内武器系统、子系统或组件的有效保障和维持涉及多个（且经常涉及所有）保障要素。每个要素都可由单独的组织、公共部门、私营部门单独或共同执行，且可位于不同的地理位置。在某种程度上，上述功能可能相互依赖。

问题：产品保障集成商为政府实体或行业实体时存在区别吗？

回答：有区别。尽管允许产品保障集成商为不同性质的实体，但使用政府或商业性质的产品保障集成商都各有其有利之处。例如，如果原始设备制造商在系统方面的工程专业技术和经验对项目来说非常重要，那么产品保障经理可能就会希望选择原始设备制造商作为产品保障集成商。相反地，如果协议包含应由政府承担的固有责任，产品保障经理就会倾向于选择具有政府性质的产品保障集成商。

问题：在实现产品保障“集成”目标时，行业性质的产品保障集成商如何管理由军方或政府人员完成的工作的性能，或者反过来，军方或政府人员如何管理行业性质的产品保障集成商的工作性能？

回答：很多产品保障工作都是由公共部门和私营部门的人员共同完成的。上述人员不仅会承担单独的职责，也会共同完成同一项工作。公私部门人员的合作通常可通过公私合伙企业实现。

例如，如果具有某个行业性质的原始设备制造商被任命为产品保障集成商，负责根据基地维护的建制性能交付规定的成果，那么行业供应商就有能力与基地签订公私合伙企业协议。该协议会详细规定双方在相互合作、获得成果的过程中所承担的角色和责任。上述合作也适用于建制性质的产品保障集成商。

问题：似乎大部分产品保障集成商都来自行业，且大部分都是原始设备制造商。指定一名产品保障集成商是否就意味着将持续保障工作外包给行业负责？

回答：不是。无论如何在政府和商业性质的供应商之间分配项目中的工作，产品保障经理都应对产品保障协议的实施负责。

6.1.8　产品保障集成商相关问题解答

问题：产品保障集成商（或产品保障供应商）的职责是什么？

回答：产品保障集成商（或产品保障供应商）应负责实施所有与基于性能的保障协议规定的成果交付相关的活动。

6.1.9　产品保障供应商相关问题解答

问题：产品保障供应商是否仅限于私营公司？

回答：不是。与产品保障集成商类似，建制机构（如军方的基地或保障机构）都可作为产品保障供应商。

问题：激励产品保障供应商的最佳方式是什么？

回答：与激励产品保障集成商的方式相同，这取决于产品保障供应商是建制机构还是商业机构。如果是建制机构，则主要的激励措施为增加基于性能的保障工作量和可预测性；如果是商业机构，则有多种有效的奖励措施可用于管理修理行为。

问题：如果使用要求发生变化，可以降低自己负责支付款项的产品保障供应商性能水平吗？

回答：可以。这是在制订基于性能的保障协议时始终应考虑的问题。结构合理的基于性能的保障协议应包含与上述情况相关的条款，允许项目经理合法地调整性能或在特定条件下中止合同。例如，如果付款与使用单位有关，如运转小时数或行驶的千米数，那么操作水平的变化就会自动引起付款的变化。

6.2　常见的错误理解与认识

以下为对基于性能保障常见的一些错误理解和认识，应予以纠正：

1. 基于性能的保障协议未能带来其声称的备战能力和成本改进

多项研究证明基于性能的保障协议带来了成本节约和性能改进。在多个案例中，由于仅考虑了与该协议直接相关的节约部分，而未考虑与保障基础设施的次级效应相关联的节约部分，因此低估了节约范围（参见 1.3.3 节）。

2. 基于性能的保障协议必须进行精确管理，才能实现显著的成本节约和性能改进

并非只有完全执行基于性能的保障协议才能获得成功，而事实上只要适度遵循基于性能的保障商业模型原则就能获得成功。这种成功依赖于各军种既理解基于性能的保障商业策略又了解产业激励措施。

3. 基于性能的保障与外包同义

基于性能的保障可制定为政府机构之间签订的协议、政府—行业合作关系协议或行业协议。另外，涉及政府—行业合作关系的基于性能的保障已说明是非常成功的。在这种合作关系中，行业作为产品保障集成商，将部分或全部持续保障工程以直接销售协议的形式分包给政府基地，给政府基地和劳动力带来激励，创造了更好的作战人员成果，给政府维修基地带来更大的工作量，并降低了各军种预算。这时的底线是：基于性能的保障可涉及外包。但是，很多时候并不会发生，政府完全控制了基于性能的保障结构，而不是行业。

基于性能的保障策略所提供的政府杠杆作用在交易性质的保障协议项下不可用，转而将现阶段在商业性质的工厂内要实施的工作转移至政府基地。在典型情况下，承包商在自己的商业性质工厂中实施工作，它没有动力将其工作转移至政府基地。事实上，保证金合同项下这样做无利益可言，行业成本降低会导致收入和利益也随之降低。

相反地，基于性能的保障高度激励承包商采取积极行动来降低其投资资本，并以最低成本的设施实施持续保障工作。对行业来说，投资回报率是一个关键的激励因素。承包商在其他行动中通过将工作从其工厂转移至政府设施来降低投资资本。当政府提出长期固定总价基于性能的保障协议时，承包商一直非常一致地想要将工作转移至政府基地。

4. 保证“可能的最佳交易”应为各军种执行基于性能的保障协议的标准

试图通过一份基于性能的保障协议达成“可能的最佳交易”是昂贵且耗时的。当与现行持续保障策略对比时，基于性能的保障协议执行标准应是确保“更好的交易”或“好交易”。为寻找“可能的最佳交易”而推迟实施更好的交易有一个机会成本，而随着时间的推移，机会成本将变得越来越难弥补。同样重要的是，推迟会预先阻止这个过程，即搜集必要数据以了解是否正在达成一个“很不错的交易”或仅仅是“好交易”以及如何改进下一次交易。

5. 承包商从基于性能的保障协议上获得“超额利润”，损害了军事效益

承包商可能提高利润幅度的能力与其在协议过程中改进工艺和产品的灵活性有关联。这种可能性是用各军种以降低后的成本收到改善的战备完好性作为交换得来的，而且供应商承担性能风险。各军种的主要忧虑是与其现行的持续保障策略对比，不管行业利润如何，它们付出更少而获得更多。以搜集必要数据要素的形式而制定的基于性能的保障合同，其定价应比现行合同协议定价低，使得能够在较低的利率上洽谈后续合同。

6. 基于性能的保障协议增加了军方任务和财务风险

尽管从履行合同的角度来看，单个基于性能的保障协议比单个交易性质的合同更复杂，但是履行合同的复杂性与基于性能的保障在整个合同期内降低性能与财务不确定性的能力相互抵消了。此外，单个基于性能的保障协议并没有管理数十个或数百个个别购买需求和购买订单并跟踪它们对战备完好性的影响那么复杂。从这方面来说，通过制定适当的基于性能的保障协议来提供保障时，财务和任务风险更小。

7. 基于性能的保障对“执行年度”融资等活动产生负面影响

基于性能的保障协议经常被认为是“必须支付账单”，限制了在执行年度重新分配资金的灵活性。事实上，所有的合同都是“必须支付账单”，无论这些合同是否为基于性能的保障协议。仅当没有足够的资金来完成给定年份内需要做的工作时，这才成为问题。但是，如果基于性能的保障协议能够在改进性能的同时降低执行成本，那么多出来的钱就可以花在其他地方。基于性能的保障协议可制定为仅支付所使用的部分（如飞行小时数）。执行年度的“灵活性”实际上是通过把今天的操作成本递延至将来的预算而获得的。这种灵活性非常可贵，是履行基于性能的保障协议成本与传统交易性质的购买订单成本之间的差异。

8. 只存在一个商业供应商时，基于性能的保障不能交付战备完好性和成本改进

如果制定得当的合同（协议）采用了适当的激励措施，战备完好性与成本改进可用确定的长期收益流或提高盈利率交换得来。不管商业维护供应商有多少个，这样做都可以激励供应商去改进产品质量和工艺。在某些案例中，如果只有一个商业维修供应商，基于性能的保障协议可能是各军种用以降低成本并改进性能的杠杆形式中最强有力的一种。

9. 如果军方不具有维护相关的数据权利，基于性能的保障协议就不能交付战备完好性和成本改进

当各军种没有数据维护权利时，基于性能的保障协议仍可带来战备完好性与成本降低。供应商应向政府（军方）提供技术数据，支持基于性能的保障协议。商业供应商这样做是因为利用公私合伙企业内提供的政府有技术的劳动力和设施对商业供应商和政府都有好处，而无须供应商投入资本。

10. 基于性能的保障可使军种“控制”损失

作为基于性能的保障协议的一部分，项目经理/产品保障经理可分派责任给产品保障集成商或产品保障供应商。但是，各军种向供应商转移控制的程度和范围是由各军种所决定的，项目经理担负最终的责任和义务。

11. 基于性能的保障策略提供了一种通用型方法

基于性能的保障产品保障策略中的共性起源于一种方法，在这种方法中，成果是通过交付作战人员需求的协议而获取的，同时激励产品保障供应商通过创新降低成本。性能要求与供应商改进并进行创新的机会保持一致。

12. 基于性能的保障需要进行详细的产品保障商业案例分析

对产品保障商业案例分析的要求是分析必须足够稳固，使决策者能够基于充分的信息做决定。这是通过进行恰当水平的分析来评估产品保障替代方案的成本、利益和风险影响而得到的。鼓励产品保障经理根据其独特情形的复杂性量身定制产品保障商业案例分析。此外，当重新协商基于性能的保障时，进行产品保障商业案例分析需要更透明的财务数据。

13. 基于性能的保障协议将各军方锁定在长期固定合同中

制定恰当的基于性能的保障协议均有合适的协议出口，防止各军种和商业供应商发生重大变化。尽管如此，基于性能的保障协议会影响商业供应商进行成本节约和推动改进的程度。

14. 基于性能的保障协议仅对子系统或组件而言是成功的

基于性能的保障协议在系统级、子系统级和组件级已经成功实施。成功的关键是恰当地制定并执行协议，而与受保障的级别无关。也就是说，相对于子系统或组件，可能有更复杂的系统级基于性能的保障协议，其制定和执行需要有更多的技能和专业知识。

15. 所有装备应在基于性能的保障协议项下进行维护

所有装备应采用可以给政府带来最佳值的方式进行维护。当遵循基于性能的保障原则（见第 7 章表 7-1）时，基于性能的保障协议是最好的方式。

这里将出现某些装备的持续保障环境不适用基于性能的保障协议（剩余使用寿命较短，商业案例不支持工艺/性能改进）的情形。恰当地评估条件对识别采用基于性能的保障协议的可能性而言很重要。

16. 基于性能的保障协议必须为固定总价合同

固定总价合同的各类变体都属于首选的类型，因为其为产品保障集成商和产品保障供应商产品和过程的改进及成本的降低提供了最多的奖励。在难以确定供应商交付成本或风险时，带有最高限价和分红性质的固定总价加奖励费用合同就是合适的选择。但是，基于性能的保障协议也可使用成本加奖励费用合同成功执行，特别是在风险无法合理量化或向产品保障集成商或产品保障供应商转移风险的成本超出政府可接受范围的情况下。有效的基于性能的保障协议的关键是在无论是否存在担保的成本补偿的情况下，使用奖励措施激励产品保障供应商/产品保障集成商实施预期行为/获得预期成果。

17. 基于性能的保障协议必须有较长时间（如五年或更长）的履约期

虽然更长的合同期限可确保供应商通过投资促进成本降低和可靠性改进，但供应商仍可通过履约期低于五年的合同实现性能和成本的改进。其可实现的改进的程度取决于其获得投资收益的能力。完成上述目标所需的合同期限会根据受保障设备的复杂性和改进所需的投资量发生变化。

18. 基于性能的保障和合同商后勤保障（Contractor Logistics Support，CLS）意思相同

基于性能的保障协议可以是合同商后勤保障协议，也可以是其他类型的协议。合同商后勤保障协议仅表示行业负责完成持续保障工作。很多合同商后勤保

障协议都是交易型（如非基于性能的保障）协议。在非基于性能的保障性质的合同商后勤保障协议中，政府购买的是维护、修理和大修服务或更换物资。在同时也是基于性能的保障协议的合同商后勤保障协议中，政府通过通常为多年期和固定总价合同购买的是一组规定的与作战人员相关的成果。作战人员相关成果最常见的形式是系统、子系统和组件的可用性或可靠性。和合同商后勤保障性质的基于性能的保障协议将目标性能水平分解为几个关键性能指标，其附带有针对目标性能水平是否满足的财务奖励或处罚措施。和合同商后勤保障性质的基于性能的保障协议通常会针对整合供应链各类产品保障活动（如产品保障、持续保障工程和维护）的附加效益，提供合适的奖励措施和指标。最后，基于性能的保障协议可确定为仅针对政府的协议、政府行业合伙协议或仅针对行业的协议。此外，政府对基于性能的保障协议的制定方式有充分控制权——行业却无法实现这一点。

19. 军方放弃对基于性能的保障供应商的配置控制

无论采用采办还是保障理念，军方都不会放弃其确保合理配置控制的责任。通过增加可靠性和降低维护成本来改进组件和部件是值得推荐的做法，也会获得奖励。上述做法可通过基于性能的协议实现，但上述改变应使用合适的配置控制程序完成。

20. 在集成产品保障范围（包括可靠性）内，基于性能的保障是解决一切问题的万能药

基于性能的保障不能解决缺乏持续规划、弥补有效的项目系统工程、补充资金不足、缓解领导能力不足的影响或快速交付成果的问题。通过识别战备完好性、可靠性、可用性、可维护性、成本和报废/制造来源减少及物资短缺缓解等性能成果指标和奖励措施，基于性能的保障通常可改进系统、设备或组件性能。但其无法保证一定实现上述目标，尤其是针对目前存在性能问题的遗留系统。

21. 基于性能的保障会削弱竞争

如果要在有多名可靠的行业持续保障供应商的情况下形成基于性能的保障协议或展开竞争，则产品保障经理应采取竞争性招标法。但是，其必须重点考虑以下三点：

首先，航空航天和国防市场空间内的合并、知识产权所有权问题和其他因素都会导致很多军方的设备库存只有一个可靠的商业持续保障供应商。对于目前通过唯一来源协议维持的大部分军用设备来说，进入持续保障市场的成本高得离

谱，因此其无法进入市场。其结果是：对于大部分军用设备库存来说，不存在参与公司之间竞争的机会。

其次，合同中的现有企业在合同再次竞争过程中享有一定优势。现有企业拥有其他公司所不具备的详细工作与客户信息，其学习曲线为零。使用基于性能的保障协议的现有企业的优势更为明显。这种优势是由于上述原因，再加上以下事实带来的：基于性能的保障供应商可在合同寿命周期内估算出持续保障价值链所有方面的成本，同时，其也了解下个履约期内可以获得哪些效益，因此，对其而言不存在竞争。其结果是：无论合同类型如何，与其他企业相比，现有企业存在固有优势。基于性能的保障现有企业拥有高于其他合同类型企业的成本结构和政府价格优势——所有这些都可作为政府独特的优势。

最后，以年度为基础的持续保障会推高政府的价格。准备年度建议书就是一项行业企业会算入给政府的报价的开支。一年的履约期严重地限制了行业在平均故障间隔时间缩短方面进行投资的意愿，这就可能导致更多的故障和更高的政府价格成本。对于行业企业来说，一年期合同比长期合同风险更高。在建议书中，行业企业也会将风险因素算入价格中。其结果是：为竞争而竞争对政府不利。

第 7 章

关键技术

7.1 基于性能的保障原则——促进最佳成果获得的特性

与执行复杂采办和持续保障策略的方法一样，这类协议也存在获得最佳成果所必需的部分特性。对于基于性能的保障来说，这些特性一般指的是“基于性能的保障原则”，见表 7-1。

表 7-1 基于性能的保障原则

基于性能的保障原则	描述
与协议相关的原则	1. 获得明确定义的且与作战人员相关的成果，而不仅仅是持续保障服务或替换设备 2. 使用可评估和可管理的指标，利用这些指标可在交付预期的作战人员成果之后，对产品保障供应商的绩效做出准确评估 3. 向与成果的获得相关的保障供应商提供有效的奖励（针对在保障供应商控制范围内的绩效） 4. 一般情况下，应优先选择固定总价（Firm Fixed Price，FFP）合同［此外，也可考虑固定总价加奖励费用合同（Fixed Price Incentive Fee，FPIF）与成本加奖励费用合同（Cost Plus Incentive Fee，CPIF）］ 5. 具有充足的合同期，以便产品保障供应商收回其在改进后的产品［如平均故障间隔时间（Mean Time Between Failure，MTBF）］和持续保障过程（如制造能力）方面的投资

续表

基于性能的保障原则	描述
与组织相关的原则	6. 为政府团队和产品保障供应商保留基于性能的保障知识与资源 7. 组织的领导阶层应支持组织的工作 8. 对成果享有既得利益的各方都应参与 9. 供应链活动应与预期的基于性能的保障成果和各项不同的内部目标保持一致 10. 风险管理工作应由政府、客户和保障供应商分担

原则 1：获得明确定义的且与作战人员相关的成果，而不仅仅是持续保障服务或替换设备

应把基于性能的保障策略集中在作战人员产品保障需求上，并构建相关联的基于性能的保障协议，以交付与作战人员相关的成果。工作量应分配给符合法定指南的最有效的供应商，并做出尽责的努力，把精力集中在最强能力、最佳值和公私合伙企业解决方案的有效使用上。产品保障集成商和产品保障供应商的活动符合作战人员需求，并按照与产品保障集成商和产品保障供应商指定责任和风险级别相一致的指标进行监控。这与传统的交易性质模式相反，在传统的交易性质模式下，政府采购产品和服务未与预期的作战人员成果资源消耗相关联。

原则 2：使用可评估和可管理的指标，利用这些指标可在交付预期的作战人员成果之后，对产品保障供应商的绩效做出准确评估

绩效指标对于成功实施基于性能的保障协议来说至关重要。政府需要深刻理解项目性能，以确定其符合性能要求和任务的级别。举例来说，搜集测量数据的一个重要领域与供应链性能相关，如同这些数据与诸如材料可用性、操作和保障成本之类的关键性能指标相关联。产品保障经理负责产品保障解决方案的性能，并将利用与作战人员相关的指标来监控其性能。产品保障集成商或产品保障供应商的指定指标反映了分配给他们的任务。这些指标不可以反映成果是否超出产品保障集成商/产品保障供应商的能力，也不是协议的一部分。所选择的指标应是可评估和可管理的，并映射回更高级的项目指标。举例来说，产品保障供应商负责其产品的可用性，相关联的指标可以是供应材料的可用性或后勤反应时间。过多的指标，难以管理，也可能相互矛盾。还有，必须为指标提供可用数据。这种情形已经出现过：当要求将指标作为协议的一部分时，却无法搜集相关数据，以确定指标对应的性能。

原则 3：向与成果的获得相关的保障供应商提供有效的奖励（针对在保障供应商控制范围内的绩效）

激励就是鼓励或促进某人做某事。至于基于性能的保障协议，它是鼓励预期产品保障集成商或供应商交付相关作战人员成果（从绩效方面讲，在保障供应商控制范围内）的一个方面或条件。激励可能与合同类型、合同期限或奖励费用（或处罚）相关。固定总价合同为供应商控制成本而提供强有力的激励。但是，固定总价合同方并不会与政府分享这些节约的资金，在没有其他机制［如合同商数据要求清单（Contractor Data Requirements Lists，CDRL）］的情况下，它们不会向政府提供政府了解未来基于性能的保障合同谈判的实际成本所需的信息。另一个有力的激励是有能力接受具有良好性能的合同期限（授予期）延长。这样使得供应商的订货单更稳定，还增加了股东价值。偏重利润的激励措施可能不适用于公共设施，但有效工作量、促销、奖金和即时奖励的比例上升都是可能积极影响作战人员成果的激励措施。无论采用何种激励措施，这种激励措施应足以保证预期行为和成果处于一定的条件之下。

原则 4：一般情况下，应优先选择固定总价合同（此外，也可考虑固定总价加奖励费用合同与成本加奖励费用合同）

当与交付作战人员相关成果的要求相结合时，对比交付组件或服务，固定总价合同将交易性质商业模式下的传统收入中心转变成了基于性能的保障之下的成本中心。要求供应商以固定价格交付具体的作战人员相关成果，将财务风险从政府转移至供应商。这样，对于产品保障集成商和产品保障供应商来说，固定价格合同是一种强有力的激励措施，产品保障集成商和产品保障供应商为了降低交付预期成果的成本，就会提高其产品的可靠性及其工艺的有效性。供应商的成本越低，与固定价格相关联的利润就越高。为了以这种方式将风险转移给供应商，失效模式和比率需足够稳定，以合理预测需求，否则，供应商在评估风险时很难定价，最终成为承担不起的选择。

随着不确定性和相关风险的增加，更合适的合同类型是固定总价加奖励费用合同或成本加奖励费用合同。固定总价加奖励费用合同为供应商提供了一种机制，可在与政府分享其成本节约额的同时降低成本。不分享的话，当政府没有充分理解实际成本或供应商可用的成本节约机会时，也是可行的。合同类型如果从固定价格合同和固定总价加奖励费用合同往成本增加的方向发展，对供应商来说改进产品和精益工艺的激励就变小（对后续协议没有合理的保证）。相反，成本加固定费用合同通常不适用于基于性能的保障协议。

原则 5：具有充足的合同期，以便产品保障供应商收回其在改进后的产品（如平均故障间隔时间）和持续保障过程（如制造能力）方面的投资

基于性能的保障有助于通过激励产品保障集成商和产品保障供应商而投资于改进其产品和工艺，以便支持作战人员相关成果来使操作风险最小化。但是，这要求有一个适当的合同期，且与预期投资保持一致，给产品保障集成商或产品保障供应商提供收回其投资回报的机会。供应商希望改进后的组件至少经历一个检修周期，以便有机会收回投资。举例来说，进厂修理间隔大约为三年的组件确定需要为期五年的基准期限，以收回投资。合同期将取决于产品的复杂性和投资规模。产品保障经理和合同商需与其产品保障集成商和产品保障供应商相对应的人员一起工作，以确定适宜其具体协议的合同期。

原则 6：为政府团队和产品保障供应商保留基于性能的保障知识与资源

最成功的基于性能的保障项目是那些相关政府组织与产品保障集成商和产品保障供应商在项目开始阶段即对基于性能的概念、原则、商业模式和实施策略具有全面的知识和经验的项目。最好的项目聚集是由政府和保障供应商代表组成的基于性能的保障小组，也倾向于包含几个具有前期基于性能的保障管理经验的人员。

原则 7：组织的领导阶层应支持组织的工作

一个成功的基于性能的保障策略及后续协议需要领导及政府和产品保障集成商/产品保障供应商组织的所有股东的支持。政府主导创建一个方便在整个国防工业系统广泛实施基于性能的保障解决方案的环境尤其重要。这一思想必须在整个组织流传，以便项目经理和产品保障经理能够研发并执行基于性能的解决方案，当与其他模式做比较时没有不适当的监督或审查。

原则 8：对成果享有既得利益的各方都应参与

组织内部协调一致是一种重要战略方法，即从客户和供应商组织的领导开始直到工人，整个组织所有层级同步努力。领导支持基于性能的保障，而较低层级的劳动力可能不太热情（反之亦然）。像这种情形可成为充满情绪的情形，一旦整个团队抱着双赢的心态执行策略，策略执行相关方齐心协力就会产生好的结果。这个团队包括内外部股东，他们应尽早地参与其中。所有股东达成一致，有必要建立与所要求的操作成果相一致的基于性能的保障绩效及相关指标。

原则 9：供应链活动应与预期的基于性能的保障成果和各项不同的内部目标保持一致

基于性能的保障着重优化端到端过程的有效性，而传统持续保障合同通过商品或服务来管理供应链。产品保障经理必须研究制定一种管理策略，并将其作为寿命周期持续保障计划的一部分。寿命周期持续保障计划集成并协调各个产品保障集成商和产品保障供应商（商业性质或公共性质）的功能，以最优化整个供应链过程。内部烟囱式的过程必须减少或消除。部分供应链的有效性不能用指标量化，这部分供应链的有效性与作战人员预期性能成果不一致。对于一些项目来说，公私合伙企业协议中的保障供应商和政府团队的协同定位已证明可促进紧密结合、综合并协调客户与供应商供应链的有效性。

原则 10：风险管理工作应由政府、客户和保障供应商分担

可靠的基于性能的保障解决方案一方面集中在降低总项目风险和适当的退出标准上，退出标准是在开始履行合同的时候捕捉到的。这些项目平衡风险，对涉及的各方负有责任，同时，还协调供应商的责任与权利。通过将一些风险转移给保障供应商并匹配有效性的激励措施，产品保障商业模式可消除整个系统的风险。基于性能的保障是指重组降低整个项目风险的激励措施。

7.2 从关键考虑因素扩展至建立系统基准线

表 7-2 所示是建立系统基准线时应考虑的关键因素。

表 7-2 建立系统基准线时应考虑的关键因素

维护规划与管理	
当前的维护规划与管理策略是否能满足作战人员需求？	集成产品小组应考虑的问题： • 当前的性能水平是否满足客户需求？如果由于性能水平不佳而导致客户需求无法满足，则表示当前的持续保障策略存在不足 • 本资产的性能是如何对其平台的战备完好性造成影响的？如果子系统和组件的性能水平未满足目标要求，则整体平台可用性可能降低，直至资产不再满足作战人员需求 • 持续保障支出的历史值与预期值各为多少？应分析持续保障支出的历史值与预期值，了解其是否与目标成本或预算成本存在偏差。如果上述值激增，则应对与子系统或组件问题相关的详情进行调查
维护过程（故障报告、运输、工作量管理等）是否可以更加有效？	应创建维护过程流程图，以显示无法使用的资产在充分修理之前所经过的不同步骤。在检验维护过程时，产品保障管理集成产品小组应考虑每个部件所需的平均维护天数，以及每个季度的维护需求率。另一个考虑因素就是库存中候选资产的数量，以及受持续保障债务约束的候选资产数量。一般来说，带有更多部件的资产更有可能节约成本。产品保障管理集成产品小组还应识别可通过引入基于性能的奖励措施消除的低效工作

续表

维护规划与管理	
修理过程是否存在重大延迟？	集成产品小组应检查当前的维护与修理过程，确定是否存在延迟等问题。集成产品小组应重点识别持续时间最长的流程步骤中的瓶颈，并首先解决相应的问题。如果在修理过程中发现问题，集成产品小组还应调查其根本原因，以便更充分地了解延迟的原因。即使作战人员需求得以满足，但基于性能的保障仍有可能带来更高的效率，从而提高流程敏捷性和降低成本
在引入性能奖励措施之后，持续保障规划和需求预测是否能变得更加准确和高效？	根据基于性能的保障策略，如果产品保障供应商应对受需求预测准确性影响的成果负责，则产品保障供应商将因协助项目管理办公室提高上述预测的准确性而获得奖励。例如，产品保障供应商提供了维护服务，则其就可能了解更具体的、可提高需求预测准确性的机群故障率和系统可靠性信息
供应保障	
供应保障策略是否满足作战人员需求？	集成产品小组应从供应的角度验证是否已满足作战人员需求指标。如果未满足，则集成产品小组应设法确定由于供应短缺而不能执行任务的资产百分比。这就可以为集成产品小组提供一个通过与产品保障集成商或产品保障供应商签订的基于性能的协议，评估解决上述短缺问题可能性的出发点
在引入性能奖励措施之后，保障供应链是否能变得更加高效？	如果希望通过持续保障协议带来改变，则还应分析当前供应保障状态，发现提高战备完好性和降低成本的机遇。结构合理的基于性能的保障协议可为减少供应链低效工作可能性的产品保障集成商提供奖励。基于性能的保障长期合同可为产品保障集成商提供在流程改进、备件储存及重新设计组件从而提高可靠性的过程中收回投资的机遇。根据可能提出的基于性能的产品保障协议的范围，集成商应负责在整个供应链内减少延迟和低效工作。项目经理可根据上述机遇，确定其项目的时间安排和当前的状态是否可确保向基于性能的协议的顺利过渡
在备件或新部件的采购流程中是否存在任何重大延迟？	系统的可用性可能受到修理用零部件短缺的影响。例如，延迟、制造来源减少与物资短缺问题、保障问题及库存管理不善都是导致装备可用性出现问题的潜在原因。性能奖励措施可以激励供应商缩短内部交易交付周期，尤其是促进其改进制造和交付流程，从而缓解作战人员的物资短缺状况
供应链是否有任何阶段存在库存大量积压的问题？	库存大量积压就是供应保障低效及流程可能出现瓶颈的信号。造成这一问题的原因可能是之前流程中的过度生产，或者是由于质量问题，之后的流程无法保持良好状态。为确保物资顺利流通，必须平衡整个供应链的工作
是否存在任何报废或制造来源减少与物资短缺问题？	受技术改革和部分来源或物资不可用的影响，很多采购订单都必须面对供应链内部的报废、制造来源减少与物资短缺问题。这些问题可以通过积极的管理和监控得到缓解。上述管理和监控工作应涉及相关的行业参与者。基于性能的协议应规定，产品保障供应商必须负责确保存在报废或制造来源减少与物资短缺问题的零部件的可用性。这就要求产品保障供应商根据采购订单积极控制上述问题

续表

持续保障供应商的市场空间	
供应保障策略是否满足作战人员需求？	集成产品小组应从供应的角度验证是否已满足作战人员需求指标。如果未满足，则集成产品小组应设法确定由于供应短缺而不能执行任务的资产百分比。这就可以为集成产品小组提供一个通过与产品保障集成商或产品保障供应商签订的基于性能的协议，评估解决上述短缺问题可能性的出发点
建制人员是否有权获得系统技术数据？	应调查了解数据的所有权，从而确保根据技术数据的可用性确定协议变更的可行性。如果技术数据归政府所有，则项目在基于性能的保障协议应用方面就会拥有更多的选项，因为其可在多个潜在供应商之间做出选择。如果技术数据包或数据权未在初始采办过程中采购，则特定的项目可能存在限制条件。如果缺少技术数据权限，则各军种将在部件移除和安装工作中受限。此外，针对建制或其他替代性修理的诊断测试和工作也会受限。如果存在与分包商签订合约的情况，则向上述军种单独出售技术数据的限制条件也会对该军种未来持续保障的选择范围构成限制
机遇的范围是什么？	用于多个系统的修理用零部件或可修理件，或者是供一个以上的军种使用的成品都可带来评估企业范围内协议的机遇。这其中也存在通过搜集各项需求和提高供应链效率来节约维护开支和库存成本的可能性。一般来说，搜集的需求越多，政府在合同讨论阶段所拥有的谈判立场就越明确。如果可以满足作战人员需求和降低成本，就可针对多个系统或军种使用企业范围内的基于性能的保障策略
筹资机制	
可用的筹资机制（如周转基金、使用与维护资金）是否允许使用基于性能的长期协议？	产品保障管理集成产品小组应确定在当前用于持续保障的筹资机制下，基于性能的保障是否可行，或者是否存在可用的筹资机制替代方案。尤其需要确定的是，筹资机制是否允许为长期合同筹资。 由周转基金资助的项目可以使用基于性能的长期协议，且在过去，基于性能的保障一直都有成功使用周转基金的经验。如果项目并非由周转基金提供资助，产品保障管理集成产品小组则需要根据适用的法规，研究长期承诺的可行性
利益相关方协调与基于性能的保障能力	
供应保障策略是否满足作战人员需求？	集成产品小组应从供应的角度验证是否已满足作战人员需求指标。如果未满足，则集成产品小组应设法确定由于供应短缺而不能执行任务的资产百分比。这就可以为集成产品小组提供一个通过与产品保障集成商或产品保障供应商签订的基于性能的协议，评估解决上述短缺问题可能性的出发点

续表

时间选择	
寿命周期的某个阶段：是否为变更持续保障策略的合适时间？是否有足够的剩余时间可以从基于性能的保障商业模型中获取收益？	集成产品小组应考虑的问题： 资产维护是否是国防部的唯一责任（资产是否已达到装备持续保障时间）？ 资产位于寿命周期的哪个阶段？ 系统还剩多少年的有效期？ 系统还剩多少年的使用寿命？ 只有在可以通过一系列的长期合同予以执行时，基于性能的保障才能发挥最大的效用，并为产品保障供应商提供从流程和产品改进过程中收回投资的足够时间。此外，一系列的长期合同也可以帮助政府在每个合同周期的重新谈判阶段收回已付出的成本。国防行业一直在反复强调其对长期合同的偏好。股东和资本市场都想要获得该行业所提供的稳定、可预测的收益流。因此，一般情况下，政府都能以更低的成本换取合同期限的增加。库存中预期使用寿命更长的资产可以使通过基于性能的持续保障策略节约更多成本成为可能
新兴技术的状态如何？	集成产品小组应考虑与基于性能的保障潜在风险与收益相关的系统技术基础。寿命周期技术进步相关的挑战、收益应与满足性能需求通盘考虑。此外，还有一点非常重要，那就是协调科学与技术小组的工作，确定未来的技术可能性
现有的合同：是否存在任何有冲突的合同性质的协议？	采购订单使用基于性能的保障协议的资格可能受到现有合同性质协议的限制。如果现有的长期合同在基于性能的保障协议订立时未到期，则产品保障管理集成产品小组应考虑推迟基于性能的保障工作。否则，项目管理办公室就必须在进行基于性能的保障协议谈判的同时终止现有的合同
使用环境：在预期的使用频度下，变更是否可行？	项目管理办公室应分析当前的使用环境，确定基于性能的保障协议是否可行。不建议在战时变更持续保障策略，或者是变相授予产品保障供应商更大的权限
项目特有的考虑因素	
是否存在项目特有的障碍或机遇？	如果存在未解决，但与分析相关的项目特有考虑因素，则也应对其予以评估。产品保障管理集成产品小组尤其应考虑项目特殊情况是否会导致基于性能的保障协议成功执行或更易于/更难以执行

7.3　基于性能的保障指标

识别以系统级成果指标表示的作战人员需求是制定基于性能的协议的第一步。有关这一步骤的内容可以参见 2.1 节。大部分基于性能的保障协议都在子系统级或组件级执行，所以，系统级指标一般都必须分解为适合产品保障集成商和产品保障供应商指定责任和风险级别的更低等级的指标。基于性能的保障协议也可能包含部分指标，这些协议的成果必须与整体的系统级指标相关联。

上述指标可用于跟踪、衡量和评估产品保障集成商或产品保障供应商所执行的基于性能的保障协议的可实施性和有效性。这些指标就是项目经理和产品保障经理用以理解产品保障解决方案，以及识别实际性能与规定性能之间的差距的手段。上述理解有助于调整保障解决方案，并最终优化产品保障操作和作战人员成果。

指标的选择或制定应可以促进性能改进、有效性和效率的提高，以及创新方法的应用。虽然不存在完美的指标，但选择合适的补充指标可在将出现非预期后果的可能性降至最低的同时，促进预期行为和成果的产生。有效的指标可以确保产品保障集成商和产品保障供应商的活动与作战任务相匹配，满足作战人员需求，且可按时交付高品质的产品，并降低成本（或避免产生成本）。

最佳实践应为确保所选定的指标满足“具体、可测量、可实现、相关性和及时性”测试要求。所选定的指标应：

S=具体：明确且重点突出，以避免产生误解，并具体说明允许的范围或阈值。

M=可测量：应规定测量单位，并将其与潜在数据相关联，以确保完成有意义的统计分析。

A=可实现：在预期的使用方案（Concept of Operations，CONOPS）下可实现、合理、具有成本效益且可靠。

R=相关：与作战人员需求相关，适用于产品保障集成商/产品保障供应商的具体范围和责任水平，可促进正确的长期行为，且与合适的奖励措施相关。

T=及时：在规定的时间内可行。

指标是否合适取决于预期的成果、应用层级（系统级、子系统级或组件级）和产品保障要素。例如，供应物资可用性、客户等待时间和订单完全执行率都是平衡的子系统或部件供应保障指标。这一组指标可以确保在作战人员申请某个部件时，有规定比例的部件可供发放。如果不能立即发放，部件也可在规定的时限内交付，且为符合工作订单要求的合适部件。上述指标可共同促进供应保障工作的优化和平均故障间隔时间的延长。与供应保障指标相结合，这一组指标还可通过交付规定的作战可用性/性能水平，以及在部件出现故障时将停机等待时间降至最低来改进使用性能。

另一组补充指标为平均故障间隔时间、平均故障修复时间以及后勤响应时间。这三个指标可确保组件根据规定使用，并确保其在损坏的情况下可快速恢复使用。此外，如果需要更换，这些指标还可确保组件在规定的时限内交付。

在选择一组指标时应小心谨慎，以确保不出现过剩或相互冲突的情况。多个指标可能强化预期的行为或导致不良的冲突。举例来说，同时使用平均拆卸间隔时间和平均故障间隔时间就属于指标过剩，因为这两者都与物资可用性相关，且同时对两者进行评估一般不会达到改进性能的目的。很多基于性能的保障工作都会犯的错误就是使用过多的指标。同时关注多个指标（如装备可用性、可靠性、修理周转时间和强制库存水平）很可能会削弱预期的成果。仅提供有限数量的补充指标可确保产品保障集成商和产品保障供应商在考虑其责任范围之后，集中精力完成重要且可实现的工作。

设定基于性能的保障指标等级是一种很好的理解指标之间的相互关系、其对最高级性能成果的作用以及其相互作用的方式。基于性能的保障指标等级可做以下划分：

- **第 1 级指标**为首要的最高级性能目标，或者是基于性能的保障协议的特性。
- **第 2 级指标**具有诊断功能，且可为第 1 级指标提供保障。该诊断关系有助于识别第 1 级指标出现性能缺口的根本原因。
- **第 3 级指标**具有诊断功能，也可为第 2 级指标提供保障。

上述基于性能的保障指标等级概念与适用于基于性能的协议所解决的集成产品保障要素的供应链使用参考模型类似。设定上述等级和对其进行分解的主要目的是验证指标“累积”。

表 7-3～表 7-9 给出了基于性能的保障协议中常见的指标。请注意，产品保障指标可以根据潜在的使用成果进行分类，其也可与集成产品保障要素保持一致，并包含持续保障工程的适宜性属性（如可靠性、平均故障修复时间）。

表 7-3　作战可用性与相关指标

名称	缩写	定义	公式
作战可用性	A_O	在作战状态下，某个系统或某个部件的一组系统能够执行指定任务的时间百分比，其可表示为正常运行时间/（正常运行时间+故障停机时间）	A_O=正常运行时间÷（正常运行时间+故障停机时间）。该指标还可表示为平均维修间隔时间÷（平均维修间隔时间+平均维修时间+平均后勤保障延误时间）
为任务做好准备	RFT	某项资产执行指定任务的能力	
出动架次率	SGR	在规定期限内每架飞机出击的次数	每个时间段的总出动架次÷飞机数

表 7-4　装备可用性与相关指标

名称	缩写	定义	公式
装备可用性	A_M	在作战状态下，可以（为任务做好准备）在规定时间内，根据装备状况，执行指定任务的某个系统的整体库存百分比	A_M=作战可用成品数量÷成本总数量
不能执行任务率	NMC	不能执行任务的资产百分比	不能执行任务的资产数量÷作战单位或更高等级组织的资产总数量
等待供应而不能执行任务	NMCS	由于零部件丢失而无法执行任务的资产数量（或百分比）	等待供应而不能执行任务的资产数量÷作战单位或更高等级组织的资产总数量
等待维修而不能执行任务	NMCM	由于当前维修（无论是否列入计划）而无法执行任务的资产数量（或百分比）	等待维修而不能执行任务的资产数量÷作战单位或更高等级组织的资产总数量

表 7-5　可靠性与相关指标

名称	缩写	定义	公式
可靠性	R	系统在规定的间隔时间和规定的条件下无故障运行的可能性	在初期可以预期的无故障间隔时间表示，该间隔时间可在之后转化为用作需求的故障频率
平均拆卸间隔时间	MTBR	在拆卸之前子系统或组件维持已安装状态的平均时间	一个时间间隔内的总运转小时数÷该时间间隔内拆卸的子系统或组件的总数
平均故障间隔时间	MTBF	在特定时间间隔内，某个产品的总功能性寿命÷该产品类别的总故障次数（需要采取维修补救措施）	一个时间间隔内的总运转小时数÷该时间间隔内的故障次数
严重故障的平均维修间隔时间	MTBMCF	在特定时间间隔内，某个产品的总功能性寿命÷该产品类别的总任务严重故障次数（需要采取维修补救措施）	一个时间间隔内的总运转小时数÷该时间间隔内的任务严重故障次数
平均系统中断间隔时间	MTBSA	一类资产在一个时间间隔内的总运转时间÷系统中断次数	一个时间间隔内的总运转小时数÷该时间间隔内的系统中断次数
平均作战任务故障间隔时间		一类资产在一个时间间隔内的总运转时间÷作战任务故障次数	一个时间间隔内的总运转小时数÷该时间间隔内的作战任务故障次数

续表

名称	缩写	定义	公式
平均基本功能故障间隔时间	MTBEFF	在特定时间间隔内，某个产品的总功能性寿命÷该产品类别的总基本功能故障次数（需要采取维修补救措施）	一个时间间隔内的总运转小时数÷该时间间隔内的基本功能故障次数
平均非预定维修间隔时间	MTBUM	一类资产的平均非预定维修间隔时间	一个时间间隔内的总运转小时数÷该时间间隔内的非预定维修次数
平均维修间隔时间	MTBM	代表所有维修行动（包括修复性和预防性维修）平均间隔时间的可靠性评估标准	一个时间间隔内的总运转小时数÷该时间间隔内的维修次数
平均部件拆卸/更换间隔时间	MTBUR	参见：平均拆卸间隔时间	
飞行时间	TOW	自最后一次维修行动起经过的飞行小时数(通常以平均值表示)	自最后一次需要拆卸的维修行动起的运转小时数
预期使用寿命		根据系统规格估算的资产使用寿命	不适用
任务完成率	MCR	一类资产成功完成预期任务（如歼灭射击可靠性）的比率	已完成任务的总数÷一个时间间隔内任务的总数
平均维修间隔时间	MTBM	代表所有维修行动（包括修复性和预防性维修）平均间隔时间的可靠性评估标准	
急需程度标识	UND	急需程度标识代表的是维护人员申请零部件时的急需程度	根据政策设定

表 7-6　平均故障停机时间与相关指标

名称	缩写	定义	公式
平均故障停机时间	MDT	将某项资产恢复至具有全面作战能力所需的总平均故障停机时间。平均故障停机时间包括从报告资产停机到资产恢复使用/生产之间的时间。此外，平均故障停机时间还包括报告、后勤与物资采购，以及需要修理或预防性维护的设备的挂牌与上锁等行政工作所需的时间	平均故障停机时间=平均预防性维护时间+平均修复性维护时间+平均后勤延误时间/总故障次数
一般指标			
后勤响应时间	LRT	从客户提出申请之日到客户收到订购的物资之日所经过的时间（以平均日计算）	不适用

续表

名称	缩写	定义	公式
回撤周期		从物品发生故障到资产恢复可执行任务状态所经过的时间	不适用
周转时间	TAT	从启动某项行动到其完成之间所经过的时间（适用于维护、修理和后勤）	平均周转时间=修理花费的总时间/修理工作的数量
后勤延误时间	LDT	等待实施实际维修工作所需的资源而造成的延误导致的停机时间	不适用
实际周期与预测周期的比值		实际周期（如回撤、维护与修理周期）与预测周期之间关系的评估值	平均实际周期÷平均预测周期
后勤覆盖区域		政府/合同商规模或部署、维持和运转某个系统所需的已部署后勤保障的“存在区域”	不适用
维护/修理指标			
平均维护时间	MMT	物品可维护性评估标准（应同时考虑预防性和修复性维护）	计算方法：加上预防性和修复性维护时间，再除以规定期限内的计划和非计划维护事件的总数
平均修理时间	MTTR	修复性维护花费的总时间（时钟小时数）÷规定期限内的修复性维护行动的总次数	规定期限内修复性维护所花费的总小时数÷该期限内修复性维护行动的总次数
修理周转时间	RTAT	开始修理到完成修理所经过的时间	不适用
修理周期	RCT	修理周期指的是从（直接支援部队、全般支援部队或建制维护部队的）修理设施收到出现故障的物品到物品准备好重新发放的时间（天数或小时数），或者是从物品出现故障到故障完成修复，进入库存货重新发放所用的平均时间	加上发运至维护梯队的回撤时间和维护梯队的周转时间。回撤发运时间指的是从物品出现故障到负责修理的维护梯队收到物品之间所用的平均时间。修理周期=恢复时间+周转时间
维护停机时间		系统/设备处于无法发挥预期功能状态的总时间。维护停机时间包括实际维护时间、后勤延误时间和管理延误时间	不适用
平均修复性维护时间		参见：平均修理时间	
每运转小时的维护工时		系统每个运转小时所需的维护工时数（通常以平均值表示）	总维护工时数÷总运行小时数÷资产数，以确定每项资产每个运转小时的维护工时

续表

名称	缩写	定义	公式
直接工时		直接人工（如可触摸人工、其他直接可归属工作）完成的工时数，用于评估基地级维修能力、工作量或能力	
报废率		无法修理或恢复的可修理回撤资产的百分比	必须报废的可修理回撤资产数量÷可修理回撤资产的总数量
每运转小时的拼修次数		每个运转小时所需的部件拼修次数	总部件拼修次数÷总运转小时数
设备利用率		某类维护设备实际使用的频率（可以是实际使用的设备百分比或使用单件设备的时间百分比）	实际使用的设备件数÷设备总件数，或者使用某件设备的小时数/天数÷规定间隔内的总小时数/总天数
基地流动天数		将资产引入基地和将其返回至库存之间经过的天数	不适用
维护周转时间		开始维护行动和行动结束之间经过的时间	不适用
客户等待时间		从基层级维修部门提交客户订单到基层级维修部门收到订单用的总时间	每月进行评估。所有时间按平均值计算
确定时间交付依从性	TDD Compliance	满足确定时间交付标准的申请数与总申请数的百分比	不适用
维护测试飞行小时数		每个月每架飞机由于维护导致的测试飞行小时数	不适用
订单满足率指标			
订单满足率		供应商在接到订单后的24小时内以库存发运的订单百分比。在服务方面，该指标指的是供应商在24小时内完成的服务的比例	目前国防部对批发和零售供应使用的都是可比较的利用率
订单完全执行率		正确的产品以规定的数量，在规定的时间内交付至客户，且产品状况良好，并附有用于财务交易处理的正确文件的次数百分比	
高优先级订单满足率			在规定时间内满足的高优先级申请数（01～04）÷提交的高优先级申请数
供应时间指标			
客户等待时间——由于供应不能执行任务		由于部件获取时间延误而导致的维修延误致使系统无法运行的时间（天数或小时数）	

续表

名称	缩写	定义	公式
申请响应时间		根据优先级在申请收到之后发放物品所需的时间	可以作为一个目标或作为平均值进行评估
后勤（亦称供应）响应时间	LRT/SRT	从客户提出申请之日到客户收到订购的物资之日所用的时间（以平均日计算）	
装备申请周期		参见：后勤响应时间	
产品交付周期		从制造商订购物资到交付部件所用的时间	
采购交付周期		从收到某个部件的需求信号到制造商收到部件所用的时间	
按时交付百分比		按时交付的交付物百分比	按时交付的物品数量÷交付物的总数量
供应商准时完成率		参见：按时交付百分比	
订单完成周期		参见：后勤响应时间	
可用性指标			
供应物资可用性	SMA	可供应规定的修理件或备件的时间百分比	
库存可用性		可使用现有库存立即满足的申请百分比	库存可用性=100-（延期交货订单/净需求）
效率指标			
供应计划准确性		可用的修理件或备件供应与其预期库存水平之间的相符性	
库存准确性		修理件或备件库存与其规定的库存水平之间的相符性	
延期交货指标			
执行任务能力受损的等待部件	MICAP	由于缺少一个或多个修理件或备件而导致无法充分执行任务的资产的状态	在申请时无库存的规定武器系统/成品的修理件或备件数量
延期交货率		在申请时无库存的规定武器系统/成品的修理件或备件数量÷部件总需求量	延期交货率=工作订单等待部件的总数量/工作订单所需部件的总数量
延期交货持续时间		从提出无库存备件申请到收到满足订单要求的备件所用的平均时间。延期交货持续时间包含在收到之前订购物品的时间内。管理与生产交付周期也会影响上述等待时间	缺少一个或多个修理件或备件的资产状态
运输/其他后勤指标			
回撤发运时间	RST	从物品出现故障到负责修理的维护梯队收到物品所用的平均时间	回撤发运时间=从出现故障到维护梯队收到物品所经过的总时间/回撤事件的总数

续表

名称	缩写	定义	公式
发运/运输时间		运输某个物品所需的时间（例如，在使用部队和维护设施之间的运输，或者制造商和仓库之间的运输）	
交付准确性		交付的部件与订购的部件的相符性	错误部件或缺少部件的数量÷订购总量
运输过程中损坏的部件百分比		在运输过程中损坏的部件数量÷部件总数量	在运输过程中损坏的部件数量÷部件总数量
项目管理指标			
管理延误时间	ADT	维护工作由于管理性质（如人员分配优先级、基层级限制条件、运输延误或者工人罢工）导致延误期间的维护停工时间	

表 7-7 信息系统相关指标

名称	缩写	定义	公式
网络就绪	NR	识别以网络为中心的使用需求，确保新的信息系统能力在最大程度上适合现有的国防部架构和基础设施	符合以服务为导向的架构（Service-Oriented Architecture，SOA）技术和政策；符合行业许可的开放标准
信息系统/业务一致性		信息系统与组织策略和业务需求保持一致。属性： • 架构属性——描述系统特性的属性，如中央处理器速度或开发语言； • 质量属性——可修改性、性能、可用性、可靠性	定量可观察属性，如软件代码行（Software Lines of Code，SLOC）、功能点
互操作性		当信息或服务在系统和用户之间直接交换时系统之间达到的状态。 国家安全系统（National Security System，NSS）与信息技术系统（Information Technology System，ITS）互操作性包括信息技术交换，以及根据任务完成度要求交换的信息的端对端操作有效性	集成架构分析
可用性		用于评估用户经验，其一般被视为是效果、效率和满意度的结合体	完成率、任务级别的满意度以及任务时间

续表

名称	缩写	定义	公式
可维护性		用于评估软件系统修改的难易程度。如果出现以下情况，则有必要进行修改：故障修复；使系统适应新需求；添加新功能；删除现有功能，或者在出现错误或缺陷，且对其可改进、变更时进行修正	因素示例： • 业务需求复杂性 • 应用复杂性 • 数据结构复杂性 • 代码复杂性 • 变更历史 • 自动化文件 • 业务概述文件 • 代码注释 • 代码长度 • 发布频率
安全性		计算环境下信息资产的安全漏洞可通过国家标准与技术研究所（National Institute of Standard and Technology）设计的通用安全漏洞评分系统（Common Vulnerability Scoring System，CVSS）进行评估。对安全性的评估包含以下六个标准： 1. 访问向量（Access Vector，AV）：用于评估本地或远程安全漏洞的利用方式。攻击信息资产的攻击者所处的位置越远，安全漏洞分数就越高。 2. 访问复杂性（Access Complexity，AC）：用于评估当攻击者获得目标系统访问权限之后，利用安全漏洞所需的攻击复杂程度。规定的复杂程度越低，安全漏洞分数就越高。 3. 认证（Authentication，Au）：用于评估某个攻击者在利用某个安全漏洞时需要进行目标认证的次数。所需的认证次数越少，安全漏洞的分数就越高。 4. 机密性影响（Confidentiality Impact，CI）：用于评估当攻击者成功利用安全漏洞之后对机密性的影响。对机密性的影响越大，安全漏洞分数就会越高。 5. 完整性影响（Integrity Impact，II）：用于评估当攻击者成功利用安全漏洞之后对完整性的影响。对完整性的影响越大，安全漏洞分数就会越高。 6. 可用性影响（Availability Impact，AI）：用于评估当攻击者成功利用安全漏洞之后对可用性的影响。对可用性的影响越大，安全漏洞分数就会越高	评分过程首先会根据基线方程式计算基线指标，这一步会确定从 0 到 10 的分值范围，并生成一个向量。该向量就是一个包含每个指标指定值的文本串，其可用于确认每个安全漏洞分数的推断方式

续表

名称	缩写	定义	公式
可扩展性		指的是某个硬件或软件可扩展，以满足未来计算需求的能力。可扩展性有多种评估标准，其中包括： • 管理可扩展性——数量不断增加的组织或用户轻松共享单个分布式系统的能力。 • 功能可扩展性——通过以最小的工作量增加新功能的方式强化系统的能力。 • 地理可扩展性——在不考虑从集中于某个局部区域扩展至更分散的地理模式的情况下维持性能、有效性或可用性的能力。 • 负载可扩展性——分布式系统可扩展，并将其资源池收缩，以容纳更重负载或更轻负载或输入数的能力，或者系统或组件可修改、添加或移除，以容纳不断变化的负载的难易程度。 • 代可扩展性——系统通过使用新一代组件按比例扩展的能力。 • 异类可扩展性——使用来自不同供应商的组件的能力	
可移植性		用于评估软件系统或程序在修改后可在执行环境而不是为其专门设计的环境中运行的难易程度。执行环境包括操作系统、中间软件、硬件和环境界面	一般情况下，可移植性以移动软件完成数据转换和文件更新所需的时间表示
可重用性		某个软件模块或其他工作产品可用于不止一个计算程序或软件系统的程度。 软件的重用包括两种类型：黑盒和白盒。黑盒重用表示通过明确定义和记录的接口对终端用户隐藏代码执行过程，这可使终端用户在无须了解执行过程的情况下使用组件。白盒重用则指的是在重用时，用户需要访问组件的内部执行过程，以便做出修改。在有多个执行者的情况下，这种方式更为常用，因为在这种方式下，组件可定制，以满足目标系统的具体需求。 在不考虑重用模式的情况下，发现和评估重用软件的过程都很类似。该过程的关键步骤包括：	

续表

名称	缩写	定义	公式
可重用性		（1）指定需要创建的对象； （2）针对重用候选项搜索项目、域以及通用数据库； （3）评估候选项，确定应使用的部分； （4）在必要的情况下做出修改，以满足具体需求； （5）整合可重用的组件； （6）验证包括新组件在内的系统； （7）反馈与重用结果相关的知识	

表 7-8　所有权成本与相关指标

名称	缩写	定义	公式
所有权成本		维护资产所需的总成本	不适用
使用单位成本		总使用成本÷适合于规定系统的计量单位。根据系统的不同，测量单位可以是飞行小时数、锅炉工作时间、发射数、行驶的千米数，或其他服务和系统的专门指标	总维护/修理成本÷资产数量。 与产品保障相关的总人工成本÷资产数量
每月/年每个系统/子系统/组件的成本		在规定时间内，与系统/子系统/组件相关的单位成本评估标准	总使用成本÷资产数量÷时间单位数量
每个单位的维护/修理成本		用于获得规定系统的维护人员成本。该指标可用于对比计划系统维护人员人工成本和之前使用的或类似系统维护人员人工成本。此外，该指标还可用于监控不同地点规定系统使用寿命内的维护人工成本，以确定是否存在变化或是否需要修改预算要求	总维护人员成本÷总运转小时数
单位人工成本		用于评估某个系统/子系统/组件的单位人工成本	与产品保障相关的总人工成本÷资产数量
总库存价值		库存资产的总价值（美元）	每项资产的库存数量×该资产的采购价格，然后再计算所有资产类型库存价值的总和
库存价值		参见：总库存价值	
每个运转小时的使用与保障成本		使用和保障某个系统所需的所有成本的总和÷系统运转小时数。在合适的情况下，可使用千米、周期或圈等单位来替代小时数	总使用成本÷总运转小时数

续表

名称	缩写	定义	公式
每个运转小时的维护成本		使用和保障系统所需的所有维护成本的总和÷系统运转小时数。在合适的情况下，可使用千米、周期或圈等单位来替代小时数	总维护成本÷总运转小时数

表 7-9　其他成果指标

名称	缩写	定义	公式
一般指标			
每年交付的训练小时数		每年交付的训练小时数	不适用
小型企业合同商数量		为指定资产提供产品保障的小型企业合同商数量	不适用
基地相关指标			
基地直接工时		由人工完成的工时数，包括分配给特定产品、成本中心或工作订单的生产和服务人工	不适用
基地能力利用		在为指定资产提供保障的过程中所使用的基地能力百分比	
工时数		指定系统产品保障所需的总工时数	不适用
建制保障百分比		以建制或相反的方式提供的系统保障（通常指维护）比例，以及通过与合同商签订协议的方式提供的保障比例	建制工时÷总工时

7.4　基于性能的合同定价：基于风险的方法

过去，流程效率低和规划不周全会通过成本加成合同转移到顾客身上，而现在，随着基于性能的合同的使用，这些直接由供应商承担，这就可能降低利润率。然而，因为这些交易类型较新且较复杂，大多数原始装备制造商在尝试计算风险时面临着巨大的挑战。为了保护自身利益，很多原始装备制造商只是将风险乘数加到合同成本中去。该方法的问题在于无法知晓“容差系数”的大小是否合适。如果容差系数较小，供应商会面临较大的损失；但是如果容差系数较大，供应商的投标价格可能不具有竞争力。

这里提供了一种使用新型工具和技术来更加准确地对基于性能的保障（Performance Based Logistics，PBL）合同中的固有风险进行识别、定价和管理的方法。原始装备制造商在量化其风险并设计可持续的、可盈利的且具有竞争力的基于性能的合同时，应该考虑使用这一方法。

7.4.1 找到问题的关键

需求建议书（Requests for Proposal，RFP）编制面临的最大挑战是，对不能满足客户要求的性能目标的风险进行量化。通过风险分析可知，一系列基于性能的保障合同要素都能够对这一问题产生重大影响，如图 7-1 所示。然而，当将成本不确定性程度纳入分析中后，两个要素脱颖而出：备件和修理件。这是由合同周期内备件需求的不确定性和随机性导致的。备件需求、计划的采购、修理件或零部件制造的传统计算方式是不准确的，不再被基于性能的保障所接受，在基于性能的保障中，性能较低的库存计划会极大地影响合同的履行。在基于性能的保障中，要想在财务方面获得成功，在合适的时间和合适的地点获取合适的零部件是最重要的。原始装备制造商将更多的注意力放在计算整个保障网络中备件和修理能力的所需等级和分配上，所以能够更加有效地对基于性能的保障合同进行定价，并能够极大地降低其在执行所制定的合同时面临的风险程度和不确定性。

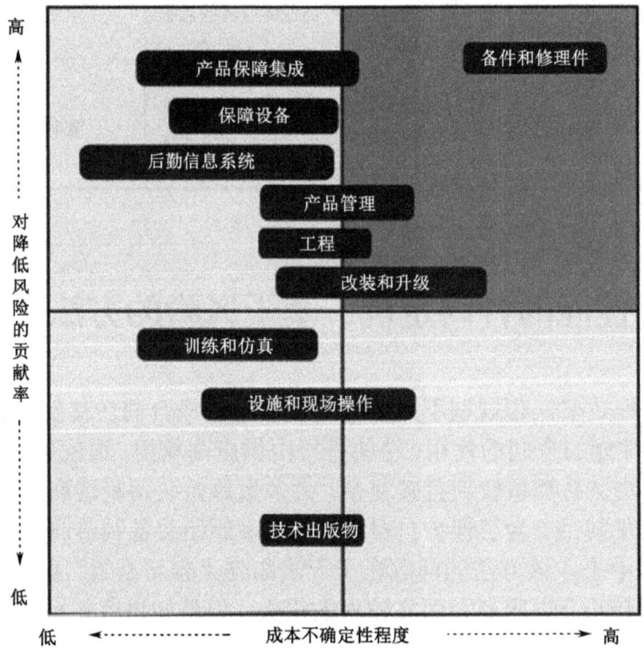

图 7-1 执行合同时面临的风险程度和不确定性

7.4.2　量化备件和修理网络中的成本和风险

想要了解和量化与备件和修理件相关的成本和风险，需要具备以下三项主要能力。

1. 具有应对复杂事物的能力

在过去，大多数原始装备制造商只负责零部件的一个层级：供应商分配。它们通常会根据以往需求模式、所观察到的可靠性，以及预计的客户资产使用情况，制定制造和购买决策。通过使用基于性能的保障，原始装备制造商需要对整体价值链的更大一部分承担责任。这包括多级备件分配和修理能力（见图 7-2），所有这些都会影响合同规定的明确性能目标。由于基于性能的保障合同通常涉及复杂的系统，而非单个零部件，所以复杂度级别更高。

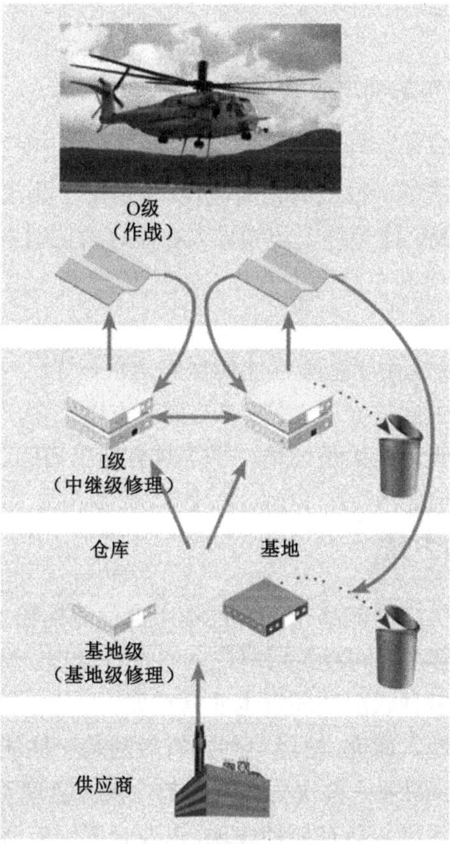

图 7-2　多级备件分配和修理能力

仅能够为单一级别的材料清单分配单一级别的零部件，已经不能够满足要求了。多级和多层零部件网络非常复杂，需要更加精密的工具、更加准确的数据以及更多的知识，才能够对其加以利用。

2. 具有处理不断变化的合同条款的能力

需求建议书团队面临着一个复杂的问题和大量的未知情况。在签约过程中，关键假设通常会发生变化。此外，需求建议书通常要求对多个场景进行规划，例如，战时激增能力、不同等级的系统可用性以及多种部署方案。在人工操作、易出错和基于电子表格的模型中执行烦琐的迭代，这会使早已承受巨大压力的需求建议书团队陷入混乱。

人工操作的表格计算十分费力，此外，用来管理合同的工具就是合同的定价工具，这依然非常重要——这就增加了实际结果与初步模型相一致的可能性，不会给双方带来太多意外。

3. 具有展开适当级别的尽职调查的能力

即在对风险构成因素进行定价时，具有展开适当级别的尽职调查的能力。

上文中的人工方法基于很多简化的假设，所以用于测定风险的尽职调查的级别不适用于较大的交易。这导致公司领导人在签订合同时有重大盲点：合同风险的定价是否较低（导致其在交易中亏损）或定价较高（这意味着投标不具有竞争力）。

将“黑盒子”方法应用于基于性能的保障定价，这已经不再为人所接受。需求建议书团队需要向企业领导人、受影响的第三方以及客户说明他们是如何制定出风险条款的，并证明该结果是公平、平等且有竞争力的。

7.4.3 更好的方法

基于性能的保障供应商能够在定价过程中自信地构建复杂的、动态的备件和修理网络模型，并能够在合同授予后对该网络进行管理，这一点非常重要。有一个自动化模型来处理多种状况和场景也非常重要。

通过相关专家的深入研究，已经对制定有效的基于性能的保障合同有了深刻的了解。经典的激励合同理论首次与维修零部件供应链理论相结合，以建立有关签约各方在不同情况下可能会有何种表现，以及合同中应该如何对风险和成本分担因素进行定价的模型。

7.4.4　定价方法

定价方法主要有六个步骤，如图 7-3 所示。

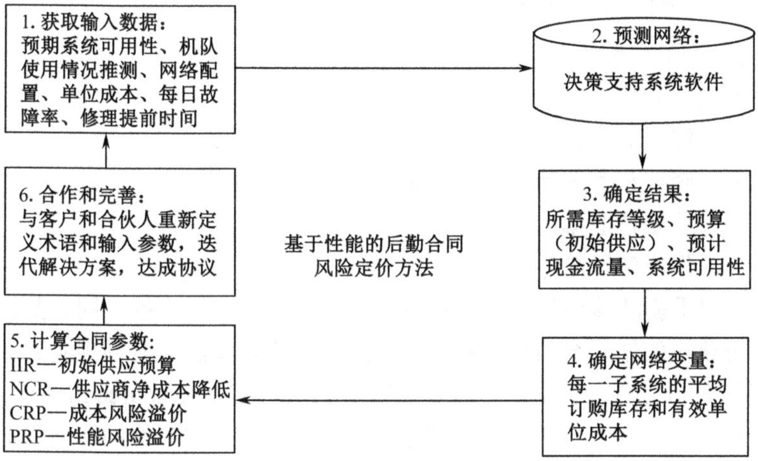

图 7-3　定价方法

第 1 步：获取输入数据

解决这一问题的第一步是搜集驱动该模型所需的数据。所需的一般数据包括：

- 客户/系统机队
  - 网络中系统的数量（对于机队来说，这指的是机队中飞机的总数）；
  - 机队组合（如有）；
  - 供应链网络结构；
  - 网络上的部署；
  - 材料清单（Bill of Materials，BOM）/契约层级；
  - 资产所有权；
  - 零部件消耗和系统性能历史记录（对于现有产品和零部件的项目）。

决策支持系统软件应该有一个明确定义的数据模型和适配器，这样可以轻松地整合供应商或客户的交易系统中的数据。该数据库将作为“基于性能的保障数据库”，该数据库包含用于分析和规划的基于性能的保障合同的相关数据。

- 性能目标
  - 预期系统可用性——用于实现可靠性、可用性和可维修性（美国国防部指南将可用性定义为“最终产品处于可使用状态并且在未知随机时间点任务分配后能够立即用于执行任务的度量标准”）；

- 缺货订单的最大数量；
- 客户等待时间；
- 订单满足率；
- 预计飞行时数概况。

- 供应商/子系统
  - 可靠性；
  - 修理能力；
  - 修理和购入新产品的提前时间；
  - 总修理成本；
  - 供应商风险。

注意：用于驱动该模型的数据可能来源于各种途径。根据不同的数据完整性和质量，所获得的结果会有所不同。在不久的将来，我们会看到预测建模和基于性能的保障分析工具与公司的企业资源规划（Enterprise Resource Planning，ERP）平台整合在一起。这将会实现数据搜集自动化（上千种零部件的修理和故障数据可供使用）、更高级别的完整性，以及结果的更高总体置信度。图 7-4 显示的是 MCA 的服务规划和优化（Service Planning & Optimization，SPO™）解决方案的分解图。这是决策支持构架的一个例子，它能够满足基于性能的保障分析的需求。

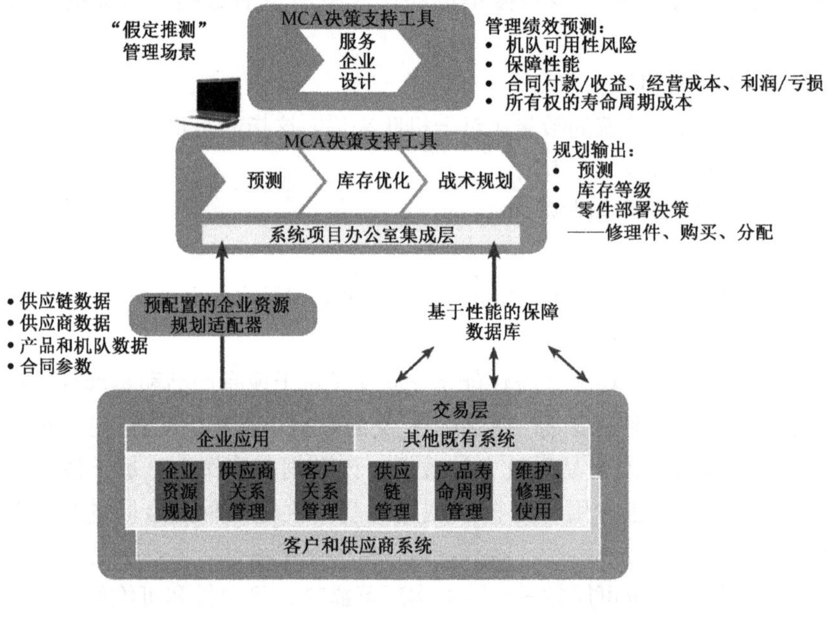

图 7-4　MCA 的服务规划和优化解决方案的分解图

第 2 步和第 3 步：预测网络和确定结果

将客户的预期结果以及系统、零部件和网络的特征输入到软件工具中，从而执行该部分的分析。这些运算应该考虑预期系统性能、多级多层网络、最终产品在网络中的分布、机队使用情况预测、每日故障率、零部件的单位成本和修理提前时间。图 7-5 展示的是输入性能目标的窗口，该窗口是 MCA 解决方案工具中的“网络目标”页面。

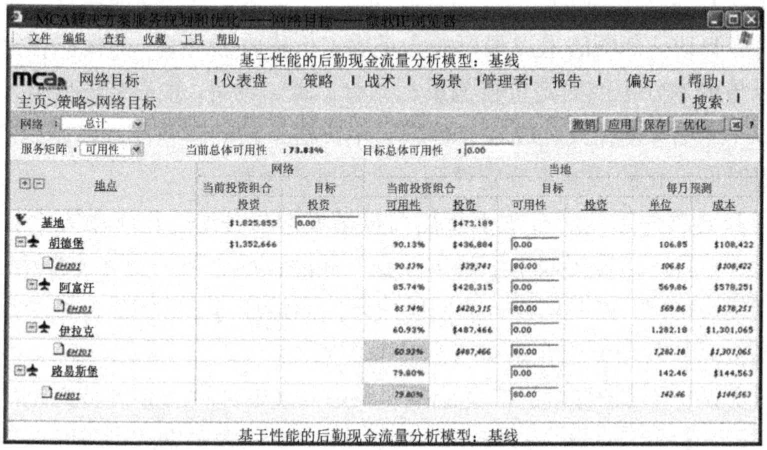

图 7-5　MCA 解决方案工具中的“网络目标”页面①

第 4 步：确定网络变量

网络工具的输出为用户提供了网络中所有部分的预期初始供应等级。这有助于确定每一方所需的初始资金支出，以便有效地使用网络，从而满足客户的预期性能目标。除此之外，用户应该了解子系统的单位成本和平均订购库存。

想要确定子系统的单位成本，首先需要计算投入到库存中以支持每一子系统的总金额，然后用得到的结果除以库存中的零部件数量。想要计算每一子系统的平均订购库存，首先需要计算每一零部件的泊松故障率的总和（从 1 到子系统中零部件的数量），然后用得到的结果乘以每一零部件的修理提前时间。该结果的数量级应该小于网络中最终系统的总数。这一点非常重要，因为我们的模型使用的是固定故障率近似值，为了使该近似值始终为真，平均订购库存必须远远小于最终产品的总数。

因此，每一子系统的两个重要变量就产生了，它们是平均修理成本和任何时

① 来源：MCA 解决方案公司。Copyright © 2008。

间的平均订购库存。

第 5 步：计算合同参数

影响基于性能的保障合同期限条款的主要因素包括相对于客户风险规避等级的供应商风险规避等级和与系统支持相关的成本不确定性等级。制定有效的基于性能的保障合同的一个关键是，根据产品寿命周期中各个阶段的变量变化制定合同。例如，在新产品研发的初期阶段，产品不确定性很高，因此，较高的成本风险分担级别能够激励供应商参与合同的制定。或者，当产品成熟且支持成本的不确定性较低时，合同的重点很可能会是固定价格收益计划。与性能相关的合同条款可以与成本分担或固定价格构成相结合。研究表明，最有效的合同（从总体供应链效率来看）包括具有成本分担或固定价格条款的绩效激励措施组合，该组合是随着时间变化的成本不确定性和风险态度的函数。

供应商的软件工具应有助于量化大量场景中与备选合同参数方案相关的交易和风险，并且应该捕捉成本不确定性变化和潜在程序环境变化（也就是说，包括程序规模、范围、产品可靠性、低层次合同商绩效等）等因素。每一程序和每一合同商会对如何定义潜在场景有独特的观点。

通过美国国防部①提供的研究成果，供应商能够建立规划支持系统，该系统能够在有限规划期间（涵盖合同期限）内，为主系统和子系统供应商以及客户计算现金流量并进行性能预测。该系统也应该将实现的性能（系统可用性）作为模型的随机变量，生成潜在概率分布，从而量化这些现金流量和性能矩阵的总体风险。该风险预测可以用来制定利润—亏损—现金流量图（概率分布）。使用该信息，供应商能够更好地量化风险溢价的价值，从而根据协商的合同，在可接受的置信水平（概率）上实现项目的总体盈利水平。

第 6 步：合作和完善

需求建议书团队在获得初始结果后，与利益相关方讨论如何制定条款非常有必要。此时，可以在公开透明的有益于学习和建立来信关系的环境中探讨可以用来降低成本和风险的方法。通过使用决策支持系统，在建立所需数据集并将其上传至系统后，根据不同的数据集，运行多个假定推测场景，以测试不同的网络方案和配置或对未来操作进行变更。在过去，这可能会耗费大量时间进行易于出错的分析、再次进行数据提取，以及使用难处理的电子表格。通过充分使用有效的决策支持系统，需求建议书团队能够很快地确定更改需求建议书假设所带来的影

① 美国国防部. 2005. 用于实现可靠性、可用性和可维修性的国防部指南[EB/OL]. http://www.dote.osd.mil/reports/RAMGuide.pdf.

响，并能够将更多的时间用于重点研究合同其他风险相关领域。

7.4.5　具体优势

使用新型的基于模型的方法来对基于性能的保障合同进行设计和定价，这具有多方面的优势。

1. 灵活性

客户在制定需求建议书过程中经常改变他们的需求。对于依靠人工处理和电子表格来确定合同条款的原始装备制造商来说，这是一个非常令人头痛的事。与此相反，对于研发了严密分析模型的公司来说，这些调整都不是问题。这些公司能够快速和高效地适应大量的变化，包括网络配置、需要涵盖的零部件、可靠性因素、激增能力、预算降低、预期性能目标以及其他方面的变化，并且不会在最后时刻手忙脚乱或返工。

2. 对不同时期的适应性

风险承受能力和成本等关键变量会随着时间的推移而发生变化。用基于模型的方法调整分析以应对这些变化，或者将交易构造成一系列连续的短期合同，每一个合同都能反映特定时间点的独特操作要求和参数。这一分阶段的方法也适用于单个子系统的供应商。

3. 透明性

用来定义合同条款的条理清晰、可重复且透明的方法在当今基于性能的保障市场上独树一帜。基于性能的保障合同通常具有神秘的色彩，因为内部人能够准确地知道提议的成本和风险是如何确定的。基于模型的方法能够让双方都明白条款是如何制定的。该透明性能够促进合作，这是基于性能的保障的精髓。双方携手合作，可以将注意力放在他们最关心的合同要素上，而不是将整个谈判作为零和博弈。

4. 权衡分析

在尝试提高基于性能的保障的利润率时，原始装备制造商是否应该重点提高产品的可靠性，从而降低库存和维修成本，或者购买更多的产品库存，以满足合同条款并获取相关奖励？分析模型应该说明可靠性提高将如何影响库存和维修成本。

5. 预测现金流量的能力

习惯用“成本加成”合同的公司通常不清楚基于性能的保障是如何增加其业务价值的。基于性能的保障合同模型使用预测的使用数据，来计算操作成本的一系列预期现金流量。这些数据可以与各种来源（固定支付款项、费用结余或超支以及奖励金）的预期现金流量相结合，以帮助双方更有效地了解和管理他们的现金流量。该分析有助于说明基于性能的保障提高现金流量的稳定性和利润的潜力。

6. 合同设计和合同管理之间的一致性

使用相同的工具设计和管理基于性能的保障合同有助于提高一致性，并增加满足合同条款的概率。关键输出包括预测、更加有效的存货等级、修理通知单以及分配。通过在初期分析和正在进行的规划中使用相同的基本假设和数据库，所有这些输出会与目标（满足合同要求的最低成本）相一致。

7. 基于性能的保障定价的其他关键因素

除了使用基于模型的方法来量化与备件和修理件相关的风险外，还有很多其他经过时间考验的实践能够帮助人们更有效地对基于性能的保障合同进行设计和定价：

（1）**建立优秀的团队：**有效的定价团队包括供应链专家和财务专家，这些专家知道如何将两个学科联系起来并能够回答复杂的合同问题。例如：与重新设计相比，什么时候对提高的库存等级进行投资以便更加有效地提高可靠性？或者对提高的性能进行投资会如何影响整体合同利润？优秀的团队会知道什么风险占主导地位，如何创造利润，并且能够找到方法来构建合同，从而改善总体成果。需要确保团队中的每一位成员都了解基于性能的保障和激励合同的构成。合同专家需要接受培训，了解如何制定不同于传统成本加成合同的合同，以及如何与军方合同机构合作，从而达成协议。供应链专家需要学习处理复杂、多级多层供应链的最新方法，并且必须熟悉用来建立供应链模型的工具。

（2）**会使用适当的工具和数据：**定价团队必须拥有有效的数据，来帮助他们做出正确的决策，并管理风险。这样，团队就能够将更多的注意力放在更高价值的任务上，例如：运行场景改善程序，而不是将所有时间花费在低价值的任务上；建立电子表格模型和操作数据。当然，如果没有有效的数据，再有效的工具也没用。通过使用驱动模型的实际性能数据，将场景规划工具和企业资源规划系统以及客户系统整合在一起，这有助于提高速度和准确性。

（3）**建立基于性能的保障定价卓越中心**：很多公司都是使用不同的方法，并利用拼凑起来的团队，从零开始启动每一个需求建议书的响应。基于性能的保障定价和签约的卓越中心加上结构化方法、工具、培训以及支持信息库能够使流程更加可靠且可重复。这样，团队就能够将更多的时间花在客户身上，将更少的时间花在试图弄清楚如何对需求建议书做出响应。

（4）**内部和外部交流**：根据可靠和可重复的方法制定了合同条款后，需要与合适的利益相关者进行交流。企业合作伙伴需要明白您如何制定合同条款，您的财务总监需要了解您应该承担的义务。同样，向客户展示一定的方法能够使他们对您更加有信心，并且有助于增强某种信任，这对于提高基于性能的保障有效性十分重要。

7.4.6　总结

基于性能的保障有巨大的潜能，能够在复杂的价值链中将客户与供应商的激励措施和性能结合起来。制定相应的合同条款来适当地规避风险，这是一个真正的挑战。为此，我们认为需要拥有适用于备件和修理件的严密分析规划方法，该方法能够准确地反映您在提供必要性能时管理成本和风险的能力。使用最新的工具和技术能制定可获利的、可持续的、价格有竞争力的基于性能的保障合同。

7.4.7　个案研究——基于模型的方法

该示例说明了对简化的基于性能的合同中的备件需求进行设计和定价的重要步骤。该分析不涉及与附属领域（如基础设施、培训、技术出版物和地面支持设备）相关的成本，因为该分析假定基于性能的保障供应商在估算这些成本要素方面经验丰富。在此示例中，目标是在满足客户可用性要求的同时，降低总成本。该分析使用了 MCA 解决方案公司的软件工具，该分析包括两个场景：

（1）在每个地点中具有恒定机队使用率的基础案例；

（2）模拟的利用率提高的拓展案例（在前方地点飞行时数增加）。

下面是基线假设：

（1）单一飞机模型、单一客户合同、全球航线结构；

（2）全球服务供应链网络——向多个基地提供安装基础零部件服务，维修供应商网络；

（3）目标机队可用率为 83%，供应比率为 94%（在评价阶段内保持恒定）；

（4）每月存置成本为 3%；

（5）23 个月概况（2007 年 8 月到 2009 年 6 月）。

第 1 步：输入基线数据

首先是搜集必要输入数据，以建立全球服务供应链网络（包括维修供应商的网络）模型。典型数据如下：

- 客户/系统机队（例如：飞机数量、机队组合、供应链网络结构、部署、材料清单/契约层级、资产所有权）；
- 性能目标（例如：预期系统可用性、最大缺货订单数量、客户的等待时间、供应比率、预期飞行时数概况）；
- 供应商/子系统（例如：可靠性、修理能力、修理提前时间、总修理成本、供应商风险承受能力）。

第 2 步：计算最有效的库存投资

图 7-6 显示的是输入所有相关数据后的模型概况。在此示例中，基准模型的总可用性为 73.83%，低于所要求的水平（83%）。该模型显示了每个地点的可用性。

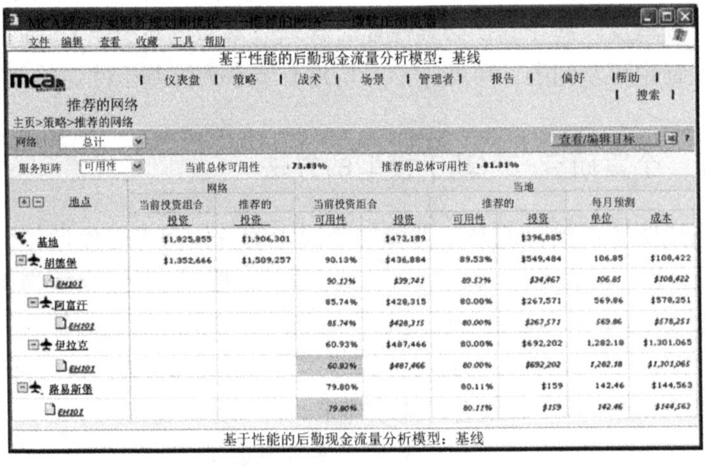

图 7-6 输入所有相关数据后的模型概况①

在执行了这些程序之后，该模型预测可用性会从 73.83%提高到 83.31%，这足以满足需求建议书的条款要求。该模型也显示出应对哪些地方进行库存投资。使用供应链网络后，对该模型通过采取必要措施（例如：库存转运、新购买零部

① 来源：MCA 解决方案公司。Copyright © 2008。

件，以及将不适用的零部件纳入修理周期）来平衡供应链网络，以满足基于性能的保障合同需求。

第 3 步：输入场景数据

确定基线后，应用该模型来分析各种不同的场景。在此示例中，备用场景中所要求的飞行时数有两个阶段出现增加情况，如图 7-7 所示。

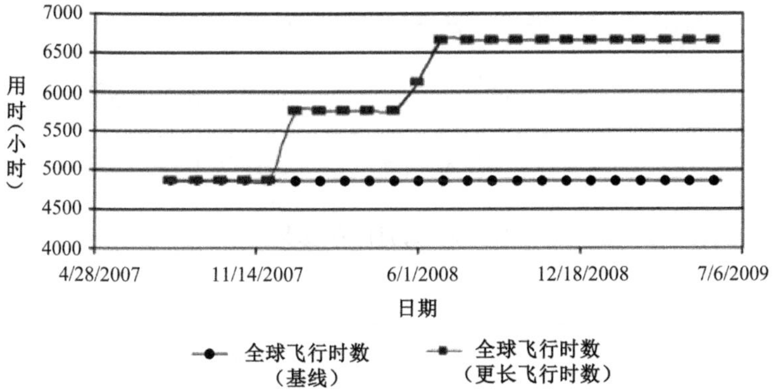

图 7-7　备用场景中的飞行时数[①]

第 4 步：确定较低总成本

目标是以可能的最低成本满足客户的可用性要求（83%）。正如人们所期望的，即使进行非常详细的分析，飞行时数增加也会造成库存成本逐步增加，如图 7-8 所示（见书后彩图）。

作为该分析的一部分，我们也使用模型来识别执行场景所必需的所有供应链事项。

第 5 步：计算总成本

下一步是考虑存置成本、新购买成本和修理成本，从而计算所有场景的总库存成本。在图 7-9 中，库存供应成本（橙色线，见书后彩图）随着飞行时数的增加而增加。图中的峰值表示用来支付与合同相关的固定间接成本的周期性固定支付款项。

① 来源：MCA 解决方案公司。Copyright © 2008。

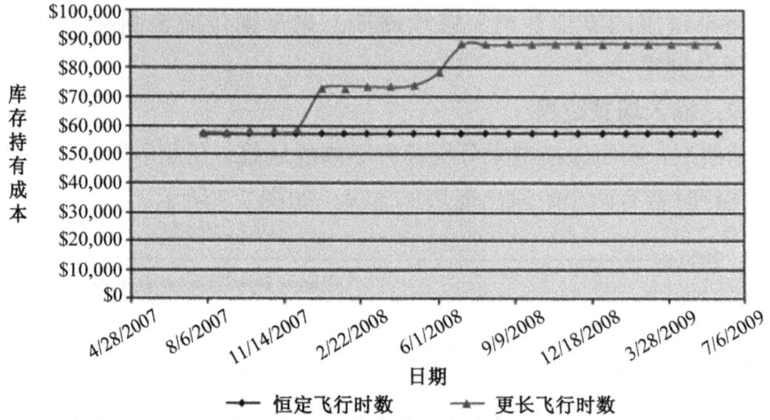

图 7-8　每月库存成本①

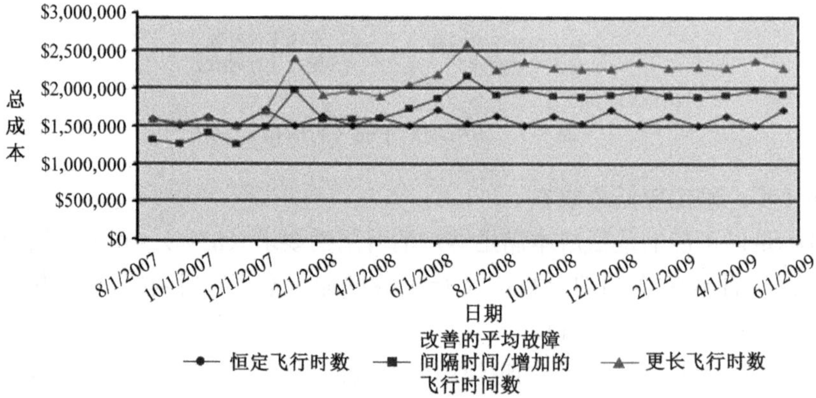

图 7-9　总成本②

第 6 步：计算合同利润率

最后一步是对比两种飞行时数场景中的利润率，如图 7-10 所示（见书后彩图）。

在此示例中，飞行时数增加会导致利润率降低。这一详细信息有助于原始装备制造商商谈更加有利的合同条款，如成本分摊协议或奖金。

---

① 来源：MCA 解决方案公司。Copyright © 2008。
② 来源：MCA 解决方案公司。Copyright © 2008。

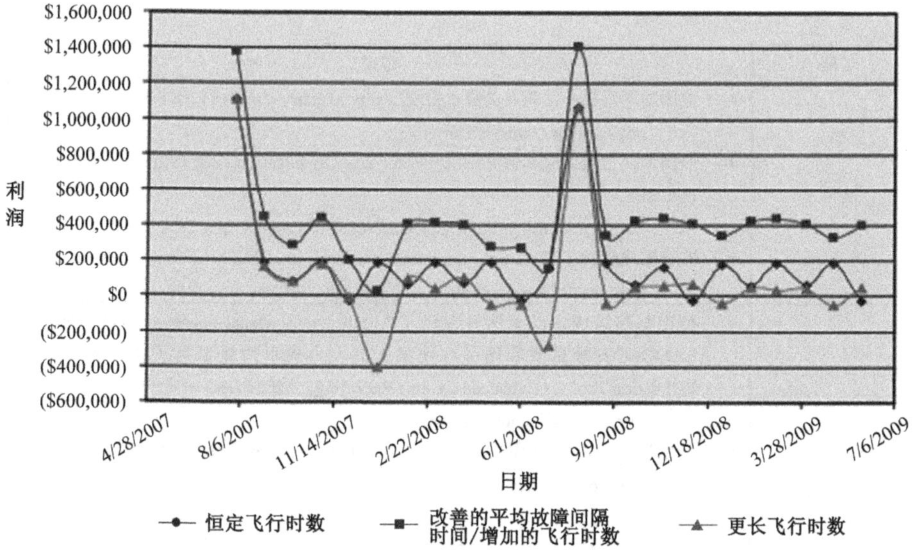

图 7-10　每月利润①

7.5　其他成本估算来源

其他成本估算来源如表 7-10 所示。

表 7-10　其他成本估算来源

军种	资源
所有军种	• “使用与保障成本估算指南”，美国国防部长办公室，成本分析改进小组（现为成本估算与项目评估小组），2007 年 10 月 　○ 与寿命周期成本、使用与保障成本信息的作用、使用与保障成本估算过程，以及使用与保障成本要素结构相关的简单介绍 • 美国国防部长办公室军事人员工资与报销比率综合标准 　○ http://comptroller.defense.gov/FinancialManagement/Reports/rates2014.aspx • 成本估算小组链接页面 　○ https://acc.dau.mil/costestimating
陆军	• 使用与保障管理信息系统（Operating and Support Management Information System，OSMIS）数据库 　○ http://asafm.army.mil/offices/CE/Osmis.aspx?OfficeCode=1400

① 来源：MCA 解决方案公司。Copyright © 2008。

续表

军种	资源
陆军	• 美国陆军军事—文职人员成本系统(Army Military-Civilian Cost System，AMCOS) 　○ https://www.osmisweb.army.mil/ • 美国军队与组织成本估算系统（Force and Organization Cost Estimating System，FORCES） 　○ http://asafm.army.mil/offices/CE/ForcesInfo.aspx?OfficeCode=1400 • 联合集成分析工具（Joint Integrated Analysis Tool，JIAT）信息 　○ http://asafm.army.mil/offices/CE/Jiat.aspx?OfficeCode=1400
海军/海军陆战队	• 使用与保障成本可见性与管理（Visibility and Management of O&S Costs，VAMOSC）数据库和增强在线报告的人力成本估算工具（Manpower Cost Estimating Tool for Enhanced On-line Reporting，METEOR） 　○ https://www.vamosc.navy.mil/ • 使用与保障成本分析模型（Operating and Support Cost Analysis Model，OSCAM） 　○ www.oscamtools.com • 船舶专用 　○ “美国海军海上系统司令部 05C 使用与保障成本估算指南”，2010 年 5 月 　○ 海面侦察人造卫星 3M • 空中专用 　○ 顶板 　○ http://www.navair.navy.mil/logistics/deckplate 　○ 成本调整可见性跟踪系统（Cost Adjustment Visibility Tracking System，CAVTS） 　○ 飞机库存与战备完好性报告系统(Aircraft Inventory and Readiness Reporting System，AIRRS)
空军	• 美国空军总拥有成本（Air Force Total Ownership Cost，AFTOC）数据库 　○ https://aftoc.hill.af.mil/ • 使用与保障成本分析模型 　○ www.oscamtools.com • 后勤安装任务保障——企业视角（Logistics Installations Mission Support-Enterprise View，LIMS-EV） 　○ 美国空军门户网站→功能区：后勤、安装与保障

7.6 计算成对比较的票数权值

计算成对比较的票数权值如表 7-11 所示（见书后彩图）。

表 7-11　计算成对比较的票数权值

	成本与效益		成本与风险		效益与风险	
利益相关方 1		3		3		4
利益相关方 2	4		9		3	
利益相关方 3		2		3	2	
利益相关方 4		2	1		2	
结果	效益：3（3+2+2+4）		成本：4（9+1-3-3）		效益：3（3+2+2-4）	

上述利益相关方的票数在相加之后可以得出每个标准（成本、效益和风险）的相对重要性权值。上述值（以蓝色、绿色和黄色标出，见书后彩图）与其逆值（以更浅的蓝色、绿色和黄色标出）均在表 7-12 中给出。为推断出用于确定效用值的权值，将成本、效益和风险行相加，然后用所得的值（行和）除以矩阵和。

表 7-12　成本、效益与风险的计算

	成本	效益	风险	行和	矩阵和	权值=行/合计
成本	1	1/3	4	5.333	13.92	38.3%
效益	3	1	3	7	13.92	50.3%
风险	1/4	1/3	1	1.584	13.92	11.4%

上述权值可用于整个产品保障分析阶段每个替代方案效用值的测定。

7.7　基于性能的支付评估清单

基于性能的支付评估清单如表 7-13 所示。

表 7-13　基于性能的支付评估清单

行动
1. 是否已经获得主项目进度表以协助开发行动？
2. 是否所有的行动都已列入基于性能的支付进度表？
3. 行动能否是成功执行合同的有意义的步骤？
4. 行动的进度表日期是否适合该行动？
5. 是否考虑过行动的频率？是否考虑过平衡有效的合同商资金流动需求，并核实行动完成的管理成本？
6. 所有的行动是否都被归为可分割的行动或累积的行动？
7. 对于累积的行动，是否确定哪些行动或标准是成功完成的先决条件？

续表

8. 如果以册列项目为基础，那么每项行动是否已经与特定的册列项目相关联？
9. 国防合同管理局（技术与合同管理军官）是否参与到开发行动中？
10. 是否能够核实主合同商的交付未作为基于性能的支付行动？（注：分包商向合同商的交付可以使用基于性能的支付行动）
完成标准
11. 完成标准是否反映完成性能？
12. 完成标准是否清晰？
13. 语言是否可理解？（例如：阐释诸如“启动”等类的术语）
14. 是否特别定义了物品？（例如：“关键部件”指规定的清单上的零件）
15. 标准是否确定谁负责核实，确定其是否是合适的机构/位置？
16. 国防合同管理局是否参与到开发完成标准中？
支出概况
17. 支出概况是否反映出月度成本（非主合同商收益）？
18. 基于性能的支出概况是否可靠？合同商能否证明，对先前相同或类似物品的合同支出预测的可靠性？
19. 是否与提案相符？
20. 支出概况是否是主合同商产生的实际成本的预测，而不是终止责任的进度表？
21. 支出概况是否合理且并非过早支付？
行动价值
22. 行动是否已被估价，以使累计的付款永远不会超过每次行动完成时预期产生的累计成本？在这种限制情况下，行动通常是否与其在成功执行合同中的相对重要性相一致？
23. 合同商是否对行动有所投资？（注：利润不是“投资”）
24. 是否适用基于性能的支付工具进行决策？
基于性能的支付条款
25. 该条款是否提供清算说明？清算是否又与合同行条款相关？
26. 基于性能的支付进度表是否明确地规定了基于性能的支付是以册列项目为基础还是以整体为基础？
27. 合同管理军官是否审核了条款，从而能够减轻管理工作？
28. 支付说明是否明确（如果涉及多项拨款，那么需要包括特殊说明）？
29. 合同商是否了解国防财会局在一个月内只支付一次？

7.8 子系统产品保障经理在保障实施之前应考虑的因素

子系统武器项目基于性能的持续保障协议需要产品保障经理小组在开始制定基于性能的保障策略之前，同时识别和解决基层级和项目特有的各类问题（见图 7-11）。对基层级动态的仔细分析可提高在第 12 步基于性能的保障实施过程中取得成功的可能性。本节内容为产品保障管理集成产品小组提供了在子系统保障实施之前应考虑的因素，其可作为上述小组基于性能的持续保障策略制定和实施过程的参考资料。本节内容可帮助产品保障管理集成产品小组分析项目的组织环境和使用环境、识别潜在挑战和确定有助于降低上述挑战影响的行动。涉及武器子系统持续保障策略定义和制定的一般问题将在吸取现有基于性能的保障协议教训的过程中得以解决。本节将比较和对照最佳实践与从之前的子系统基于性能的保障实施过程中吸取的教训，为产品保障经理或持续保障小组提供在子系统持续保障策略制定之前应对上述挑战的步骤。

图 7-11　保障实施之前的各类问题

7.8.1　评估子系统项目经理和产品保障经理的观点

在制定基于成果的持续保障策略的过程中，对项目经理和产品保障经理观点的评估似乎是一个不必要的步骤，但由于基于性能的保障的实施同时具有组织和技术层面的复杂性，产品保障经理合理确定持续保障小组工作环境的基线就变得至关重要。子系统产品保障经理基线审核过程的其中一个重要环节就是识别与策略制定的各个方面直接相关的项目办公室利益相关方。在策略制定过程的初期就获得利益相关方的支持将增进产品保障经理对可能影响持续保障决策的各类因素的了解。

这其中很重要的一点就是，产品保障经理必须充分了解其职务的边界，确定其自身在组织内部的影响力范围。根据法规设立的产品保障经理职务可为指定的个人提供从多个出发点考虑子系统持续保障过程的机遇。上述每个出发点都可以带来不同的见解。这对于产品保障经理了解其所担任的职务对其观点的影响，以及当出发点发生变化时，观点如何改变来说非常重要。对产品保障经理角色的评估可以帮助产品保障经理和持续保障小组将工作的重心放在可能直接影响作战人员子系统相关要求的领域。

产品保障经理还应对其他可能影响基于性能的保障过程进行评估。因为个人和组织存在偏见都是很普遍的事情，所以，产品保障经理有必要在持续保障协议制订的整个过程中与项目利益相关方合作，共同减少过程阻碍，建立对基于性能的保障的共识。下面给出了在评估可能存在的偏见时应考虑的特定问题，并不全面，但在此给出的意图是希望小组成员能够进行批判性思考，帮助产品保障经理识别可能对获得最佳的持续保障解决方案造成不利影响的偏见。

- 在接受评估的方案中是否享有既得利益？
- 是否在子系统工作实施地点的选择方面存在偏好？
- 是否在选择实施工作的供应商时存在偏好？
- 是如何权衡收益、风险和成本的重要性的？
- 自身的背景是否会导致您倾向于选择某组特定的解决方案（工程师、后勤经理、维护经理、飞行员等）？

了解偏见的关键不仅是识别是否存在偏见，还应包括识别存在偏见的原因。

最后，子系统产品保障经理还应根据资金和使用优先级的变化，对持续保障策略进行调整。这在基于性能的保障实施过程中显得尤为重要，因为协议基于性能的属性要求必须对实施过程进行管理。产品保障经理必须仔细考虑满足作战人员需求的过程中不断出现的责任，以及横向考虑因素，以确保了解潜在的行动方案可能对其他平台和其产品保障经理造成的影响。在下游，产品保障经理必须了解各项决策可能对当前维护过程造成影响的方式。对子系统环境充分的态势感知有助于更深入地了解基于性能的保障策略可能对项目成本和作战人员战备完好性的潜在影响（包括正面和负面影响）。无论子系统持续保障策略的决策如何，产品保障经理都应继续优先考虑作战人员需求。

评估观点时的实践及其教训如表 7-14 所示。

表 7-14　评估观点时的实践及其教训

项目 1：最佳实践	项目 2：吸取的教训
• 产品保障经理重点寻求最佳值替代方案，集中精力寻找可解释成本效力、作战人员收益和服务风险的整体方法，特别是在评估行动方案时； • 产品保障经理确认和了解其在全球平台持续保障中的影响范围； • 产品保障经理了解保障功能的重要性，并与其建立了紧密联系，且维持着良好的社交敏锐度	• 产品保障经理在变更持续保障方法时对政治现状的了解不充分（也就是对其他组织和其职责的影响）； • 整体缺乏对基于性能的保障商业模型和其在使用时影响武器系统持续保障各个方面的了解； • 产品保障经理未充分考虑其自身的决策权限等级。该权限等级与武器系统的持续保障策略相关，并且会在基于性能的保障过程的第 7 步（确定保障方式）时产生影响

7.8.2　了解子系统项目的基层级动态

个人成见和产品保障经理的偏见是针对某个环境等级而言的。在子系统持续保障策略方面，另一个需要态势感知的要素就是对可能影响子系统持续保障策略的外部环境和影响因素进行评估。

评估产品保障经理所处外部环境的第一个步骤就是了解组织的文化。组织文化是一种可以共同分享设想、价值观和信仰的环境气氛，影响着组织内部人员的行为。上述共享的价值观对组织内部人员既有影响又有限制。以下问题可用于检验特定组织的动态：

- 组织是否具有创造性/创新性环境？
- 工作人员内部是否存在人口统计学趋势？
- 相比个人的成功，您所在的组织是否更关注团队的成功？
- 您所在组织的管理层会采取何种方式沟通？

上述问题可以帮助了解一个组织的价值观倾向。

在完成组织文化分析之后，产品保障经理应开始确定制定子系统基于性能的保障协议所需的利益相关方，以及在可能的情况下，确定每个参与者所处的特定环境。与分析产品保障经理的出发点和偏见类似，确定和理解针对其他利益相关方的要素也非常重要。对上述目标、背景和观点的理解有助于产品保障经理应对特定利益相关方的需求、期望和关注点，并在必要的情况下，帮助产品保障经理通过合理的预测，减轻对基于性能的保障实施过程的忧虑。

除了对基于性能的保障知识和项目利益相关方的见解进行评估外，产品保障经理尽可能地了解更多的相关作战人员需求也非常重要。子系统项目的成功实施取决于在所有层级不断发展拥护者，以及利用基于性能的保障事实解决问题来挑战不同的观点。尽早提高对上述动态的认识有助于产品保障经理通过实施过程指导相关工作。组织的拥护尤其适用于根据基于性能的保障指南第 5～7 步的规定形成行动方案、评估替代方案和确定保障方法。

了解基层状态时的实践及其教训如表 7-15 所示。

表 7-15 了解基层状态时的实践及其教训

项目 1：最佳实践	项目 2：吸取的教训
• 充分理解影响范围，并认识到所有利益相关方的组织相互依赖的方式； • 在提供保障时，产品保障经理了解合适的外部工作以及每项工作内部合适资源的重要性，对于在基于性能的保障实施过程的第 2 步建立产品保障经理集成产品小组来说，这一点尤为重要； • 在新旧文化之间建立良好的平衡（遗留项目人员、新进人员和创新性方法）； • 重点关注团队和项目的成功	• 对不同利益相关者的影响范围认识不足，导致无法确定组织边界； • 对每项工作特定人员保障的能力评估非常有限； • 未真实地评估组织已确立的意识形态和业务性质（也就是对其构成阻碍的趋势）； • 在识别作战人员需求时，对新策略的实际实施者（也就是负责实施方法的岗位）了解有限

7.8.3 识别风险

在识别风险时非常重要的一点就是，产品保障经理必须对利益相关方在基于性能的保障中所处的地位和其观点进行评估，并制作可以同时反映持续保障小组偏见和弱点的风险矩阵。此外，产品保障经理还应记录其他子系统组织和其利益相关方的动态和观点。在该分析中所形成的见解可帮助产品保障经理识别各类潜在风险。将上述已识别的风险分为组织风险和使用风险两个主要类别，将有助于其进行评估和识别。

本节所使用的“组织风险”一词指的是从对产品保障经理和各类组织利益相关方的分析中了解到的风险。产品保障经理应对之前确定的个人偏见和出发点进行评估，以了解这些观点可能对整个过程造成特定影响的方式。例如，如果产品保障经理认定成本并非是确定保障协议的重要因素，这就可能在主要目标是降低成本时成为风险。此外，产品保障经理还应通过审核与组织文化和利益相关方动态相关的调查结果来识别影响范围。举例来说，如果产品保障经理在对利益相关方进行审核时，决定由某个在基地拥有 15 年工作经验的个人负责当前的子系统维护工作，那么该个人的决策和行动影响力就容易存在偏见。在识别组织风险时，产品保障经理的目标应该是了解组织环境的特性和利益相关方的观点会在哪个环节对过程造成影响，以及这种影响可能以哪种方式再影响子系统的整体持续保障策略。以下问题可以作为产品保障经理应识别的风险类型示例：

- 是否有足够的利益相关方参与？参与的利益相关方是否合适？
- 在整个过程中是否了解上述利益相关方的特定偏见或观点？哪些利益相关方存在上述偏见或观点？
- 本子系统项目当前的文化环境是否对本变化类型有利？
- 谁有可能在该过程中对工作造成阻碍？

组织风险具有与文化价值观和利益相关方信仰相关的特性，使用风险则要求产品保障经理和其小组重点关注各类产品保障要素和其影响特定武器子系统持续保障策略的方式：

- 是否可获得必要的财务资源？
- 何时需要落实合同，以避免出现持续保障范围缺口？
- 作战节奏是如何对持续保障方式造成影响的？
- 是否对寿命周期阶段工作有潜在影响？

虽然本阶段的工作可帮助了解可能在整个过程中出现的特定问题，但认识到“并非所有的风险最终都会形成挑战”这一点也非常重要。就这一点而言，除了识别特定的组织和使用风险之外，产品保障经理还应考虑存在上述风险和其潜在影响的可能性。

评估风险时的实践及其教训如表 7-16 所示。

表 7-16　评估风险时的实践及其教训

项目 1：最佳实践	项目 2：吸取的教训
• 产品保障经理充分了解个人和组织在实施工作时的时间幅度； • 在参与相关工作的各类产品保障供应商合作时识别了敏感性需求，避免了对当前业务关系的破坏，尤其是在评估行动方案时； • 产品保障经理认识到组织整体倾向于变革的环境，也了解到部分利益相关者持有反对意见。产品保障价值分析阶段的社交工作有助于形成必要的组织购买力	• 与持续保障协议变化主题相关的重要问题； • 特定的利益相关方明显表示不愿实施基于性能的保障，且对潜在的价值和收益持怀疑态度； • 整体文化环境未对持续保障策略的变化类型做好准备； • 在制定和评估行动方案时，产品保障经理以不恰当的方式允许来自不同职能部门，且表现出不同持续保障意图的产品保障供应商进入组织； • 缺乏领导能力和变化管理能力，导致出现与策略方向相关的不确定性

7.8.4　实施行动缓解已识别的风险

缓解子系统持续保障策略风险的关键是充分了解已识别的每项风险背后的

依据。对这一点的了解可以帮助产品保障经理确定并采取可在整个过程中增加成功可能性的措施。在针对已识别的风险采取保护措施时，可以使用图 7-12 作为指导框架。

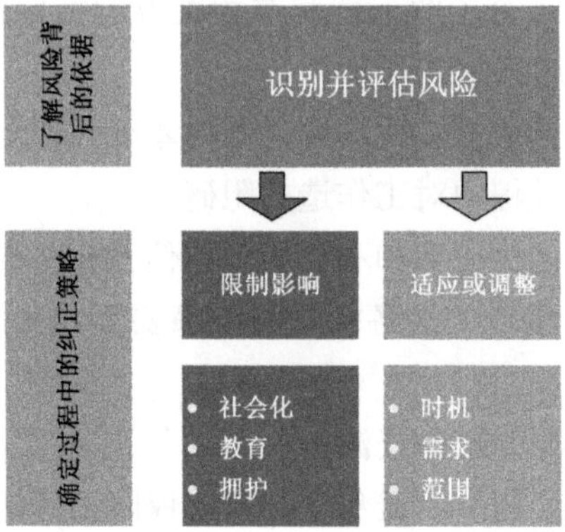

图 7-12　风险缓解

总的来说，产品保障经理的目标应该是以可保障作战人员需求的方式实施最佳持续保障策略。本节所述的过程，再加上 12 个实施步骤，都可帮助产品保障经理分析组织和使用环境，确定潜在的挑战和有助于减少上述挑战影响力的措施，从而保证上述目标的实现。

缓解风险时的实践及其教训如表 7-17 所示。

表 7-17　缓解风险时的实践及其教训

项目 1：最佳实践	项目 2：吸取的教训
• 12 个步骤的实施步调稳健，且在合适的时间达到了合适的预期； • 在评估作为潜在产品保障集成商/产品保障供应商的行业合作伙伴时，可在共担风险的同时，通过开放、坦诚的对话建立双赢的合作关系； • 产品保障经理制定了系统的方法，并可确保整个过程中关键人员的参与，并确保其已接受相关训练； • 产品保障人员识别了每个组织内部建立保障所需的合适资源（掌握了商业模型，了解了自身所处的领域，以及愿意接受/探索改变）	• 产品保障经理在多次识别重要挑战时存在延误，其中包括工作中所涉及的人员组合——不善于接收改变的个人； • 未提供可确保领导阶层和关键利益相关者了解相关情况和参与相关工作的准确检验点和最新信息； • 产品保障经理的直接参与受到限制，尤其是在形成行动方案和与组织领导阶层交流潜在替代方案时； • 过高估计了个人推进工作的能力； • 极端保守的方法导致实施过程停滞不前

除了上述项目示例之外，图 7-13 还强调了整个实施过程中样本项目之间利益相关方参与度的不同，同时也考虑了其在实施持续保障替代策略时所取得的成功。

参与表-项目1

利益相关方	启动基于性能的保障	评估产品保障	评估合作伙伴	分析替代方案	实施
项目经理办公室	√	√	√	√	√
产品保障经理	√	√	√	√	√
供应链	√	√	⊘	√	√
合同	√	√	√	√	√
财务	√	⊘	√	⊘	√
基地联络人	√	√	√	√	√
使用/维修	√	√	√	√	√

参与表-项目2

利益相关方	启动基于性能的保障	评估产品保障	评估合作伙伴	分析替代方案	实施
项目经理办公室	√	⊘	⊘	⊘	寻求替代行动方案
产品保障经理	√	√	√	√	
供应链	√	⊘	⊘	√	
合同	√	⊘	⊘	√	
财务	⊘	⊘	⊘	⊘	
基地联络人	√	√	√	⊘	
使用/维修	√	⊘	√	√	

图 7-13　基于性能的保障整个实施过程中利益相关方的参与程度

7.9　通用子系统产品保障管理集成产品小组章程示例

7.9.1　目的与范围

建立通用子系统产品保障管理集成产品小组是为了研究制定一种满足作战人员需求的通用子系统产品保障策略。该通用子系统产品保障管理集成产品小组的构建，集合了不同领域的专家，他们具备有助于通用子系统产品保障策略研发与部署所需的相关知识、权力和责任。

本产品保障管理集成产品小组的宗旨是方便通用子系统产品保障策略顺利且长期地实施。

本章程规范通用子系统产品保障管理集成产品小组成员的活动，他们具有协调并实施成功完成每一阶段的分析与实施所要求活动的个人与集体责任，并提供本章内指定的可交付物。

通用子系统产品保障管理集成产品小组的成立为了研究一种最优化的通用子系统产品保障策略，建立一支能够实施该策略的人才队伍。

可交付物包括：

（1）诊断评估；

（2）合伙企业评估；

（3）替代方案商业案例分析；

（4）通用子系统产品保障推荐；

（5）通用子系统产品保障实施计划（包含征求建议书草案）；

（6）月度执行总结回顾。

7.9.2 成员资格

1. 项目发起者

项目发起者为通用子系统持续保障司令部系统工程保障或通用子系统系统项目执行官。

2. 项目推动者

项目推动者为通用子系统系统项目经理。

3. 产品保障管理集成产品小组

（1）通用子系统产品保障经理（主席）；
（2）通用子系统系统工程师；
（3）通用子系统合同商人员；
（4）通用子系统商业/成本分析师；
（5）通用子系统作战人员司令部代表；
（6）持续保障司令部后勤人员代表。

7.9.3 特殊成员

在特殊情况下，产品保障管理集成产品小组可邀请其他人员参与会议讨论。

考虑到该项目的计划工期，合伙企业的连续性是一个重要方面。每个参与组织应都由一个获得授权的长驻成员作代表。

7.9.4 角色与责任

通用子系统产品保障管理集成产品小组应有的角色与责任：

（1）在通用子系统产品保障策略开发/升级中作为其组织的代表；
（2）向产品保障经理集成产品小组主席提供建议；
（3）与诸如测试与评估工作集成产品小组（Test and Evaluation Working IPT，T&E WIPT）和训练保障工作组之类的其他职能小组协调，以保证共同努力；
（4）共享来自其组织的知识、专业技术、资源、实践经验；
（5）提供其组织内领导和实践者的状态更新；
（6）对股东关于产品保障相关问题征求意见并反馈；

（7）识别并消除长期实施中的风险与障碍；
（8）识别其他人才；
（9）按要求协助产品保障策略的执行工作。

7.9.5　规则与程序

1. 工作小组

创建由正式成员和特殊成员组成的工作小组（Working Groups，WG）来探索需要专业知识的专题。一个工作小组成立之后，项目领导和工作小组将确定决策或建议的日期。该工作小组将在产品保障管理集成产品小组预定会议上提出他们的结论和建议，或者全组成员按要求在会议上讨论结果。

2. 决策过程

产品保障管理集成产品小组将提出关于通用子系统产品保障策略的建议，提供给产品保障经理、项目经理、项目执行官和其他人。

7.9.6　会议制度

产品保障管理集成产品小组每月召开两次会议，期望小组成员在两次会议之间审核材料并提供反馈。此时将召开两种类型的会议：现状会和工作会。

1. 现状会

电话会议——每个月的第一个星期三召开，主要内容包括：
（1）更新指向里程碑和可交付物的进展；
（2）产品保障管理集成产品小组成员讨论并就里程碑和可交付物提供反馈；
（3）审核下次工作会的议程并规定任务。

2. 工作会

每月召开，主要内容包括：
（1）现场讨论项目的可交付物和里程碑；
（2）可交付物完成时，最终确定并批准可交付物；
（3）具体讨论挑战及教训；
（4）汇报实施产品保障策略的进展。

7.9.7 管理

项目经理和产品保障经理对实施通用子系统产品保障策略负有主要责任。通用子系统管理范围内其他组织的角色及其职责在表 7-18 中有所概述，该表还体现了产品保障管理集成产品小组和军种保障与采办团体领导之间的关系。

表 7-18 其他组织的角色及其职责

部门	职责
项目执行官，系统司令部，后勤司令部	• 作为产品保障/基于性能的保障的执行者和发起者； • 在其服务或代理的范围内支持基于性能的保障； • 向产品保障管理集成产品小组提供监督与保障； • 就项目策略和可交付物（视情况而定）提供反馈和建议； • 提出建议并确定关键建议和主要可交付物； • 识别并分配适当的资源，以提供保障； • 识别并消除妨碍产品保障管理集成产品小组顺利实施的风险及障碍

7.10 知识转移与产品保障管理集成产品小组训练

7.10.1 产品保障管理集成产品小组基于性能的保障评估

在研究任何产品保障方案之前，建议进行一次产品保障管理集成产品小组评估，以估计对基于性能的保障的理解和体验层次。产品保障经理负责实施评估。该评估的目的是保证该小组具备必要的知识，可研究提出并执行基于性能的解决方案，将找出产品保障管理集成产品小组基于性能的保障差距，并表明是否有必要进行训练。

评估产品保障管理集成产品小组基于性能的保障知识可使用各种方法。该评估可基于选择集成产品保障要素，以在产品保障管理集成产品小组中开展关于产品保障功能的基础调查。图 7-14 中，根据该项目最关键的问题概述了几大集成产品保障要素。

下面的示例（见图 7-15）阐述了每个集成产品保障要素如何分解成三大聚焦区域：客户与策略、人员与组织以及过程与操作。根据评估结果可提出关于其他基于性能的保障训练的建议，并提供与训练线路图相关的建议。

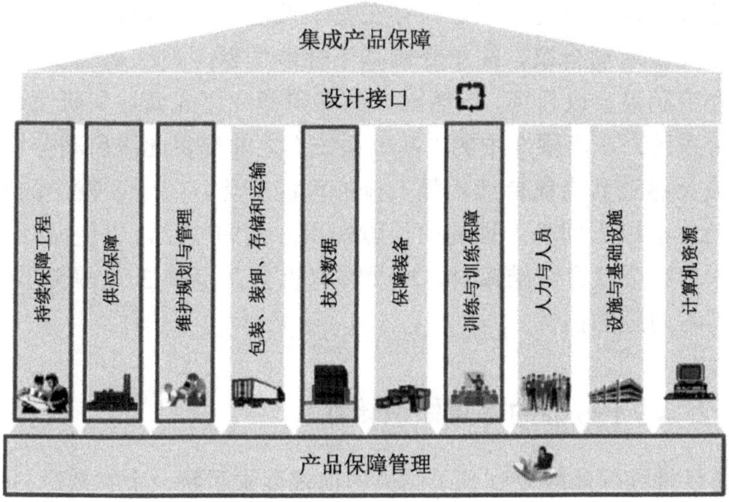

图 7-14　集成产品保障要素选择框架

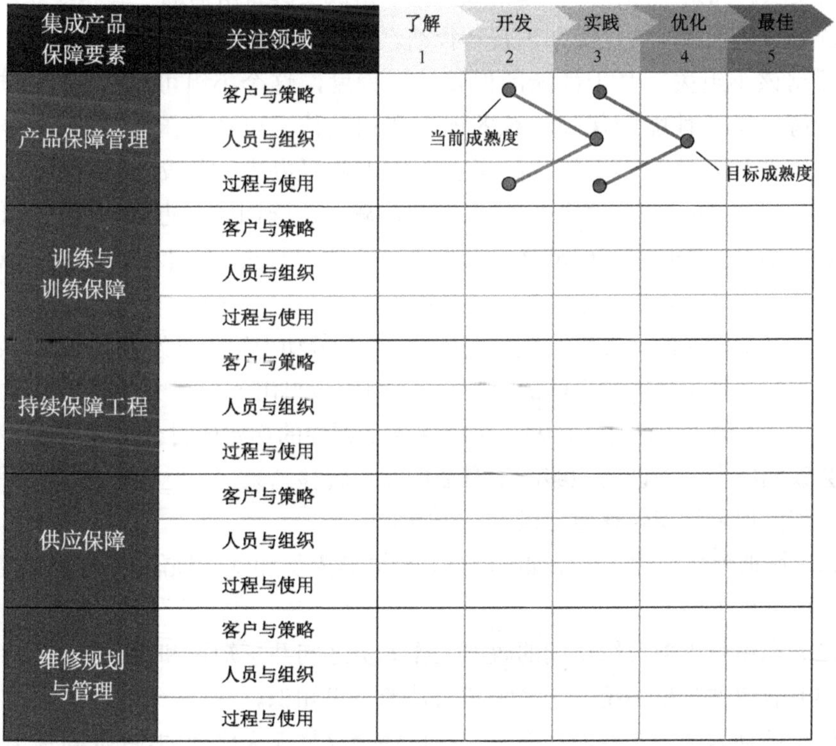

图 7-15　小组关于保障要素的评估

如果通过该评估发现股东之间存在基于性能的保障知识差距，产品保障经理应安排一次启动会议，简单介绍基于性能的保障训练基础知识。此次启动会议简介应涵盖会议目标、国防部产品保障商业模式概述和研发过程介绍。关于已部署系统，在步骤 3 中的“基础系统”之前提供此次启动会议的简介，可使小组成员熟悉其当前持续保障安排的可能变化。关于研发中的系统，该安排将帮助该小组识别基于性能的保障知识方面的差距，以便做好安排。另外，在此次启动会议介绍结束时，成员将有机会在步骤 3 之前提出任何问题或表达出其对问题的担忧。

7.10.2 基于性能的保障知识转移

从事务性持续保障转变到基于结果的模式要求了解一个有效产品保障策略的构成。为了有效安排基于性能的保障，产品保障经理应确保项目经理、项目管理办公室领导和提供保障的股东们充分了解应该做出的改变和如何最好地执行这些新要求。如果产品保障管理集成产品小组成员具备所需的经验和专业知识，可跳过下面基于性能的保障知识转移行动。

根据该小组关于基于性能的保障认知程度，这个小组可能适合做正规的课堂训练。基于性能的保障训练的课程和相关信息可在美国国防采办大学获取，训练课程及持续学习模块列举在美国国防采办大学的交互式目录上，见 http://icatalog .dau.mil/。关于经常咨询的问题，美国国防采办大学基于性能的保障实践小组（Community of Practice，CoP）、AC Quipedia 和咨询教授（Ask a Professor，AAP）站点上有相关的共享资源。

对于基于性能的保障经验较少的组织，针对劳动力知识开发的结构化方法将增加成功实施基于性能的保障的可能性。各组织应拟出一份基于性能的保障主题专家清单，以便于内部知识转移。由资深人士领导的初始研讨会，与定期审核及后续会议相结合，被证明能够产生有益的知识转移结果。为达到本文件的目的，基于性能的保障知识转移包括以下三个方面：

（1）培训项目经理、产品保障经理、合同商人员和基于性能的产品保障实践小组中的其他人员；

（2）在组织内部及组织间的政府工作人员之间共享知识和经验；

（3）获取并分享系统、子系统和组件的技术知识。

根据劳动力的需求和能力而定制的这些会议将最大化效力，并提高基于性能的产品保障策略的效益。这些知识分享的范围从基于性能的保障基础知识方面的初始训练到关于基于性能的保障策略/管理技能的复习训练，再到经验丰富的基于性能的保障参与者之间的教训总结会议。典型的知识转移过程由图 7-16 所示的三个阶段组成。

图 7-16　知识转移过程图示

基于性能的保障基础知识培训主要是开展有关基于性能的保障的基本原则的训练。该训练可采用有效的线上训练或现场说明来完成，目标是加强该小组在下列领域的基于性能的保障知识：

（1）了解商业模型转变（从交易性质到基于结果的模式）；

（2）熟悉基于性能的保障过程；

（3）介绍 10 个基于性能的保障原则。

最佳训练形式是为项目量身定制的课堂研讨会。量身定制的课堂研讨会能够通过美国国防采办大学（TTL 001 以基于性能的保障为目标的训练）、学术界或商业资源访问。为营造出最有效的训练环境，应限制学生总数，同时保证有适当数量的股东参与者，如项目经理、工程师、法律人员、合同商、商业/财务经理或其他团队人员。

无论项目管理办公室是否已开展非正式训练或已参与一次较为正式且定向的训练研讨会，此阶段的结果应是一样的。在基于性能的保障介绍阶段末期，产品保障管理集成产品小组应对基于性能的保障优于现有交易性质模式的原因有更清楚的认识，并应该对基于性能的保障商业模型熟悉。

在项目特定适用性阶段，产品保障管理集成产品小组应开展一次自我评价，并认识潜在的差距，寻找解决方案。本阶段的训练大约持续两天。在项目特定适用性阶段可开展下列活动：

（1）审核前一天的 10 个基于性能的保障原则；

（2）对照基于性能的保障原则，评估武器系统基于性能的保障成功的可能性；

（3）认识并优先考虑如何解决基于性能的保障知识差距；

（4）为每一个解决方案制订一个时间表。

循环/后续训练由定期的进展监控构成，是为了评估产品保障管理集成产品小组对基于性能的保障掌握情况。建议项目经理每 60 天审查一次进展并与产品保障管理集成产品小组人员会面，解决有关制订时间表的任何问题。这些审查可帮助推动项目朝着缩小差距的方面发展。

7.11 产品保障训练与知识共享资源

美国国防采办大学在其持续学习网站的后勤版块提供与产品保障、持续保障及维护相关的持续学习（Continuous Learning，CL）资源。与上述主题相关的部分模块包括：

- CLL 001：寿命周期管理与持续保障指标；
- CLL 005：制订寿命周期持续保障计划（Life Cycle Sustainment Plan，LCSP）；
- CLL 006：基地级维修伙伴关系；
- CLL 011：基于性能的寿命周期产品保障；
- CLL 015：产品保障商业案例分析（Business Case Analysis，BCA）；
- CLL 020：独立后勤评估；
- CLL 022：第 10 卷基地级维修法规概述；
- CLL 023：《美国法典》第 10 卷第 2464 节核心法规执行；
- CLL 024：第 10 卷基地级维修性能限制因素；
- CLL 025：基地级维修军种间保障协议（Depot Maintenance Interservice Support Agreement，DMISA）；
- CLL 026：基地级维修能力评估；
- CLL 029：基于状态的维护（Condition-Based Maintenance，CBM）；
- CLL 030：以可靠性为中心的维护（Reliability-Centered Maintenance，RCM）；
- CLL 035：产品保障经理使用与保障成本估算；
- CLL 036：产品保障经理；
- CLL 039：产品保障与持续保障需求识别；
- CLL 040：商业案例分析工具；
- CLL 041：寿命周期成本（Life Cycle Cost，LCC）分析工具；
- CLL 046：12 个集成产品保障（Integrated Product Support，IPS）要素；
- CLL 056：软件密集型系统持续保障；

- CLL 201：制造来源减少与物资短缺（Diminishing Manufacturing Sources & Material Shortages，DMSMS）的基本因素。

此外，美国国防采办人员改进法案（Defense Acquisition Workforce Improvement Act，DAWIA）中与寿命周期后勤职业领域认证，以及维护规划、持续保障和产品保障等核心+研发地址相关主题有关的所有三个层级都介绍了多种国防采办大学认证课程。这些课程主要包括：

- LOG 101：采办后勤基本原则；
- LOG 102：系统持续保障管理基本原则；
- LOG 103：可靠性、可用性与可维护性（Reliability，Availability，and Maintainability，RAM）；
- LOG 200：中继级采办后勤（A 部分）；
- LOG 201：中继级采办后勤（B 部分）；
- LOG 206：中继级系统持续保障管理；
- LOG 211：可保障性分析；
- LOG 215：（研发过程中的）技术数据管理；
- LOG 235：基于性能的保障（Performance-Based Logistics，PBL）；
- LOG 340：寿命周期产品保障；
- LOG 350：企业寿命周期后勤管理。

CLL 011、CLL 015 和 LOG 235 属于其他基于性能的保障相关采办职业领域核心+指南的组成部分，但无论属于哪个国防采办人员职业领域，所有基于性能的保障专业人员都应学习相关的寿命周期后勤训练课程。

其他面向所有采办职业领域的相关训练包括但不限于：

- CLM 014：集成产品小组管理与领导；
- CLM 074：技术数据与计算机软件权；
- CLR 101：联合能力集成与研发系统简介；
- RQM 110：需求管理核心概念；
- CLM 031：改进工作说明（Statement of Work，SOW）；
- TTM 008：制定服务采办性能要求；
- TTM 009：工作说明研讨会［工作说明、目标说明（Statement of Objective，SOO）和执行工作说明（Performance Work Statement，PWS）］；
- CLB 016：挣值管理简介；
- CLB 017：性能评估基准线；
- CLB 20：基准线管理；

- CON 100：形成智能商业协议。

学习上述训练课程、补充训练课程和持续学习模块，均可登录 http://icatalog.dau.mil/，查询美国国防采办大学 iCatalog 目录。

您还可登录 https://dap.dau.mil/acquipedia/Pages/Default.aspx，了解其他相关的美国国防采办大学 AC Quipedia 文章。

美国的采办社区联络（Acquisition Community Connection，ACC）实践中心和美国国防采办门户网站（Defense Acquisition Portal，DAP）也是获得相关信息资源的渠道。下文给出了部分链接：

- “应该成本”分析文献综述（https://acc.dau.mil/CommunityBrowser.aspx?id=399121）；
- 针对服务采办领域间谍情报技术改进的国防部市场研究报告指南，1.0 版——2012 年 4 月（https://acc.dau.mil/CommunityBrowser.aspx?id=517109）；
- 基于性能的保障实践小组（https://acc.dau.mil/pbl）；
- 产品保障政策、指南、工具与训练网站（https://acc.dau.mil/productsupport）；
- 后勤实践小组（https://acc.dau.mil/log）；
- 产品保障经理工具包（https://acc.dau.mil/psmtoolkit）；
- 更佳购买力（http://bbp.dau.mil/）；
- 软件采办管理（https://acc.dau.mil/sam）。

第 8 章

案例研究

美国国防部批准用于武器系统保障转型的关键策略为基于性能的保障策略。基于性能的保障合同致力于为美国军方打造高能高效的后勤，改善责任制，研发更稳定的产品。根据在私人领域的经验和美国国防部实行的试验项目，基于性能的保障策略是武器系统及其子系统的长期保障的最佳方法。基于性能的保障一旦实施，就能将政府的工作重点转移至识别绩效结果和分配责任，目的在于制定责任制而非行使控制权。根据基于性能的保障策略，保障操作的主动管理（如预测需求、管理库存、计划维修）将由保障提供者负责。此外，基于性能的保障改变了供应商的动机。结构合理的基于性能的保障项目能够激励供应商提高系统的可靠性，减少零部件的库存；由于维修次数减少，能够优化系统的总体可用性，同时减少成本和缩小保障规模。本章以武器系统级别（F/A-18）、组件级别（飞机轮胎）和主要子系统级别（潜艇—声学快速—检验测试设备—嵌入声呐）成功的基于性能的保障项目为研究对象，开展案例研究。

8.1 F/A–18 基于性能的保障

8.1.1 背景

F/A-18 战斗机（见图 8-1）设计于 20 世纪 70 年代，至今仍是美国海军航空母舰打击大队的主力机型。F/A-18 战斗机是一种多用途飞机，既可作为战斗机，又可作为攻击机；可参加战斗机护航队、舰队防空、对敌防空配系的压制、遮断、近距离和远距离空中支援、侦察、前方航空控制任务。F/A-18 本身具有可视性和高度可靠性，经认证，是珍贵的航空母舰资产（美国海军航空系统司令部 2005）。

图 8-1　F/A-18 战斗机

F/A-18 的最新机型 F/A-18-E/F“超级大黄蜂”是 F/A-18C/D 的升级版。“超级大黄蜂”具有更远的航程与更强的续航力，有效载荷高，耐受性强，具有整合未来技术的内置潜力。由于 F/A-18 可迅速地重新配置，执行不同的任务，因此指挥官具有充分的灵活性，以应对不断变化的战斗场景（美国海军航空系统司令部 2005）。F/A-18E/F 由工业小组制造，其中包括波音公司、诺斯洛普公司、通用飞机发动机公司和雷神公司——他们在全球范围内招募了 1800 名供应商。“超级大黄蜂”在 2002 年，第一次对其部署作战中就投入战斗。

美国海军陆战队 F/A-18 库存（截至 2005 年 7 月 31 日 05 时）包括：

- 151 架 F/A-18A/B；
- 530 架 F/A-18C/D；
- 228 架 F/A-18E/F（当前数量），460 架 F/A-18E/F 库存目标；
- 90 架 E/A-18。

此外，还有 409 架由美国的盟国使用。该公司的预算充分。2005 年 3 月，美国海军项目办公室、海军航空系统司令部科研项目负责人为 2005 财政年度制定的预算为 44 亿美元，未来年度国防计划的总预算为 257 亿美元。

8.1.2　F/A 保障战略

F/A 项目办公室和海军库存控制站 F/A-18 整合武器系统组建立了 F/A-18 整合保障战略，并主要关注三个方面。第一，建立虚拟项目办公室，能够集中管理、引导对政府利益相关者的保障工作。第二，使用多功能的、以原始装备制造商为中心的基于性能的保障合同，为全体 F/A-18 提供最具价值的、长期的保障方案。第三，由作战人员和项目管理员（Program Manager，PM）签订的基于性能的合同促使将 F/A-18 的性能目标聚焦于度量标准上。

1. 建立虚拟项目办公室

综合保障战略的第一步即组织所有政府利益相关者进入虚拟项目办公室，从而集中管理、引导 F/A-18 保障工作，如图 8-2 所示。这些利益相关者包括美国海军库存控制站（Naval Inventory Control Point，NAVICP）、海军基地、飞行支援小组、海军航空作战中心、海军航空技术资料和工程服务司令部、国防后勤局保障中心、海军航空系统司令部空战电子航空保障设备项目办公室，还包括 F/A-18 战斗轰炸机项目、舰队飞机中级维修部和舰队海军陆战队航空后勤中队。

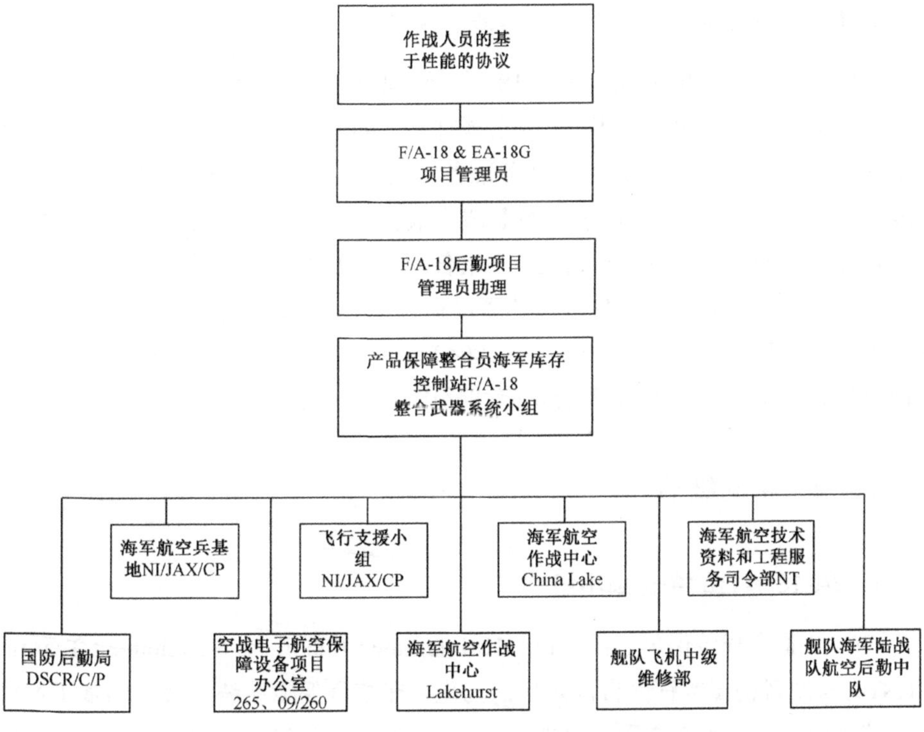

图 8-2　F/A-18 的保障组织

F/A-18 项目管理员是总管理员，美国海军库存控制站 F/A-18 整合武器保障小组负责产品保障整合。他们可作为项目管理员的代理，执行项目管理员的保障计划/目标；协调组织/私营部门的保障，从而以最低的成本，保持最高程度的战备状态；最后，管理所有保障合同、谅解备忘录和协议备忘录，以达到基于性能的协议中规定的度量标准。

2. 使用多种基于性能的保障合同，提供最高价值

保障战略的目标在于开发并实施综合的 F/A-18 保障计划，该计划能够为美国海军提供所需的战备，并减少资源的使用和费用。入选的方法并非使用系统级别的单独的基于性能的保障合同，而是在子系统/组件级别使用基于性能的保障的理念。这包括优化与多个原始装备制造商签订的多种基于性能的保障合同，为 F/A-18 系统、子系统和组件提供最高价值，长期保障方案。该方法与成功的、低成本的航空公司（如美国西南航空）使用的商业“最佳方案”一致[①]。

3. 基于后勤的协议驱动的基于性能的保障

F/A-18 基于性能的协议是 F/A-18 项目管理员、战斗轰炸机联队（大西洋和太平洋）指挥官和美国海军空军部队指挥官签订的协议。基于性能的协议于 2005 年签订，为海军的 F/A-18 建立了任务准备（Ready-for-Tasking，RFT）和智慧成本战备性能目标（Heron 2006）。“智慧成本战备”是美国海军使用的概念，用于发现目标完成的效率，并逐渐改变“不惜任何成本进行战备”的理念。该概念包括评估和使用其他领域、其他专业的“最佳方案”，包括政府和工业领域，从而使美国海军极为高效、有效（Malone 2004）。一旦签订了基于后勤的协议，这些性能目标将被整合到 F/A-18 整合保障战略中（Heron 2006）。

8.1.3 合同细节

1. F/A-18 整合战备保障小组

F/A-18 整合战备保障小组（F/A-18 Integrated Readiness Sustainment Team，FIRST）与波音公司签订的合同是目前为止，在整合保障系统中最大的基于性能的保障合同，也是中心合同。早期的 F/A-18 整合战备保障小组合同由美国海军

① 例如，美国西南航空公司与美国通用发动机服务公司签订了 10 年的发动机维修合同。737-300 和-500 机型的发动机维修，都有每飞行时数费率。

库存控制站在 2001 年 5 月 1 日授权，在工业和海军之间制定了小组协议，美国海军提供物资供应保障，包括对 F/A-18E/F“超级大黄蜂”进行供给、入库、船运、运输、陈旧物资管理、可靠性提升、总资产可视和组装管理。总目标在于减少所有权费用（Total Ownership Cost，TOC），提供动机进行创新和提升效率，减少“超级大黄蜂”总寿命周期费用方面（Aguilar 2005）。

合同授权波音公司负责部件，尤其是 F/A-18E/F 部件的保障过程，包括负责满足要求，提高系统和部件的可靠性和可用性，管理陈旧物资。波音公司成为这些部件的供应链管理员，包括预测、部件管理、运输、配送和入库。

基准合同是成本+激励/奖励费用，同时还包括三个连续的一年最高限价选择。在最后两年中，合同是固定的价格+激励/奖励费用。

2003 年 4 月，美国海军航空系统司令部签订了一份 F/A-18 整合战备保障小组补充合同，该合同具有两个一年的选择。该合同将合同商的职责进行了扩展，包括为 F/A-18 E/F 提供整合后勤保障、项目管理保障、在役工程、保障设备、技术出版物、保障中心和整合的信息系统的条款（IDA 2006）。

2005 年 12 月，美国海军库存控制站签订了一份新的、单独的 F/A-18 整合战备保障小组合同，该合同将分离的供应链管理合并，整合后勤保障合同，如图 8-3 所示（见书后彩图）。这项价值 9.95 亿美元的五年的公司固定价格基本合同包括五年的延期选项。该合同包括舰队的性能需求，涵盖了“超级大黄蜂”73%的要素①。这 73%包括 3889 件 E/F 武器可替换组件（Weapons Replaceable Assemblies，WRA）和车间可替换组件（Shop Replaceable Assemblies，SRA）、653 件中级维修级别可维修物品、349 件保障设备物品、170 件国防后勤局可消耗物品、13080 件美国国防后勤局第二源可消耗物品，和 10970 件非国防后勤局可消耗物品。认证与授权机构（Justification and Authorization，J&A）获得 29 亿美元的授权，为将保障拓展至所有 F/A-18 机型提供了灵活性。自从与海军库存控制站签订这份单独的合同后，美国海军航空系统司令部需要将其资金转移至海军库存控制站。

波音公司除了其所有的供应商和经销商外，还建立了公—私合作伙伴关系，将美国海军基地整合成具有商业供应链能力，并具有组织维修专业知识，且遵守第 10 条 2464 部分。该小组协议根据商业服务协议（Commercial Services

① 该合同不包括 F/A-18 A 的可替换组件或车间可替换组件或发动机、轮胎、爆炸物和政府提供设备。

Agreement，CSA）对商业关系做了规定，根据任务描述文件（Task Description Document，TDD）对详细的工作范围做了规定。在工业—海军航空兵基地关系中，波音公司需要提供资金、修理用部件、运输至/自海军航空兵基地、技术保障，而海军航空兵基地需要在商定的周转期间内进行维修，提供大宗物资和故障数据，并针对可靠性的提升提供建议。这也是一种整合的信息技术基础设施，能够在全组内提供总资产可视（Total Asset Visibility，TAV）。最后，签订所有权信息协议（Proprietary Information Agreement，PIA）以保护有关方面的所有权。

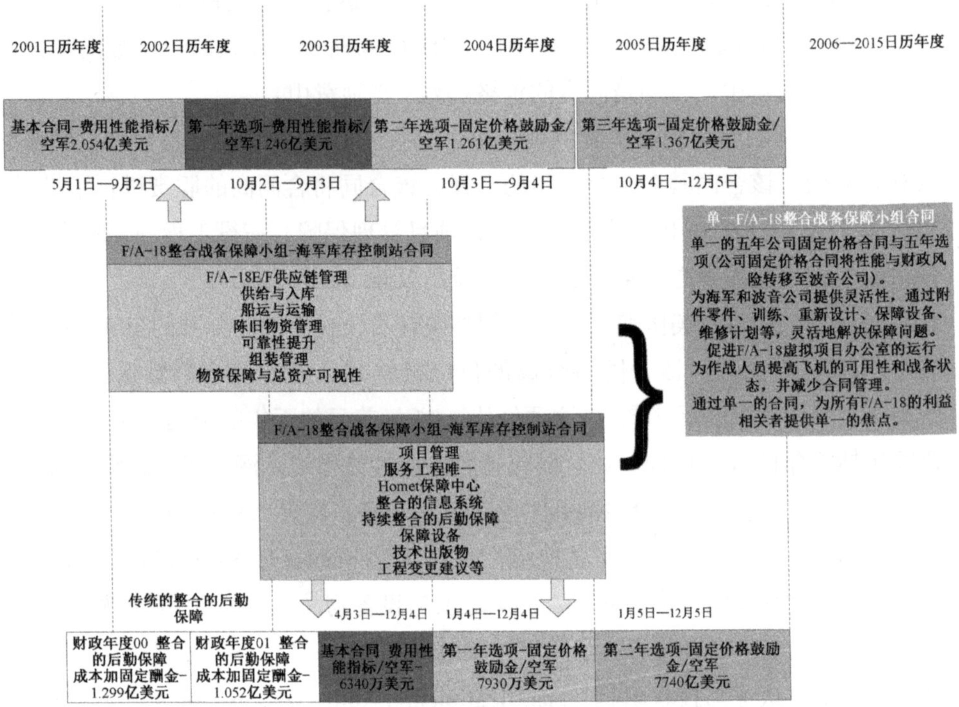

图 8-3　采用单独的 F/A-18 整合战备保障小组公司固定价格合同

为保障子系统的其他方面，项目办公室授权签订基于性能的保障合同，以保障可用的子系统/组件，并利用能够保障多种系统，例如轮胎，如图 8-4 所示（见书后彩图）。

以下举例说明。

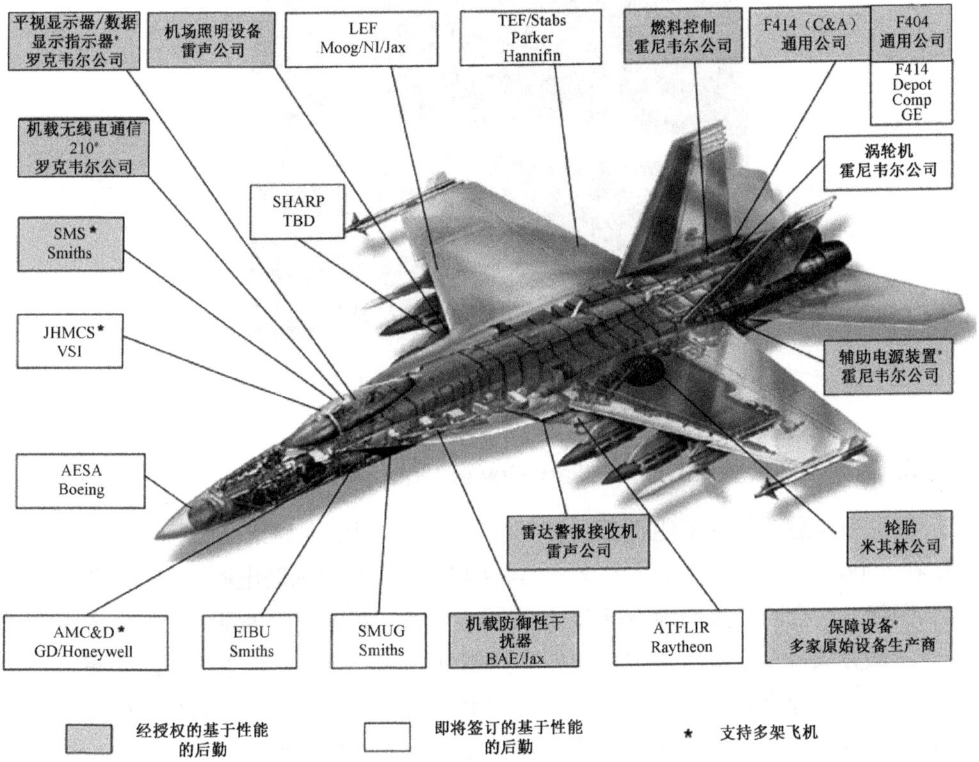

图 8-4　F/A 授权的即将用于子系统的基于性能的保障

2. （F/A-18A-D）F404 发动机基于性能的保障

F404（见图 8-5）基于性能的保障的子系统级合同有效时间为 4 年半，公司固定价格，且或许具有五个一年的额外订货期。合同规定的费用为 5.1 亿美元，是第二大航空固定价格基于性能的保障合同，其中包括 36 项 F404 主要的子组件，可用于 1895 种发动机，其中商业案例分析预计规避成本为 7900 万美元（Jeff Heron 基于性能的保障展示）。

该合同涵盖了主要子组件的大修，无论维修或替换的数量多少，并提供飞行时数和战时灵活性。该合同使用了可测量性能的度量标准，包括后勤响应时间（Logistics Response Time，LRT）、供应装备可用性（Supply Material Availability，SMA）和耐受性。可用性的标准为 85%，如果性能低于 75%，将进行追究（惩处），如果可用性高达 93%以上，将进行激励（奖励）。在未使用基于性能的保障合同前，供应装备可用性只有 55%。与海军航空兵基地的公—私合作伙伴关系利用原始装备制造商“最佳案例”的效率，如六西格玛和精益化生产（Heron 2006）。

图 8-5 （F/A-18A-D）F404 发动机

3. 辅助电源装置（The Auxiliary Power Unit，APU）

霍尼韦尔总后勤保障组件级的基于性能的合同以商业“维修服务协议”为基础，在 2000 年 6 月经授权，为 C-2、F/A-18 和 P-3 飞机的辅助电源装置（见图 8-6）提供保障。该合同有效期为 10 年，公司固定价格，其中五年为基本合同，还有五个一年激励条款。这份由美国海军库存控制站、波因特海军航空兵基地和霍尼韦尔签订的合同是美国海军第一份公—私合作伙伴关系的合同，目标在于确保可靠性和可用性的提升。按照飞行时数和包括废旧物资管理、产品保障工程和配送保障的合同定价（Heron 2006）。

图 8-6 辅助电源装置

4. 其他子系统级基于性能的保障

其他子系统级基于性能的维修包括：2003 年 9 月签订的 3.6 亿美元的 F/A-18 展示合同，基本时间 5 年，还有 5 年的选择；1999 年 9 月签订的 9900 万美元的

F/A-18 存储管理系统，合同期限为 15 年；2001 年 2 月签订的 2000 万美元的机载无线电通信-210 合同，有效期为 5 年（Jeff Heron 的展示）。

8.1.4　项目效能

F/A-18 保障战略致力于改善战备，降低保障费用。按照美国海军航空系统司令部所做的商业案例分析，预计在 30 年内，能够规避 14 亿美元的成本，维修周期时间从 60 天减少到 45 天，飞机的可靠性提升 10%（Aguilar 2005）。该项目逐步提升“超级大黄蜂”的任务能力率，如图 8-7 所示，将其从 57%提升至 2005 年的 72%。该项目还展示出其能够在战时保障飞机可用性——飞机在持久自由行动中，出击完成率达到 97.5%。此外，航空母舰的存储效率达到 99%，总体的无任务能力供应/半任务能力供应和配件拆用情况减少。

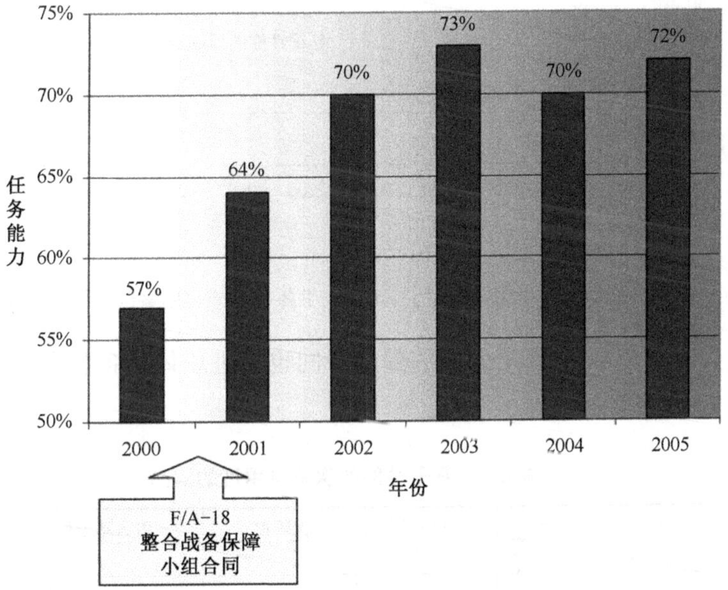

图 8-7　超级“大黄蜂”战备状态（Heron 2006）

操作的改善和保障性费用的降低，促进了可用性的提升。F/A-18 整合战备保障小组工程变更建议（Engineering Change Proposal，ECP）程序把审批时间从 157 天减少到 39 天，减少了 75%。由于部件的可用性提升，仓库平均周转时间从 90 天减少到 45 天，减少了 50%。其中一项变更降低了发动机控制单元（Generator Control Unit，GCU）的超出维修能力率（属于变更比率最高的前十名），并且将中级维修战备发放率从30%提升至75%，增长了250%。除性能提升外，对减少保障性费用行动投入的1908万美元的非经常性投资带来了价值4.302亿美元的终身规避成本（Heron 2006）。

在传统的（非基于性能的保障）保障情景中，按照历史保障费用，F/A-18E/F零件和修理用零部件预计（根据对F/A-18C/D的历史保障费用计算）每年增加7%。而按照当前的“F/A-18整合战备保障小组”合同，零件和修理用零部件的费用由公司固定价格合同固定下来。在5年的基本合同阶段，该项目预计能够节省近1.5亿美元，如图8-8所示（Heron 2006）。

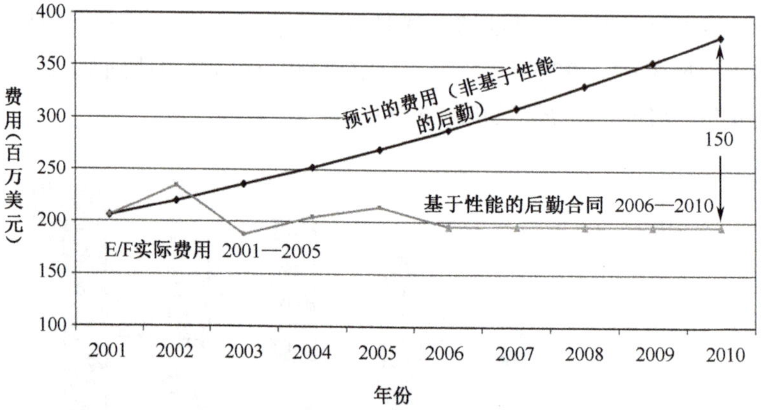

图8-8 “F/A-18整合战备保障小组”稳定了F/A-18E/F零件和修理用零部件的费用（Heron 2006）

此外，其他F/A-18基于性能的保障合同也促进总体战备状态的改善，见表8-1。

表8-1 基于性能的保障可用性的提高

子系统	引入基于性能的保障前	引入基于性能的保障后
存储管理	65%	98%
轮胎	81%	98%
机载无线电通信-210 Radio	70%	98%
F404 发动机	43%	96%
辅助电源装置 C/D	70%	90%
辅助电源装置 E/F	70%	100%

两个产生重大影响的主要子系统——F404和辅助电源装置的详细信息如下（Heron 2006）：

海军通用F404发动机基于性能的保障——可用性从历史最低值43%提升至

96%，降低了每台发动机飞行时数的费用，目前达到自引入舰队以来的最高水平。

美国海军霍尼韦尔辅助电源装置总后勤保障项目——将可用性从 70%提升至 90%，延期发货订单从 123 份降低到 5 份，仓库周转时间从 98 天减少到 67 天，规避成本 5000 万美元。

总之，F/A-18 保障战略对海军前线作战人员的战备产生了重大影响。虚拟项目办公室的建立将所有的政府利益相关者汇集起来，为他们提供关注点集中且具有可行性的战备。建立了基于性能的保障合同度量标准，以保障作战人员的战备需求，并通过与项目办公室的协议固定下来。基于性能的保障的大力实施，有助于大幅度改善战备，降低费用。

8.2 飞机轮胎

8.2.1 背景

1999 年，美国海军库存控制站还负责保管海军库存的飞机轮胎（见图 8-9），保管了近 5 万条轮胎。虽然库存量极大，但是美国海军不具备某种特定工具，以确保轮胎的位置存放正确，因此，通过基于性能的合同，将轮胎的库存管理工作转包至合同商。美国海军库存控制站负责供应 40 多万项物品，库存价值达 270 亿美元，每年销售额为 42 亿美元，美国海军库存控制站较早地利用基于性能的保障，将其他供应链转型，提高性能，降低费用（Mahandevia 2006）。

图 8-9 海军库存控制站的飞机轮胎

8.2.2 合同细节

2000 年 5 月，美国海军库存控制站发布了基于性能的保障合同的征求意见书（Request for Proposal，RFP），并向所有美国海军、海军陆战队和国外军事销售用户生产及配送海军轮胎（海军库存控制站 2000）。通过竞争，该合同于 2001 年授予美国南卡罗来纳州格林维尔市的米其林飞机轮胎公司（Michelin Aircraft Tires Corporation，MATC），简称米其林公司。该合同为固定价格合同，基本期限为 5 年（具有两个五年的选择），预计价值为 6740 万美元，供应海军需要的所有的 23 种轮胎（海军库存控制站 2001）。

通过这些新型的合同，米其林公司与洛克希德·马丁公司合作，作为单一后勤整合者，负责预测需求、库存管理、物资回撤管理、储存和运输。确保在美国本土，接收到需求后的两个营业日内配送轮胎，四天内向国外配送。合同商也设置了全天候的服务中心，并能通过网络访问提供实时的申请状态、运输状态和产品保障信息，并向米其林公司提供数据，以维护其内部系统（Grosson 2006）。这是美国国防部第一次将新的、可修理的轮胎的保障工作外包。2005 年 7 月执行了第一个五年选择，并为米其林公司提供了 9.2884 万美元的奖励（国防部 2005）。洛克希德·马丁公司是米其林飞机的分包商，负责管理保障中心、运营商和第三方后勤仓库供应商（见图 8-10）。

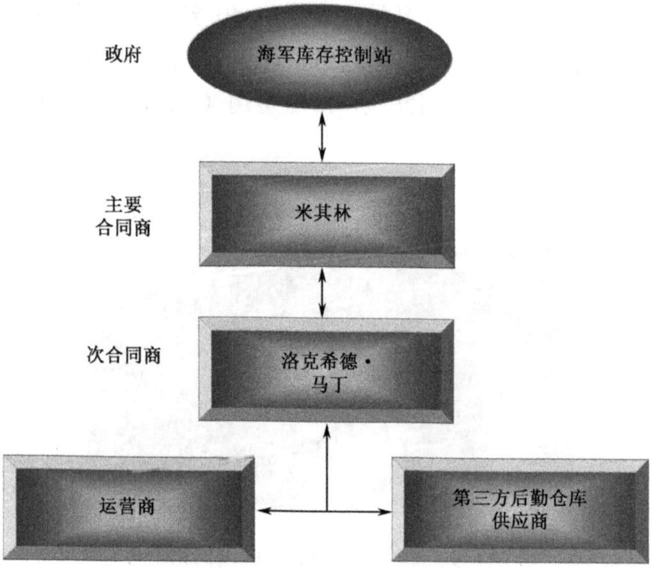

图 8-10　项目结构

每个分包商的绩效都与主合同相关，确保小组成员完全各自任务。

8.2.3　项目性能

该项目顺利开展，于 2001 年 7 月 9 日运送了第一批轮胎，目前，为 16 种飞机提供 23 种不同型号的轮胎。2005 年中期，该项目成功地配送了（4.5 万次）13.6 万条轮胎。美国本土用户的平均等待时间为 33 小时，海外用户为 59 小时——及时完成率超过最低值 94.5%，目前接近 99%（见图 8-11）。这相对于传统的方法有了大幅度提升，例如，在该项目之前，轮胎的可用性只有 81%（Grosson 2006；Mahandevia 2006）。

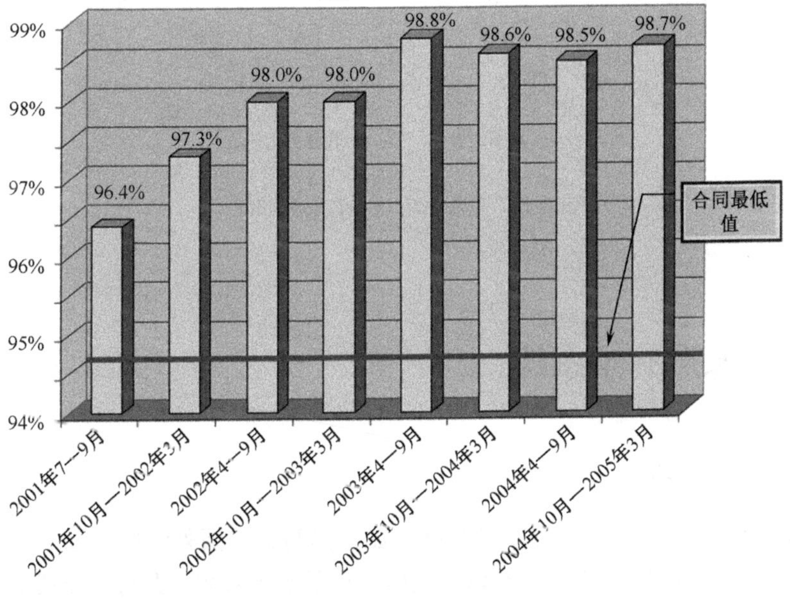

图 8-11　轮胎配送及时完成率（Grosson 2006）

最后，轮胎库存从近 5 万条降至约 1.3 万条，其中只有 2200 条由美国海军负责保管（见图 8-12）（Grosson 2006；Mahandevia 2006）。

这种创新的方法利用商业供应链的操作程序，将美国海军对飞机轮胎供应链的管理方式进行了转型。实际上，该项目使美国海军可以不再购买、储存轮胎，从而提高了舰队的性能，预计在合同期内，为美国海军节省 4600 万美元。

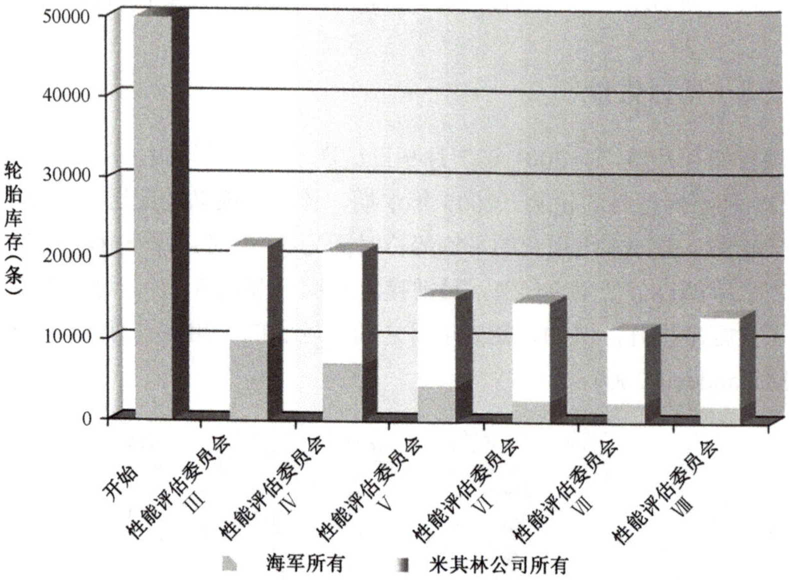

图 8-12　轮胎库存（Grosson 2006）

8.3　嵌入声呐子系统

8.3.1　背景

20 世纪 90 年代，美国海军潜艇部队在检测与追踪国外潜艇方面失去了领先地位。其他国家开始在其柴电潜艇上运用先进的静音技术。此外，冷战的结束使得研究与研发资金减少。作战部队开始利用商业的机载系统，作为临时补救的方法，试图重获前期的优势。但是这些“黑箱子”并不能完全与舰船的作战系统整合，限制了其作用的发挥（Kerr 2004）。

经测算，开发满足军事要求的独立系统将花费 150 亿美元，过于昂贵，因此美国海军选择了其他方案。美国海军作战部长（Chief of Naval Operations，CNO）在潜艇声学总计划中提到海军潜艇的声学性能是：“大力整合灵活的、负担得起的创新技术，从而保持声学优势，确保战术控制、海上作战的优势，并进行综合水下监视（Rosenberger 2005）。”美国海军海上系统司令部接受了任务，根据商用的硬件和软件，着手研发声学系统，设计了声学快速现成商品（Commercial off the Shelf，COTS）嵌入声呐系统①。

该方法利用先进的商业系统、先进的信号处理算法，探测目标潜艇的更加安静的声学信号。由于可以利用通用的现成商品快速嵌入一系列不同的声呐系统，因此美国海军也可以减少保障基础设施，提升维修人员和作战人员的业务水平（Kerr 2004）。

第一代基于声学快速现成商品的嵌入声呐硬件套件包括特制卡，这种卡易出现故障且难以操作。这种信号处理卡虽然从技术上来说属于快速现成商品，但是需要特制，而且采购费用高。这种卡还需要操作系统和有限的外围驱动支持。由于起初将现成商品硬件和软件应用于非标准的配置上，因此很难从经销商处获得支持，也很难使用从商业应用中获取的经验。

8.3.2　项目描述

基于声学快速现成商品的嵌入声呐项目（见图 8-13）分为四个阶段，将潜艇声呐系统（AN/BSY-1、AN/BQQ-5 和 AN/BQQ-6）转型成为更高能、更灵活的现成商品/开放系统架构。该项目设计为 AN/BQQ-10，除了为潜艇部队提供通用的声呐系统外，现成商品/开放系统构架还具有其他优势：技术升级更加方便，作战和保障费用降低，竞争力增强，软件便携性增加（Boudreau 2006）。

图 8-13　基于声学快速现成商品的嵌入声呐项目

使用现成商品/开放系统架构技术，能够保证硬件和软件的周期性迅速更新。该项目每两年就会以用螺旋式开发方式研发新型硬件架构，即技术嵌入

① 该声呐装置的主要改进包括：具有精确匹配的声学通道的更大声学孔径、扩展的外部耐压电子部件配置以及将元素级数据传递到内部的能力（应用研究实验室 2006）。

（Technology Insertion，TI）。软件每年更新一次，从而构建软件基线。该方法使美国海军能够在动态商业技术市场中充分利用计算机技术和操作程序快速发展（Rosenberger 2005）。

最先引入到声学快速现成商品嵌入声呐硬件基线的两项技术用于取代初期系统配置使用的特制卡，并促进显示性能的提升。取代特制卡能够降低系统费用，提升系统可靠性，软件处理更简洁、迅速。如今，组件级不再通过设置代码来分离硬件组件，代码可以用更高级的语言编写（通常为C语言），从而能够充分利用现成商品操作系统的特性。此外，这也会使软件的编写更加便捷，编程人员因此有更多的时间来编写更高级的代码，处理调试问题，而不把时间浪费在处理硬件界面的琐碎问题上。随着处理器性能的提高，信号处理应用程序被应用到英特尔X86系列处理器上（搭配Linux操作系统），这就极大地降低了采办费用。2002年和2004年引入的技术继续应用到主流的现成商品硬件和软件，当时，信号处理服务器和显示服务器都改为基于英特尔XEON的处理器，它能够以更高的时钟速度运行。当前，显示器和信号处理服务器都使用了通用硬件基线，因此能够更加直接地交换数据，软件开发更加简洁。该程序从单一的声呐传感器和处理器转型为更加复杂的系统，该系统包括传感器、舰船导航、战斗/作战控制和舰船检测功能（Kerr 2004）。

基于声学快速现成商品嵌入声呐项目（见图 8-14）解决了海军声呐性能的现代化问题，即使预算严重不足，仍然提出了可行的方法，以便能够利用快速发展的计算机技术。这也需要合同商和海军进行“文化大变革”，即不再采用特定的军事系统，而应采取开放的系统架构。

图 8-14　基于声学快速现成商品的嵌入声呐项目

该方法的一个后果就是需要重新设计后勤保障。美国海军与合同商合作，提出了基于性能的保障理念，经证实，该理念与系统设计一样，都具有创新性。当时的基于性能的保障合同（成本+固定酬金）是与洛克希德·马丁公司的海事系统&传感器（马纳萨斯市）部门，于 2004 年 9 月签订的。洛克希德·马丁公司为美国海军库存控制站提供了综合的声学快速现成商品嵌入声呐和弗吉尼亚级声呐、战斗控制和架构（S/CC/A）供应链管理服务，具体包括采办程序、物资补充与运输、库存管理与储存、物资修理和技术嵌入项目反馈。

合同还规定了简洁但具体的性能度量标准。合同规定供应物资可用性的要求为 85%。合同也专门规定了美国本土和美国本土以外用户的平均等待时间，对于优先发放组 I，在优先发放组 II 要求的日期内，用户平均等待时间分别为 2 天和 3 天。

基于声学快速现成商品的嵌入声呐合同使用“成本+合同”的结构有一定优势。由于现成商品计算机硬件的价格通常呈下降趋势，因此，实际上，按照固定价格合同规定的价格，用户可能会支付较高的费用。此外，该合同具有灵活性，能够采用快速变化的技术，在这种动态的环境中，固定价格合同或许过于“僵硬”，降低了海军方面的灵活性。如果合同商能够确保符合预算，那么可获得奖励费，这就为他们提供了激励；同时，由于费用的降低增加了合同商的回报率，因此对合同商产生了额外的激励，刺激其降低成本。还有，成本的降低使得合同商能够得到美国海军的认可，从而能够在这方面继续展开工作（Weir 2006）。

该项目包括全部的申请程序，包括从识别特定的部件，到把这些部件运送至舰船，或运送至登陆点（适用于海外配送）。项目设施是存储库存和修理故障装备的整个过程的核心。项目管理员监督全部过程，通过趋势分析和对用户和内部小组的反馈，不断对该程序进行升级，也可根据不同的因素，协助决定需要补充的物品。此外，该设施是世界上唯一一个拥有测试实验室的设施，这有助于缩短周期和降低成本。

8.3.3　项目运行

该基于性能的保障项目负责管理从处理申请到运送至舰队或登录点（适用于海外配送）的全部的声学快速现成商品嵌入声呐和 S/CC/A 供应链程序。合同商使用马纳萨斯设施管理库存的储存与修理。

1. 处理申请

首先，舰队在网上直接向合同商提交申请（合同商每周接收 40～50 份申请）。一旦接受并处理了这些申请，那么系统工程师会识别库存并定位，制订修理/替换计划。加载相应的程序（硬件），在实验室测试替换的零件。其次，通过DHL/FedEx（如果是加密物资，使用USPS）运送零件。申请通常是在正常的工作时间进行处理的，即周一至周五全天工作时间和周日上午8点至12点，紧急情况除外（Weir 2006）。

2. 库存管理

该项目设计了降低库存的方法。如果需要修理用零部件，可向经销商或生产线“借用”。实际上，在项目实施后的前两年，合同商的设施可“自给自足”，无须购买部件（特殊情况除外），从而能够将零部件的库存量降低到近乎为零。随着潜艇的升级，被淘汰的系统可用以保障其他舰队。此外，当修理好被换下的故障部件后，该部件可替代从经销商/工作“借来”或从仓库取出的部件。该方法不仅节省时间，还能降低费用，而这就是该项目的最终目标（Weir 2006）。

3. 用户网站

洛克希德·马丁公司开发了一种具有保障性综合后勤能力（Supportability Integrated Logistics Capability，SILC™）的网站，以保障该项目。所有的利益相关者（后勤、系统工程、经销商等）都可以使用网站。来实时跟进全部的补充过程。这些利益相关者能够获得的数据有：包括平台系统结构在内的平台系统的详细信息、系统健康报告、维修趋势分析（如部件的故障率）、供应保障要求、总资产可视性、申请程序（实时数据）、要求尚未解决的申请、实时报告查询和维修与训练物资。网站还有个数据挖掘功能，可以搜索程序的数据，包括传统系统的数据。最后，网站还记录了来自不同供应商的零件贷款，以确保零件的及时退回（Weir 2006）。

4. 其他关键因素

该项目还能提供有价值的反馈信息。例如，返回修理的物品中，有50%能够归为以下两类：一类是被认定为“未发现故障”的物品，即无硬件故障，只需要简单的系统重启，就能得到修复；另一类是被认定为“保管不当引起”的故障。一个具体的例子就是电源按钮的操作问题。如果它被放置的时间过长，那么服务器将被重置为出厂默认设置。一旦意识到该问题，那么新的使用手册会警告用户，并为用户提供恢复其独特设置的程序（Weir 2006）。

8.3.4 性能度量标准

2004 年 9 月至 2005 年 4 月期间，合同的性能总结如下。由图 8-15 可知，物资可用性合同要求为 85%，用户目标为 90%。在这一阶段，供应物资可用性持续超过合同要求，同时累计平均值超过 94%。

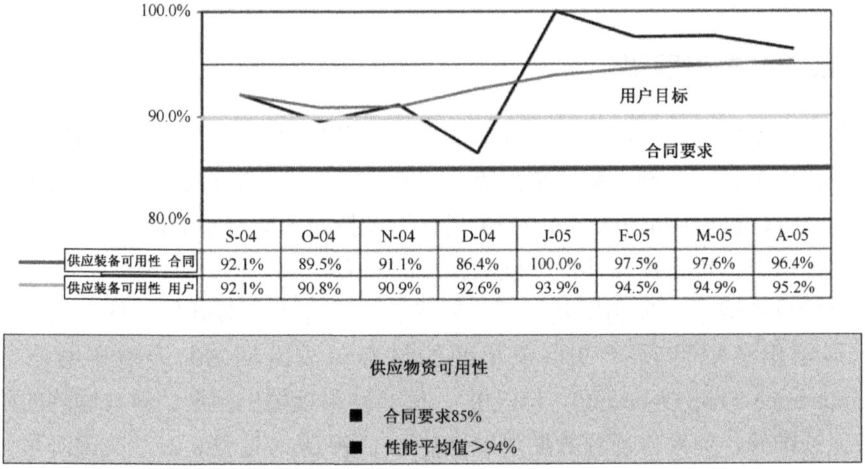

	S-04	O-04	N-04	D-04	J-05	F-05	M-05	A-05
供应装备可用性 合同	92.1%	89.5%	91.1%	86.4%	100.0%	97.5%	97.6%	96.4%
供应装备可用性 用户	92.1%	90.8%	90.9%	92.6%	93.9%	94.5%	94.9%	95.2%

图 8-15　供应可用性（Weir 2006）

图 8-16 展示了美国本土和美国本土以外（夏威夷），优先发放组 I 的用户的平均等待时间。两组平均值均超过合同要求。优先发放组 II 也在规定的配送日期内完成要求。

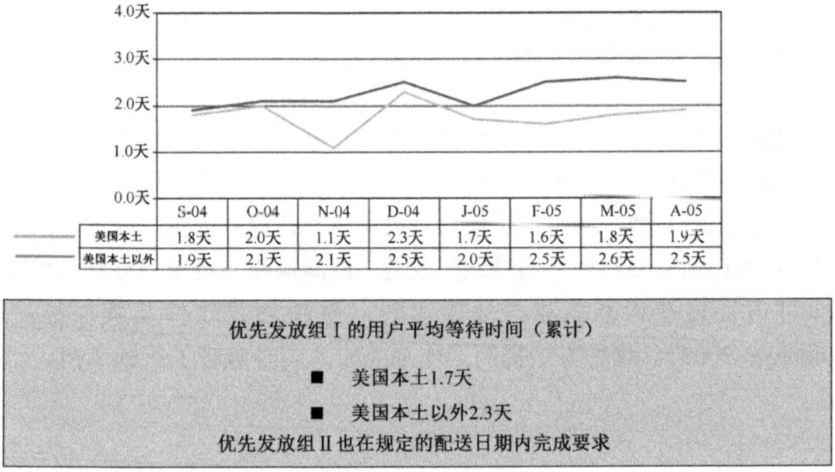

	S-04	O-04	N-04	D-04	J-05	F-05	M-05	A-05
美国本土	1.8天	2.0天	1.1天	2.3天	1.7天	1.6天	1.8天	1.9天
美国本土以外	1.9天	2.1天	2.1天	2.5天	2.0天	2.5天	2.6天	2.5天

图 8-16　用户平均等待时间（Weir 2006）

在这一阶段，合同商还持续降低了修理费用。根据当时的费用估算，一次修理的平均费用将达到7400美元，而当前的修理费用只有5000美元，减少了32%（Kerr 2004；应用研究实验室 2006；Rosenberger 2005；Boudreau 2006；Weir 2006）。

8.3.5 未来展望

基于声学快速现成商品的嵌入声呐和弗吉尼亚S/CC/A基于性能的保障项目展示了使用多种商业硬件配置来保障作战舰队的能力。项目成功的两个关键因素是合作双方（合同商和美国海军）的灵活性以及按照美国海军的需求定制该项目。但是，该项目仍旨在提高其保障舰队作战的能力。

该项目完成了一项利用基于现成商品的后勤能力安装硬件、软件的试验活动，展示出该项目具有95%或更强的信心完成为期90天的零维修行动（Maintenance Free Operation，MFOP），试验结果远超出预期。参与试验的四艘潜艇无须维修，免维修部分的期限远远超过了90天（见表8-2）。美国海军计划继续对以下四艘潜艇使用该战略（Rosenberger 2005）。

表8-2 零维修行动试验项目最终结果

试验项目	开始日期	试验天数	最终可用的零部件
SSS710	2004年9月3日	392	12/12
SSS721	2004年9月5日	390	14/15
SSS713	2004年11月22日	312	11/14
SSS705	2005年4月8日	175	14/14

零维修行动项目还带来了其他好处：该项目利用能够对系统性能进行统计分析、能够提高可用性的保障策略，开发并实施了基于声学快速现成商品的嵌入声呐计划；监控系统参数，向系统操作人员提供恢复建议；提供从战术显示器到数字技术手册的快速连接路径。通过这些改进，舰队操作人员无须打开机柜或处理设备即可进行装备状态监测与故障诊断，重新加载软件及其他维护操作（Rosenberger 2005）。这种方法提高了作战能力，同时减轻了后勤负担，已被证明可行。

缩 略 语

ACAT	Acquisition Category	采办类型
AFI	Air Force Instruction	空军指示
A_M	Materiel Availability	装备可用性
A_O	Operational Availability	作战可用性
ASD (L&MR)	Assistant Secretary of Defense (Logistics and Materiel Readiness)	负责后勤与装备战备完好性的国防部助理部长
ASR	Assembly Service Records	配件维修记录
AT&L	Acquisition, Technology, and Logistics	采办、技术与后勤
BCA	Business Case Analysis	商业案例分析
BBP	Better Buying Power	更佳购买力
BRAC	Base Realignment and Closure	基地调整与关闭
BVA	Best Value Alternative	最佳值替代方案
CEPE	Cost Estimate and Program Evaluation	成本估算与项目评估
CDD	Capability Development Document	能力发展文件
CLS	Contractor Logistics Support	合同商后勤保障
CWT	Customer Wait Time	客户等待时间
DASD (MR)	Deputy Assistant Secretary of Defense (Materiel Readiness)	负责装备战备完好性的国防部副助理部长
DAU	Defense Acquisition University	国防采办大学
DCAA	Defense Contract Audit Agency	国防合同审计局
DCMA	Defense Contract Management Agency	国防合同管理局
DLA	Defense Logistics Agency	国防后勤局
DMSMS	Diminished Manufacturing Sources and Material Shortage	制造来源减少与物资短缺
DoD	Department of Defense	国防部
DoDD	Department of Defense Directive	国防部指令
DoDI	Department of Defense Instruction	国防部指示
DON	Department of the Navy	海军部
EMD	Engineering and Manufacturing Development	工程与制造研发

续表

ECP	Engineering Change Proposal	工程变更建议书；工程更改建议
FFP	Firm Fixed Price	固定价格；固定总价合同
FIAR	Financial Improvement and Audit Readiness	财务改善与审计准备
FPIF	Fixed Price Incentive Fee	固定总价加奖励费用合同
FMECA	Failure Modes Effects & Criticality Analysis	故障模式、影响与危害性分析
FRACAS	Failure Reporting Analysis and Corrective Action System	故障报告、分析与纠正措施系统
FSR	Field Service Representative	现场服务代表
GAO	Government Accountability Office	政府问责局
GSS	Generic Subsystem	通用子系统
ICP	Inventory Control Point	库存控制点
IPS	Integrated Product Support	集成产品保障
IPT	Integrated Product Team	集成产品小组
IS	Information System	信息系统
J&A	Justification and Approval	论证与确认
JCIDS	Joint Capabilities Integration Development System	联合能力集成与研发系统
JROC	Joint Requirements Oversight Council	联合需求监督委员会
KPI	Key Performance Indicator	关键性能指标
KPP	Key Performance Parameter	关键性能参数
KSA	Key System Attribute	关键系统属性
LCC	Life Cycle Costs	寿命周期成本
LCSP	Life Cycle Sustainment Plan	寿命周期持续保障计划
LORA	Level of Repair Analysis	维修级别分析
LRU	Line Replaceable Unit	外场可更换部件
MDA	Milestone Decision Authority	里程碑决策机构
MDAP	Major Defense Acquisition Program	重要国防采办项目
MOA	Memorandum of Agreement	协议备忘录
MOU	Memorandum of Understanding	谅解备忘录
MRIL	Master Repairable Item List	主可修理件清单
MRO	Maintenance, Repair, and Overhaul	维护、修理和大修
MSA	Material Solution Analysis	物资解决方案分析，物资对策分析
MTA	Maintenance Task Analysis	维护任务分析
MTBF	Mean Time Between Failure	平均故障间隔时间
MTTR	Mean Time to Repair	平均故障修复时间

续表

NAVAIR	Naval Air Systems Command	海军航空系统司令部
NAVSEA	Naval Sea Systems Command	海军海上系统司令部
NAVSUP WSS	Naval Supply Systems Command Weapons System Support	海军供应系统司令部武器系统保障
NDA	Non-Disclosure Agreement	保密协议；不公开协议
NEOF	No Evidence of Failure	无证据表明；无故障证据
NG PBL	Next Generation Performance-Based Logistics	下一代基于性能的保障
NPV	Net Present Value	净现值
NR	Net Ready	网络就绪
NRFI	Not Ready For Issue	发放/发行尚未准备就绪
NSN	National Stock Number	国家库存品编号
O&M	Operations and Maintenance	使用与维护
O&S	Operating and Support	使用与保障
ODASD (MR)	Office of Deputy Assistant Secretary of Defense (Materiel Readiness)	负责装备战备完好性的国防部助理部长办公室
OEM	Original Equipment Manufacturer	原始装备制造商
OPTEMPO	Operations Tempo	使用频度；作战节奏
OSD	Office of Secretary of Defense	国防部部长办公室
OT&E	Operational Test and Evaluation	使用测试与评估
PBL	Performance-Based Logistics	基于性能的保障
PCO	Procurement Contracting Officer	采购合同军官
PEO	Program Executive Officer	项目执行军官
PM	Program Manager	项目经理
PMO	Program Management Office	项目管理办公室
POA&M	Plan of Action and Milestones	行动与里程碑计划
POC	Point of Contact	联络点；联络人；联络部门
PoP	Period of Performance	履约期；运行周期
PPP	Public Private Partnership	公私合伙企业
PSA	Product Support Arrangements	产品保障协议
PSI	Product Support Integrator	产品保障集成商
PSBM	Product Support Business Model	产品保障商业模型
PSM IPT	Product Support Management IPT	产品保障管理集成产品小组
PSM	Product Support Manager	产品保障经理
PSP	Product Support Provider	产品保障供应商

续表

PWS	Performance Work Statement	执行工作说明
QA	Quality Assurance	质量保证
QDR	Quadrennial Defense Review	四年防务评估报告
RAM	Reliability, Availability, and Maintainability	可靠性、可用性与可维护性
RCM	Reliability-Centered Maintenance	以可靠性为中心的维护
RDT&E	Research, Development, Test, and Evaluation	研究、研发、测试与评估
RFI	Request for Information	信息申请
RFI	Ready for Issue	准备发行/发放；已准备好发放的
ROIC	Return on Invested Capital	投资回报率
R	Reliability	可靠性；可靠
RTAT	Repair Turn Around Time	修理周转时间
SAE	Senior Acquisition Executives	高级采办执行官
SME	Subject Matter Expert	主题专家
SOO	Statement of Objective	目标说明
S&RP	Standard and Repeatable Process	标准与可重复过程
SSA	Software Support Activity	软件保障机构
SSE	Software Support Environment	软件保障环境
TDP	Technical Data Package	技术数据包
UMMIPS	Uniform Material Movement and Issue Priority System	物资统一转移与优先发放系统
USD (AT&L)	Under Secretary of Defense (Acquisition Technology, and Logistics)	负责采办、技术与后勤的国防部副部长
WCF	Working Capital Fund	周转基金

参 考 文 献

[1] 德勒咨询有限公司，供应链前景有限公司，以及负责装备战备完好性的国防部副助理部长办公室．2011 年，试验点项目：确定基于性能的保障对寿命周期成本的影响的研究．华盛顿特区：负责装备战备完好性的国防部副助理部长.

[2] 史蒂夫・吉尔里和凯特・维塔塞克．2008 年，基于性能的保障：寿命周期产品保障管理合同商指南．华盛顿州贝尔维尤：供应链前景有限公司.

[3] 史蒂夫・吉尔里等．2010 年 10 月，基于性能的寿命周期产品保障策略：促进更有效的政府参与的因素．来源：http://static.e-publishing.af.mil/production/1/saf_fm/publication/afman65-510/afman65-510.pdf.

[4] 美国国防部．2001 年 9 月，四年防务评估报告．来源：http://www.defense.gov/pubs/pdfs/qdr2001.pdf.

[5] 美国国防采办系统．2003 年 5 月，国防部指令 5000.01．来源：http://www.dtic.mil/whs/directives/corres/pdf/500001p.pdf.

[6] 美国国防采办系统．2008 年 12 月，国防部指示 5000.02．来源：http://www.dtic.mil/whs/directives/corres/pdf/500002_interim.pdf.

[7] 美国国防采办大学．2011 年 4 月，国防部产品保障管理指南．来源：https://acc.dau.mil/psm-guidebook.

[8] 美国国防采办大学．2011 年 4 月，国防部产品保障商业案例分析指南．来源：https://acc.dau.mil/bca-guidebook.

[9] 美国国防采办大学．国防采办指南．来源：https://dag.dau.mil/.

[10] 美国国防合同管理局．2002 年 10 月，基于性能的保障指南．来源：https://acc.dau.mil/adl/en-US/32507/file/6146/PBL-GUIDE.doc.

[11] 美国空军部．2009 年 4 月，空军指示 63-101（采办与持续保障寿命周期管理）．来源：http://www.acq.osd.mil/dpap/ccap/cc/jcchb/Files/FormsPubsRegs/Pubs/AFI63-101.pdf.

[12] 美国空军部．2010 年 10 月，空军手册 65-510（商业案例分析程序）．来源：http://static.e-publishing.af.mil/production/1/saf_fm/publication/afman65-510/afman65-510.pdf.

[13] 美国空军部. 2011 年 9 月，空军指示 65-509（商业案例分析）. 来源：http://static.e-publishing.af.mil/production/1/saf_fm/publication/afi65-509/afi65-509.pdf.

[14] 美国陆军部. 2004 年 5 月，美国陆军执行指南：基于性能的保障. 来源：https://acc.dau.mil/adl/en-US/32645/file/6202/%2312911%20Army%20PBL%20IMPL%20GUIDE4May2004.doc.

[15] 美国陆军部. 2012 年 3 月，陆军条例 700-127（集成后勤保障）. 来源：http://armypubs.army.mil/epubs/pdf/r700_127.pdf.

[16] 美国海军部. 2003 年 1 月，基于性能的保障指导文件. 来源：https://acc.dau.mil/adl/en-US/32662/file/6207/DoN%20PBL%20Guidance%20Document%2027%20Jan%2003.pdf.

[17] 美国海军部. 2007 年 11 月，海军部基于性能的保障商业案例分析指南（P07-006）. 来源：https://acc.dau.mil/adl/en-US/180078/file/31603/Navy%20PBL%20BCA%20GUIDE%20signed%206%20Nov%2007.pdf.

[18] 美国海军部. 2011 年 9 月，海军部长指示 5000.2E（海军部国防采办系统与联合能力集成与开发系统执行与操作）. 来源：http://doni.daps.dla.mil/Directives/05000%20General%20Management%20Security%20and%20Safety%20Services/05-00%20General%20Admin%20and%20Management%20Support/5000.2E.pdf.

[19] 美国海军部. 2012 年 5 月，海军部长 M-5000.2（海军部采办与能力指南）. 来源：http://doni.daps.dla.mil/SECNAV%20Manuals1/5000.2.pdf.

[20] 美国海军部：海军航空系统司令部. 2004 年 12 月，海军航空系统司令部指示 4081.2A（基于性能的保障候选人政策指南）. 来源：http://personal.its.ac.id/files/material/1752-ketutbuda-NAVAIRINST%204081.2A%20DEC%2004%20Final.pdf.

[21] 美国海军部：海军海上系统司令部. 2004 年 7 月，海军海上系统司令部指示 4000.8（产品保障替代方案评估商业案例分析政策）. 来源：http://www.navsea.navy.mil/NAVINST/04000-008.pdf.

[22] 美国海军部：海军海上系统司令部. 2005 年 9 月，项目经理基于性能的保障商业案例分析实施指南. 来源：https://acc.dau.mil/adl/en-US/46526/file/13827/Final%20NAVSEA%20PM%20PBL%20BCA%20Guide%20Rev%20-%20SEA%2004%20Signed%2031%20Jan%2006.doc.

[23] 美国海军部：海军海上系统司令部．2008 年 10 月，项目经理基于性能的保障应用指南．来源：https://acc.dau.mil/adl/en-US/239806/file/38706/NAVSEAINST%204000-7A%20Enclosure%20(1)%20Revision%20A%2008%20OCT%2008.doc.

[24] 美国海军部：美国海军陆战队．2005 年 4 月，美国海军陆战队基于性能的保障指南．来源：https://acc.dau.mil/adl/en-US/22497/file/2207/USMC%20%%20PBL%20Guide%20042905.doc.

[25] 美国海军部：美国海军陆战队．2007 年 1 月，海军陆战队指令 4081.2（海军陆战队基于性能的保障）．来源：http://www.marines.mil/Portals/59/Publications/MCO%204081.2.pdf.

[26] 美国政府问责局．2005 年 9 月，国防部需证明基于性能的保障合同正在实现预期的效益（GAO-05-966）．来源：http://www.gao.gov/products/GAO-05-966.

[27] 凯特·维塔塞克和史蒂夫·吉尔里．2008 年 11 月，异曲同工：基于性能的保障原则．来源：http://thecenter.utk.edu/images/Users/1/PBL/ARose.pdf.

[28] 美国国防采办大学．2012 年 8 月，产品保障政策指南、工具与训练站点．来源：https://acc.dau.mil/productsupport.

[29] 美国国防采办大学．2012 年 8 月，基于性能的保障实践小组．来源：https://acc.dau.mil/pbl.

[30] 美国国防采办大学．2010 年 10 月，“应该成本”分析文献综述．来源：https://acc.dau.mil/CommunityBrowser.aspx?id=399121.

[31] 美国国防采办大学．2012 年 4 月，关于改进服务采办间谍情报技术的国防部市场研究报告指南．来源：https://acc.dau.mil/CommunityBrowser.aspx?id=517109.

[32] 美国国防采办大学．2003 年 4 月，后勤实践小组（Logistics Community of Practice，LOG CoP）．来源：https://acc.dau.mil/log.

[33] 美国国防采办大学．2010 年 12 月，产品保障经理工具包．来源：https://acc.dau.mil/psmtoolkit.

[34] 美国国防部．2013 年，更佳购买力站点．来源： http://bbp.dau.mil/.

[35] 美国国防采办大学．2011 年 12 月，集成产品保障要素指南．来源：https://acc.dau.mil/ips-guidebook.

[36] 美国国防采办大学．2013 年，交互式目录（iCatalog）．来源：http://icatalog.dau.mil/.

[37] 美国国防采办大学．2013 年，ACQuipedia．来源：https://dap.dau.mil/acquipedia/Pages/Default.aspx.

[38] 美国国防采办大学. 2013 年，咨询教授. 来源：https://dap.dau.mil/aap/Pages/default.aspx.

[39] 美国国防采办大学. 2012 年 2 月，持续保障公私合作. 来源：https://acc.dau.mil/adl/en-US/495747/file/62530/Public-Private%20Partnering%20for%20Sustainment%20Guidebook%20(1%20Feb%2012).pdf.

[40] 美国田纳西大学与供应链前景有限公司. 2012 年，基于性能的保障原则第二版，基于性能的寿命周期产品保障管理最佳实践要素指南. 来源：https://acc.dau.mil/adl/en-US/550412/file/68356/Learning%20Asset%20PBL%20Tenets%20Guidebook%20Second%20Edition%20June%202012%20Final.pdf.

彩图

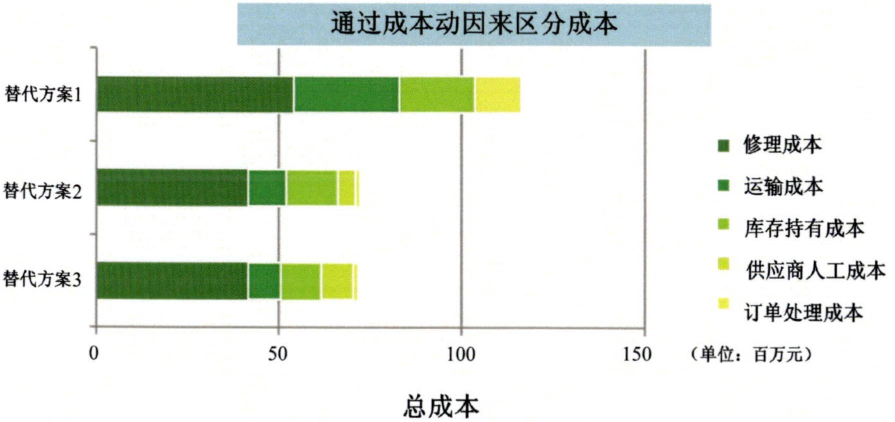

图2-13 根据成本动因计算的累计成本示例

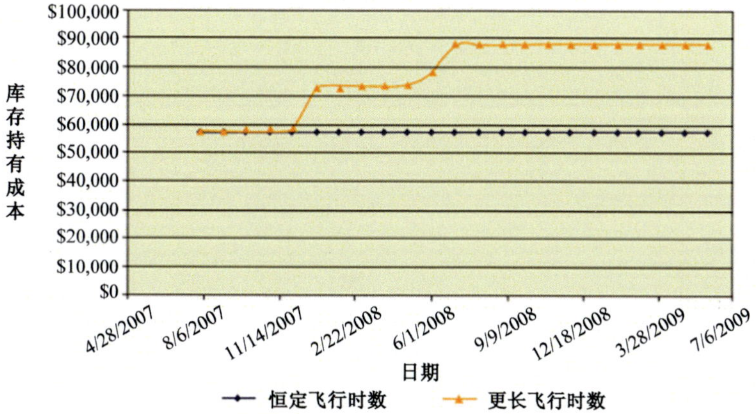

图7-8 每月库存成本

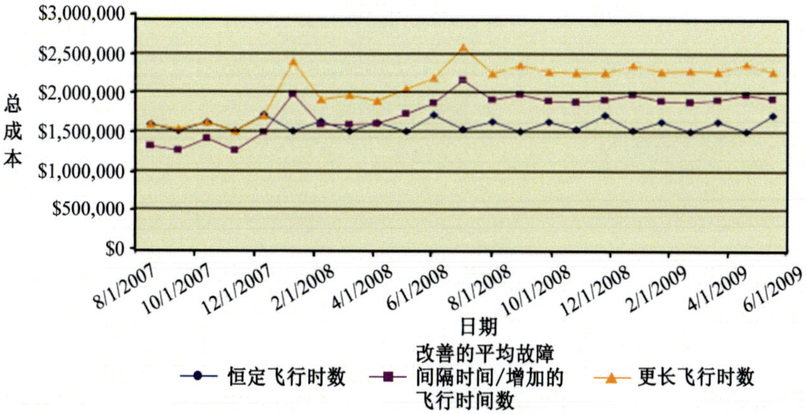

图7-9 总成本

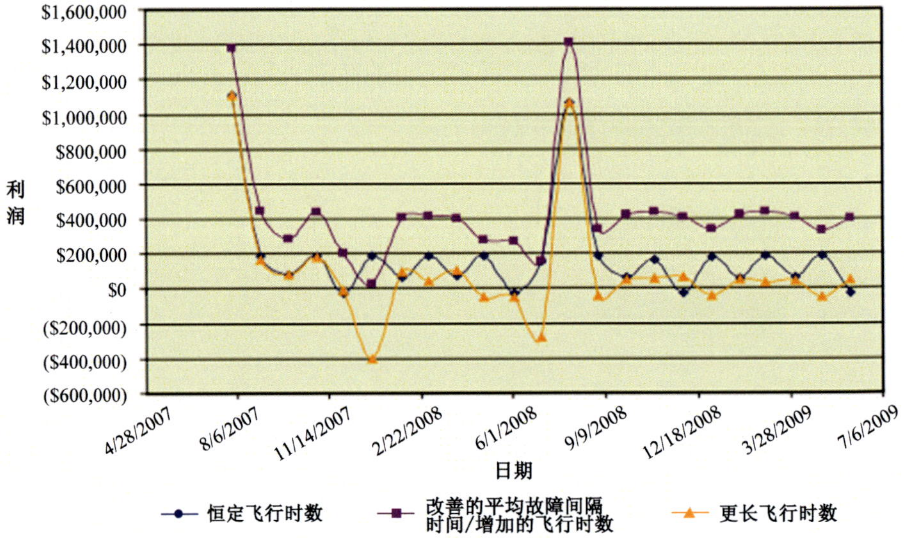

图7-10　每月利润

表7-11　计算成对比较的票数权值

	成本与效益		成本与风险		效益与风险	
利益相关方 1		3		3		4
利益相关方 2	4		9		3	
利益相关方 3		2		3	2	
利益相关方 4		2	1		2	
结果	**效益：3（3+2+2+4）**		**成本：4（9+1−3−3）**		**效益：3（3+2+2−4）**	

表7-12　成本、效益与风险的计算

	成本	效益	风险	行和	矩阵和	权值=行/合计
成本	1	1/3	4	5.333	13.92	38.3%
效益	3	1	3	7	13.92	50.3%
风险	1/4	1/3	1	1.584	13.92	11.4%